高等财经院校创新创业教育系列教材

BUSINESS
MODEL DESIGN

Business
Model Design | 商业模式设计

陈又星　刘湘云　李焕荣 ◎主编

中国财经出版传媒集团
经济科学出版社
Economic Science Press

图书在版编目（CIP）数据

商业模式设计/陈又星，刘湘云，李焕荣主编．—北京：经济科学出版社，2018.12（2024.7 重印）

高等财经院校创新创业教育系列教材

ISBN 978-7-5218-0155-2

Ⅰ．①商… Ⅱ．①陈…②刘…③李… Ⅲ．①商业模式-高等学校-教材 Ⅳ．①F71

中国版本图书馆 CIP 数据核字（2019）第 011842 号

责任编辑：齐伟娜 初少磊
责任校对：靳玉环
责任印制：李 鹏

商业模式设计

陈又星 刘湘云 李焕荣 主编
经济科学出版社出版、发行 新华书店经销
社址：北京市海淀区阜成路甲 28 号 邮编：100142
总编部电话：010-88191217 发行部电话：010-88191540
网址：www.esp.com.cn
电子邮件：esp@esp.com.cn
天猫网店：经济科学出版社旗舰店
网址：http://jjkxcbs.tmall.com
北京季蜂印刷有限公司印装
787×1092 16 开 14 印张 260000 字
2019 年 3 月第 1 版 2024 年 7 月第 4 次印刷
ISBN 978-7-5218-0155-2 定价：42.00 元
(图书出现印装问题，本社负责调换。电话：010-88191510)
(版权所有 翻印必究 举报电话：010-88191586
电子邮箱：dbts@esp.com.cn)

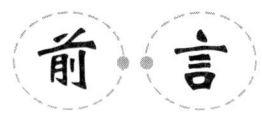

随着国家"大众创新、万众创业"战略的提出和深入实施,全国出现了迅猛的创新创业浪潮,商业模式也成为创业者和风险投资家关注的重点。随着以互联网为代表的高新技术的快速发展与渗透,国内无论大小型企业都越来越看重企业的商业模式,也越来越认识到商业模式对企业发展的重要性。现代管理学之父彼得·德鲁克曾经说过:"当今企业之间的竞争,不是产品之间的竞争,而是商业模式之间的竞争。"据《科学投资》杂志调查显示:在创业企业中,因为战略原因而失败的只有23%,因为执行原因而夭折的也只不过是28%,但因为没有找到盈利模式而走上绝路的却高达49%。商业模式是关系到企业生死存亡、兴衰成败的大事,企业要想获得成功,就必须从制定适合该企业的商业模式开始。

本教材的撰写是在编写团队成员多年教学经验的基础上,结合最新的企业商业模式实践及整理相关资料集合而成。自编写团队成员2011年开始教授《商业模式与产业竞争分析》选修课以来,该课程较受工商管理专业学生欢迎,规模也越来越大,2016年该课程成为广东财经大学的通识课程,面向全校本科生开放。另外,李焕荣教授主讲的《商业模式分析》课程也深受广东财经大学MBA学员的喜爱。随着教学对象的改变和商业模式企业实践日新月异的发展,课程教材编写团队越来越感觉需要有一本系统的教材来供学生参考学习。现有的关于商业模式的书籍也开始陆续出现在市面上,但其重点多为企业的实践描述,经验有余,理论化分析不足,故决定编写一本适合于高校学生学习使用的《商业模式设计》课程教材。

本教材由广东财经大学创业学院院长刘湘云教授、广东财经大学MBA教育学院院长李焕荣教授,以及工商管理学院陈又星副教授担任主编。本书共分8章。第1章:商业模式设计概述,对商业模式内涵、特征、类型及框架以及商业模式的研究对象、设计原则及意义进行了概述;第2章:商业模式设计思维及其经济学、管理学诠释,主要从商业模式设计的思维特征和经济学、管理学的视角对商业模式设计的宏观层面进行了诠释；第3章："互联网+"思维与商业模式设计，主要分析了三种"互联网+"商业模式设计：平台型"互联网+"商业模式、长尾型"互联网+"商业模式、跨界型"互联网+"商业模式；第4章：价值链、产业链、供应链与商业模式设计，主要介绍了价值链、全球价值链、产业链、供应链概念及其分析方法，提出了几种商业模式设计方法；第5章：产品型商业模式设计，主要从产品设计的角度阐述了多种商业模式设计类型——产品差异化商业模式，产品品牌型商业模式，核心零部件产品与整体产品商业模式，产品区域领先与售后利润商业模式，微型分割、产品金字塔和产品再定位商业模式等；第6章：客户型商业模式设计，分析了客户利润转移商业模式、客户需求系统解决方案商业模式、大客户商业模式及创造客户需求商业模式的设计；第7章：资源型商业模式设计，探讨了稀缺资源型商业模式，资源整合型商业模式，标准、知识产权与商业模式三种基于资源的商业模式设计；第8章：高新技术与商业模式设计，着眼于高新技术的发展对现有商业模式的渗透、冲击与挑战的角度，分析了3D打印、大数据、云计算、物联网、虚拟现实技术（VR）、人工智能（AI）与商业模式设计的发展趋势问题。其中，刘湘云教授负责第1章的编写；李焕荣教授负责第3章的编写；陈又星副教授负责第2章和第4~8章的编写。

本教材的主要特点：一是内容全面、系统、新颖，案例具有多样性且紧跟时代发展的变化。在编写的过程中注重内容的理论性、科学性、严谨性、时代性、实用性和较强的针对性，与企业的发展环境密切相关；二是从商业模式设计思维及管理学、经济学等角度对现有的商业模式设计进行了系统的阐述，而不是简单地就案例谈案例，具有深厚的理论底蕴；三是具有较强的时代发展特色，例如，"互联网+"、3D打印、大数据、云计算、物联网、虚拟现实技术、人工智能等最新的技术发展与商业模式设计的分析体现了这一点。

本教材可用作高等院校管理类专业的专业课教材，也可用作高等院校针对所有专业学生的通识课教材，还可以用作创业教育课程教材。同时，本教材对准备创业或者是已经创业的人士和企业管理人员具有参考价值。

本教材在写作及出版的过程中得到了广东财经大学创业教育学院、广东财经大学MBA教育学院及工商管理学院相关领导的大力支持，在此一并表示感谢！诚然，由于时间、精力及知识等诸多方面的局限，教材中难免有不足之处，敬请批评指正！

目 录

第1章 商业模式设计概述　1
　1.1　商业模式内涵、特征、类型及框架　2
　1.2　商业模式设计的理念、原则、意义、方法及工具　5

第2章 商业模式设计思维及其经济学、管理学诠释　17
　2.1　商业模式设计思维特征　18
　2.2　经济学视角下的商业模式设计思维　24
　2.3　管理学视角下的商业模式设计思维　31

第3章 "互联网＋"思维与商业模式设计　42
　3.1　平台型"互联网＋"商业模式设计　44
　3.2　长尾型"互联网＋"商业模式设计　56
　3.3　跨界型"互联网＋"商业模式设计　63

第4章 价值链、产业链、供应链与商业模式设计　71
　4.1　价值链、全球价值链、产业链、供应链概念及其分析方法　72
　4.2　价值链、全球价值链、供应链思维与商业模式设计　80

第5章 产品型商业模式设计　98
　5.1　产品差异化商业模式设计　100
　5.2　产品品牌型商业模式设计　105
　5.3　核心零部件产品与整体产品商业模式设计　112

5.4 产品区域领先与售后利润商业模式设计　117

5.5 微型分割、产品金字塔和产品再定位商业模式设计　121

第6章　客户型商业模式设计　129

6.1 客户利润转移商业模式设计　130

6.2 客户需求系统解决方案商业模式设计　138

6.3 大客户商业模式设计　146

6.4 创造客户需求商业模式设计　149

第7章　资源型商业模式设计　157

7.1 稀缺资源型商业模式设计　158

7.2 资源整合型商业模式设计　167

7.3 标准、知识产权与商业模式设计　175

第8章　高新技术与商业模式设计　183

8.1 3D打印与商业模式设计　184

8.2 大数据与商业模式设计　192

8.3 云计算与商业模式设计　197

8.4 物联网与商业模式设计　202

8.5 虚拟现实技术、人工智能与商业模式设计　206

参考文献　215

第1章

商业模式设计概述

学习目标

1. 了解商业模式的内涵、特征及其类型。
2. 掌握商业模式设计的框架及其各构成要素。
3. 理解商业模式的设计理念、原则、意义、方法及工具。

-----案例导读-----

共享单车的商业模式创新

没有人会意料到,普通的单车,仅仅是搭上了互联网的便车,便靠着共享方式实现了资本的狂欢!随着摩拜、ofo的成功,关于共享经济下商业模式的创新也成为时下讨论的热点。

共享单车是指企业在校园、地铁站点、公交站点、居民区、商业区、公共服务区等提供自行车单车共享服务,是一种分时租赁模式。共享单车是一种新型共享经济。

2016年底以来,国内共享单车几乎是一夜之间火爆了起来,五颜六色的共享单车遍布我国一二线城市,除了较早出现的摩拜、ofo外,至少有25个新的共享单车品牌汹涌入局,其中甚至还包括电动自行车共享品牌。目前市面上出现的共享单车品牌有:摩拜单车、ofo小黄车、小鸣单车、小蓝单车、智享单车、永安行、北京公共自行车、骑点、奇奇出行、CCbike、7号电单车、黑鸟单车、hellobike(哈罗单车)、酷骑单车、1步单车、由你单车、踏踏、Funbike单车、悠悠单车、骑呗、熊猫单车、云单车、优拜单车、电电Go单车、小鹿单车、小白单车、快兔出行、雷杰斯单车、智享出行等。

租金是共享单车企业的主要收入源。但随着阿里巴巴、腾讯等互联网巨头的加入，大数据、平台等新型的商业模式开始出现。在资金结算、绿色金融、信用卡积分、零售客户资源共享等方面具有较大的合作潜力。

随着市场竞争的白热化，共享单车的发展也遇到了一系列的问题，如乱停乱放对城市空间管理和城市美化造成了不良的影响，截至2017年9月，全国已有12个城市宣布暂停共享单车投放。

（资料来源：《共享单车百家争鸣，敢问管理路在何方？》，http://www.sohu.com/a/152377437_654915。）

商业模式是管理学领域的重要研究对象之一。商业模式作为一个名词在20世纪50年代被提出，直到90年代才开始被广泛使用和传播。进入21世纪后，随着万众创业、大众创新的高涨和新技术对商业的深度渗透，商业模式出现的频率越来越高，商业模式成为创业者和风险投资者经常接触的一个名词。几乎每一个人都确信，有了一个好的商业模式，成功就有了一半的保证。那么，到底什么是商业模式？其有何特征及意义？它包含什么要素，又有哪些常见类型呢？

1.1 商业模式内涵、特征、类型及框架

1.1.1 商业模式的内涵

虽然商业模式出现的频度极高，但关于它的定义仍然没有一个权威的版本。关于商业模式的说法很多，例如，运营模式、盈利模式、B2B模式、B2C模式、"鼠标加水泥"模式、利润模式、广告收益模式等。商业模式研究在近几年得到了较大的发展。罗素·托马斯（Russell Thomas）认为商业模式是开办一项有利可图的业务，是涉及流程、客户、供应商、渠道、资源和能力的总体构造；瑞士洛桑大学学者马格利·杜波森（Mugly Duposen）等认为，商业模式是企业为了进行价值创造、价值营销和价值提供所形成的企业结构及其合作伙伴网络，以产生有利可图且得以维持收益流的客户关系资本；拉里·博西迪（Larry Bossidy）等认为商业模式表现了企业获取财富的各个组成部分（如利润率和现金流）与外部因素之间的相互关系（如市场形态、竞争局面和行业趋势），以及企业的战略和组织能力；亨利·切斯布鲁（Henry Chessbru）和理查德·罗森布鲁姆（Richard Rosenbloom）认为，商业模式是反映企业商业活动的价值创造、价值提供和价

值分配等活动的一种架构；泰莫斯（Taimosi）认为商业模式指一个完整的产品、服务和信息流体系，包括每一个参与者及其在其中起到的作用，以及每一个参与者的潜在利益及相应的收益来源和方式。在分析商业模式的过程中，主要关注一类企业在市场中与用户、供应商、其他合作伙伴的关系，尤其是彼此间的物流、信息流和资金流。

埃森哲咨询公司认为，商业模式是一个有一定结构的整体而非单一的因素，各个组成因素之间具有内在的紧密联系。莫瑞斯认为商业模式的定义分为三类：一是经济类；二是运营类；三是战略类。经济层定义将商业模式描述为企业的经济模式或盈利模式，其本质内涵为企业获取利润的逻辑；运营层定义把商业模式描述为企业的运营结构，重点说明企业通过何种内部流程和基本构造设计来创造价值；战略层定义把商业模式描述为对不同企业战略方向的总体考察，涉及市场主张、组织行为、增长机会、竞争优势和可持续性等。事实上，单从经济逻辑、运营结构和战略方向的任何一方面，都无法真正说明为什么企业的商业模式有效，并且难以模仿。

综上所述，商业模式是为实现客户价值最大化，把能使企业运行的内外各要素整合起来，形成一个完整的、高效率的、具有独特核心竞争力的运行系统，并通过最优实现形式满足客户需求、实现客户价值，同时使系统达成持续盈利目标的整体解决方案。

1.1.2 商业模式的特征

1. 成功的商业模式要能提供独特价值

有时候，这个独特价值可能是新的思想；而更多的时候，它往往是产品和服务独特性的组合。这种组合要么可以向客户提供额外的价值；要么使客户能用更低的价格获得同样的利益，或者用同样的价格获得更多的利益。

2. 商业模式是短时间内难以模仿的

企业通过确立自己的与众不同，如对客户的悉心照顾、无与伦比的实施能力等，来提高行业的进入门槛，从而保证利润来源在短时间内不受侵犯。比如直销模式，人人都知道这一模式如何运作，也都知道美国的戴尔公司是直销模式的标杆，但其他公司很难复制戴尔的成功商业模式，原因在于，"直销"的背后是一整套完整的、极难复制的资源和运作流程。

3. 商业模式能持续为企业创造利润

成功的商业模式能够持续为企业创造利润，企业要做到量入为出、收支平衡，其商业模式须建立在对客户行为的准确理解和把握上。能够持续为企业创造利润看似个不言而喻的道理，要想年复一年、日复一日地做到，却并不容易。现实当中的很多企业，不管是传统企业还是新型企业，对于自己的利润从何处来，为什么客户看中自己企业的产品和服务，乃至有多少客户实际上不能为企业带来利润反而在侵蚀企业的收入等关键问题上，却不甚了解。

4. 商业模式的演变性

商业模式不是一成不变的，随着经济、技术环境的改变，企业所在的行业也会面临深刻的调整，企业的商业模式也会逐渐发生变化甚至是革命性的创新，那些故步自封、不思进取的企业将会淘汰出局。每一次商业模式的革新都能给企业带来一定时间内的竞争优势。但是，随着时间的流逝，企业也需要不断地重新思考它的商业设计。随着（消费者的）价值取向从一个企业转移到另一个企业，企业必须不断改变它们的商业模式。一个企业的成败与否最终取决于它的商业设计是否能够为客户创造新的独特价值。

1.1.3　商业模式的类型

1. 根据商业模式涉及的企业活动的不同领域分类

（1）运营型商业模式。运营型商业模式重点解决企业与环境的互动关系，包括与产业价值链环节的互动关系。运营型商业模式创造企业的核心优势、能力、关系和知识，主要包含以下两个方面。第一，产业价值链定位：企业处于什么样的产业链条中，在这个链条中处于何种地位，企业结合自身的资源条件和发展战略应如何定位。第二，盈利模式设计（收入来源、收入分配）：企业从哪里获得收入？获得收入的形式有哪几种？这些收入以何种形式和比例在产业链中分配，企业是否对这种分配有话语权。

（2）策略性商业模式。策略性商业模式对运营性商业模式加以扩展和利用。应该说策略性商业模式涉及企业生产经营的方方面面。第一，业务模式是企业向客户提供什么样的价值和利益，包括品牌、产品等。第二，渠道模式是企业如何向客户传递业务和价值，包括渠道倍增和渠道集中、压缩等。第三，组织模式是企业如何建立先进的管理控制模型，比如建立面向客户的组织结构、通过企业信息系统构建数字化组织等。

2. 根据商业模式涉及的企业不同发展阶段分类

（1）生存型商业模式。对于很多初创企业而言，其商业模式更多考虑的是如何在短时间内生存下来，尤其是现金流比较紧张的初创企业更是如此。虽然一些初创企业有大量的风险投资，但资本的耐心也是有限度的，很多初创企业的商业模式设计由于现金流迟迟无法转正，很难融到第三轮资金，因此，生存型商业模式的设计在企业创立初期极为重要。

（2）扩张型商业模式。对于一部分企业而言，度过了创立初期的紧张时期，现金流开始充裕，面临进一步发展的问题，其商业模式也随之由生存型商业模式向扩张型商业模式转变，扩张型商业模式涉及的因素更多，对管理者的要求更高。

3. 根据商业模式涉及的行业不同分类

（1）制造型商业模式。制造业是指对制造资源（物料、能源、设备、工具、资金、技术、信息和人力等），按照市场要求，通过制造过程，转化为可供人们使用和利用的大型工具、工业品及生活消费产品的行业。制造业涉及的商业活动多、领域广、参与者众多且内在联系强，其商业模式可简单也能非常复杂。

（2）服务型商业模式。服务业指从事服务产品的生产部门和企业的集合。服务业包括：软件和信息技术服务业，信息传输、仓储和邮政业，租赁业，科学研究和技术服务业，金融业，水利、环境和公共设施管理业，居民服务、修理和其他服务业，教育，卫生和社会工作，文化、体育和娱乐业，公共管理、交通运输、社会保障和社会组织，农、林、牧、渔业中的农、林、牧、渔服务业，采矿业中的开采辅助活动，制造业中的金属制品、机械和设备修理业，住宿和餐饮业，国际组织等。服务产品与其他产业产品相比，具有非实物性、不可储存性和生产与消费同时性等特征。服务业涉及的商业活动单一、领域广、参与者众多但内在联系有限，其商业模式的设计相对简单。

（3）混合型商业模式。随着信息技术与人工智能的发展，制造业与服务业开始越来越多地紧密联系在一起，制造业已经不是单纯的生产一件产品，而是要为消费者提供一整套系统的解决方案。其中，与产品相关的服务活动在产品生产之前就必须考虑在内，例如，智能家居行业、智能家电行业，单纯的空调、冰箱的生产已无法满足消费者的需求，这种制造业与服务业融合的趋势需要对商业模式的设计进行整合，形成一种具有竞争力的混合型的商业模式。

1.2 商业模式设计的理念、原则、意义、方法及工具

1.2.1 商业模式设计理念

理念是看法、思想和思维活动的成果。商业模式设计理念是对商业模式理性化的想法、理性化的思维活动模式或者说理性化的看法和见解。商业模式设计理念是客观的企业商业活动的本质性反映，是企业商业活动内在性的外在表征。商业模式设计理念主要有以下四种。

1. 客户理念

商业模式的目的是实现客户价值最大化，通过最优实现形式满足客户需求、实现客

户的价值。商业模式设计需要了解客户概况,以更加结构化和细致化的方式描述所设计的商业模式中特定的客户群体,具体内容包括客户工作、痛点描述和客户收益(见图1-1)。客户工作是指以客户的语言描述其工作和生活中试图完成的事项,包括功能性工作、社会工作、个人与情感工作、支持性工作。客户痛点是指妨碍客户完成工作或者客户在完成工作过程中所产生的障碍或风险。客户收益描述客户想要的结果或效益,主要有四种:必需的收益、期望的收益、渴望的收益和意外的收益。

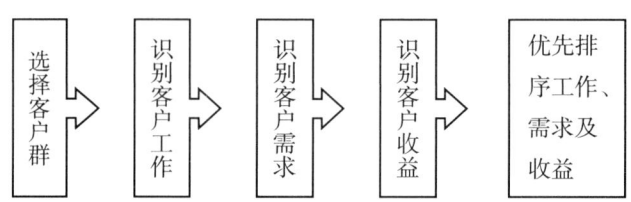

图1-1 客户工作

2. 价值主张理念

客户价值最大化是商业模式的出发点和归宿。价值主张是指对客户来说什么是有意义的,即对客户真实需求的深入描述,公司通过其产品和服务所能向消费者提供的价值。无论是何种类型的商业模式,在实践过程中如果能给客户带来有意义的结果,那么这种商业模式必定能为客户所接受和喜爱;反之,则客户会选择远离。价值主张的类型主要有:

(1)成本价值主张。成本价值主张是指企业通过提供相同产品或服务,使其成本费用明显低于行业平均水平或主要竞争对手的做法。这种价值主张一方面可以使客户以较小的成本获得同等或者更多的价值;另一方面可以使客户在同等的成本付出下获得更多的价值。客户的钱是有限的,如何让客户的钱更值钱,是成本价值主张商业模式的灵感来源。成本价值主张可以让客户以较低的金钱成本获得较高的价值。

(2)效率价值主张。效率是指单位时间内完成的工作量。商业模式设计中的效率价值主张是指能节省时间或者是时间不变但能提高工作量。例如,"互联网+"平台型商业模式能节省客户的商品或服务搜寻时间,提高商品交易效率,涌现出了淘宝、京东、亚马逊等巨型电商企业。

(3)价值创新主张。创新是商业模式设计永恒的话题。价值创新主张通过为顾客创造更多的价值来争取顾客,赢得企业的成功。价值创新概念最先是由欧洲国际工商管理学院的金昌为(W. Chan Kim)教授和雷尼·莫泊奈(Rence Mauborgne)教授提出的。价值创新意味着一次关于商业成长的战略思想的改变,本质上是将企业进行战略思考的出发点从竞争对手转变为创造全新的市场或重新诠释现有市场。价值创新的着力点是在较大范围内（而不是在传统的细分市场中）发现并努力满足客户尚未被满足的需求，向客户提供更大的价值。企业可以通过定义新目标市场（新客户划分方式、新的地理区隔）来创造产品的价值优势。价值创新的途径主要有：重新定义客户的认知质量来达到价值创新；由价值链的重组与价值活动的创新等方式来增加产品的价值优势；通过创新商品组合，包括增加功能、增加服务、改变产品定位（属性）、改变交易方式等不同途径，来达到价值创新；利用引进新科技或是提升产品平台来达到价值创新。

3. 盈利理念

盈利即收支相减之后的利润。商业模式设计是一种企业活动，需要考虑成本、收益与利润的关系，需要考虑盈利，没有利润，再好的商业模式也会是无源之水，难以为继。例如，很多互联网企业拥有数十万名甚至上千万名用户，却不知如何有效地将流量转化为收入；很多互联网工具类产品用户数量庞大，却无法带来利润，这说明其在商业模式设计时没有盈利理念。如果说商业模式是创造价值、传递价值和获取价值的过程，那么盈利理念需要考虑的是如何获取价值，包括以下若干子问题：

（1）你向谁收钱（客户是谁的问题）？
（2）你拿什么去向别人收钱，你为客户创造了什么价值（产品服务设计的问题）？
（3）你能收多少钱（市场有多大的问题）？
（4）你能收多久（市场生命周期的问题）？
（5）你的成本是多少（投资成本核算问题）？
（6）去除成本你的利润是多少（投资回报问题）？

4. 竞争理念

著名管理学大师彼得·德鲁克曾经预言，当今企业间的竞争是商业模式的竞争，而不是产品的竞争。不同的商业模式决定了不同的企业结局，优秀的商业模式可以举重若轻、化繁为简，在赢得顾客、吸引投资者和创造利润等方面形成良性循环，使企业经营达到事半功倍的效果。同时，商业模式是资本市场甄别企业优劣的关键，也是企业获得成功的基石。优秀的商业模式是企业市场竞争的有力武器，商业模式设计需要有竞争理念。

1.2.2 商业模式设计的原则

商业模式设计的原则是指商业模式设计时需要考虑的内涵、特性，是对商业模式定义的延展和丰富，是成功的商业模式必须具备的属性。它包括客户价值最大化原则、持续盈利原则、资源整合原则、创新原则、融资有效性原则、组织管理高效率原则、风险控制原则和合理避税原则。

1. 客户价值最大化原则

一个商业模式能否持续盈利，是与该模式能否使客户价值最大化有必然关系的。一个不能满足客户价值的商业模式，即使盈利也一定是暂时的、偶然的，不具有持续性；反之，一个能使客户价值最大化的商业模式，即使暂时不盈利，但终究也会走向盈利。所以，需要把对客户价值的实现再实现、满足再满足当作企业应该始终追求的主观目标。

2. 持续盈利原则

企业能否持续盈利是判断其商业模式是否成功的唯一外在标准。因此，在设计商业模式时，盈利和如何盈利也就自然成为重要的原则。持续盈利是指既要"盈利"，又要具有可持续性，而不是一时的偶然盈利。

3. 资源整合原则

整合就是要优化资源配置，就是要有进有退、有取有舍，就是要获得整体的最优。在战略思维的层面上，资源整合是系统论的思维方式，是通过组织协调，把企业内部彼此相关但却彼此分离的职能，把企业外部既参与共同的使命又拥有独立经济利益的合作伙伴整合成一个为客户服务的统一体，取得"1+1>2"的效果。

在战术选择的层面上，资源整合是优化配置的决策，是根据企业的发展战略和市场需求对有关的资源进行重新配置，以凸显企业的核心竞争力，并寻求资源配置与客户需求的最佳结合点，目的是要通过组织制度安排和管理运作协调来增强企业的竞争优势，提高客户服务水平。

4. 创新原则

成功的商业模式需要创新，但不一定仅仅是在技术上的突破，而可能是对某一个环节的改造，或是对原有模式的重组、创新，甚至是对整个游戏规则的颠覆。商业模式的创新形式贯穿于企业经营的整个过程之中，贯穿于企业资源开发研发模式、制造方式、营销体系、市场流通等各个环节，也就是说，在企业经营的每一个环节上的创新可能变成一种成功的商业模式。

5. 融资有效性原则

融资模式的打造对企业有着特殊的意义，尤其是对中国广大的中小企业来说，更是如此。企业生存需要资金，企业发展需要资金，企业快速成长更需要资金。资金已经成为所有企业发展中绕不开的障碍和很难突破的"瓶颈"。谁能解决资金问题，谁就赢得了企业发展的先机，也就掌握了市场的主动权。

从一些已成功的企业发展过程来看,无论其表面上对外阐述的成功理由是什么,都不能回避和掩盖资金对其成功的重要作用,许多失败的企业就是因为没有建立有效的融资模式而失败了。例如,巨人集团仅因为近千万元的资金缺口而轰然倒下;曾经与国美电器并肩的国通电器,拥有过30多亿元的销售额,也仅因为几百万元的资金缺口而销声匿迹。所以说,商业模式设计很重要的一环就是要考虑融资模式。甚至可以说,能够融到资金并能正确运用的商业模式就已经成功一半了。

6. 组织管理高效率原则

高效率是每个企业管理者都梦寐以求的境界,也是企业管理模式追求的最高目标。用经济学的眼光衡量,决定一个国家富裕或贫穷的砝码是效率,决定企业是否有盈利能力的也是效率。

按现代管理学理论来看,一个企业要想高效率地运行,首先要解决的是企业的愿景、使命和核心价值观,这是企业生存、成长的动力,也是员工好好工作的理由。其次是要有一套科学、实用的运营和管理系统,来解决系统协同、计划、组织和约束问题。最后,还要有科学的奖励激励方案,解决的是如何让员工分享企业的成长果实的问题,也就是向心力的问题。只有解决好这三个主要问题,企业的管理才能实现效率。

7. 风险控制原则

商业模式设计要考虑风险控制,任何商业模式都存在着一定的风险,这个风险可能是系统外的风险,如政策、法律和行业风险;也可以是系统内的风险,如产品质量的变化、人员的变更、资金的不继等。因此,商业模式设计要将这些风险考虑在内并具有可控性。

8. 合理避税原则

合理避税,而不是逃税。合理避税是在现行的制度、法律框架内,合理地利用有关政策,设计一套利于利用政策的商业模式体系。合理避税做得好也能大大增加企业的盈利能力。

1.2.3　商业模式设计的意义

一个好的商业模式最终总是能够体现为获得资本和产品市场认同的独特企业价值。商业模式设计便于我们从商业逻辑上认清企业或项目的生存与发展是否具有可操作性。

1. 理论意义

(1) 有助于弥补核心资源价值观观点的不足。核心资源价值观观点过分关注资源的"价值性、稀缺性、不可模仿性和不可替代性"特征和强调战略资源的效率性,而忽略了那些不具备"价值性、稀缺性、不可模仿性和组织性"特征的资源。企业商业模式经常面临"可持续性、可获得性"两难困境：企业建立的可持续竞争优势并非来自难以获得的"价值性、稀缺性、不可模仿性和组织性"资源，而是从自身的独特性出发构建了新的商业模式，并在此过程中逐步建立起路径依赖型能力优势，最终才构建了可持续竞争优势。对商业模式构建设计过程的探讨，不仅有助于揭示"价值性、稀缺性、不可模仿性和不可替代性"资源的获取过程，也有助于弥补核心资源价值观在价值创造方面的重要缺陷。

（2）对价值创新理论做出了有益的补充。与核心资源价值观正好相反，价值创新理论走向了另一个极端，即过分关注市场层面的顾客价值要素（或价值曲线），而忽略了对支撑市场优势的价值创造方式的探究。而商业模式研究可以把价值创新理论只讲了一半的故事讲完，也就是把价值创新逻辑补充完整。

（3）为破坏性创新理论提供另一种视角的解释。破坏性创新的概念是由著名的经济学家熊彼特在1912年提出的，他把创新视为不断地从内部革新经济结构，即不断破坏旧的、不断创造新的结构，创新就是企业家对生产要素的新组合，即"建立一种新的生产函数"，其目的是获取潜在的利润。创新就是让过去的固定资产设备和资本投资过时、无效，或者贬值，通过创新产生大量新的资本（利润）来弥补这些贬值和无效。1997年，克里斯坦森再次清晰地提出破坏性创新，并弥补和改进了熊彼特的创新理论。他认为，破坏就是找到一种新路径，而这个破坏并不等同于便宜、不够好。唯有在和过去成功的商业模式、产品比较时，才可以说破坏就是便宜、不够好。破坏并不是突破的意思，突破的含义是在原有的基础上进行创新，因此突破性的技术通常是维持型的技术；而破坏就是找到一种新的生产函数和模式。低级市场的破坏性创新通常是指商业模式与产品的创新；新市场的破坏性创新则是在简易性与价格负担上的创新。

通过商业模式视角来解释，就会发现导致在位企业在破坏性技术面前败下阵来的根本原因在于：它们没能从商业模式角度去思考企业的发展战略问题，没有及时进行商业模式创新（而非技术创新），从而眼睁睁地看着新企业凭借新的商业模式把自己赶下了行业领导的位置，甚至剥夺了自己的生存机会。企业必须为已经研发成功的新技术（可能是破坏性技术）找到新的市场，构造新的价值链乃至价值网络，接受不同于以往的新的成本结构和利润水平，这样才能凭借新的商业模式顶住破坏性创新的冲击，保住或者抢占领导地位。

2. 实践意义

（1）商业模式设计能够帮助企业全面、系统地思考价值创造与获取问题。商业模式可以清晰地说明企业的价值主张,即说明基于技术的产品为用户创造的价值和获取问题;这些价值获取途径可能是确定市场分割,即确定技术针对的用户群;定义公司内部的价值链结构,来生产和经销产品;在一定的价值主张和价值链结构下,评估生产产品的成本结构和利润潜力;描述价值网中连接供应商和顾客的公司位置,包括潜在进入者和竞争者等。通过制定竞争性商业模式策略,创新性的公司将获得和保持竞争优势。

(2) 商业模式设计为企业审视内部环境提供了一种新的视角。商业模式设计不仅着眼于外部需求,而且还侧重于描绘企业的价值创造、传递和获取方式,为企业分析和评估内部环境提供了一种更加全面的视角。企业不但可以通过商业模式来界定自己的业务或经营边界,还能把其他企业的价值创造与获取内容纳入自己的视野,从而明确自身的核心优势。可见,与价值链分析相比,商业模式分析内容更加丰富,有助于企业从更加宏观的视角来观察和发现自己的优势和劣势,并且更容易发现自身存在的战略问题。从这个意义上讲,商业模式为战略分析提供了一种新的工具。

(3) 商业模式设计强化实践中盈利模式设计的重要性。商业模式就其最基本的意义而言,指确定企业商业活动的方法,是一个公司赖以生存的模式,一种能够为企业带来收益的模式。商业模式规定了公司在价值链中的位置,并指导其如何获取利润。

(4) 商业模式分类研究能够为企业提供更多的战略选择。如前所述,类型研究是商业模式研究的重要组成部分,并且提炼总结出了不少针对不同行业的商业模式类型,甚至一些具有一定普适性的商业模式类型,可供企业在设计其商业模式时参考。

商业模式类型研究能够服务于不同的企业、不同的目的,对于商业模式事前的规划设计、事中的调整创新以及事后的总结提炼,都具有重要的参考价值。

企业制定战略要对商业模式进行选择,战略的价值是对商业模式做出选择和灵活配置。此外,战略是动态的,而商业模式反映了企业静态的战略定位。战略选择有时要对商业模式进行变革,也可理解为选择新的商业模式。因此,商业模式可以被视为战略工具,不同的商业模式反映不同的经营逻辑,战略选择需要确定采用怎样的商业模式。也就是说,在一般情况下,企业的商业模式要与其战略选择相匹配。

1.2.4 商业模式设计方法

商业模式设计方法主要有改进型和创新型两大类。

1. 商业模式改进型设计方法

改进型设计方法是商业模式设计中一种有效的方法。该方法是以国内外商业模式为参考,然后根据本企业的相关权变因素(如环境、核心资源和关键流程等)的特点进行调整，确定企业商业模式设计的方向，探索出适合本企业的商业模式。许多企业的商业模式设计都是根据这一方法进行的，例如，百度参考谷歌的商业模式便是如此。

2. 商业模式创新型设计方法

商业模式创新设计是对传统商业模式的颠覆，其创新之处在于与传统商业模式的运营流程和盈利点完全不同。商业模式创新设计方法主要有客户洞察、创意构思、可视思考、原型制作、故事讲述和情景推测六种。

（1）客户洞察。新技术的发展与应用往往会带来社会经济文化环境的巨大改变，企业应及时了解新技术的发展与应用，洞察客户需求的变化。创新的商业模式设计需要依靠对客户的产品或服务应用场景进行深入理解，包括环境、日常事务、客户关心的焦点及愿望等。正如汽车制造商亨利·福特曾经说过的那样："如果我问我的客户他们想要什么，他们会告诉我'一匹更快的马'。"要知道该听取和忽略哪些客户意见。有时，未来的增长领域就在现金牛的附近。因此，商业模式创新者应该避免过于聚焦于现有客户细分群体，而应该盯着新的和未满足的客户细分群体。许多商业模式创新的成功，正是因为它们满足了新客户未得到满足的需求。

（2）创意构思。描述一个已经存在的商业模式与设计一个新的创新商业模式是完全不同的。设计新的商业模式需要产生大量商业模式创意，并筛选出最好的创意，是一个富有创造性的过程。这个收集和筛选的过程被称作创意构思。商业模式创新不会往回看，因为对未来商业模式而言，过去的经验参考价值极为有限。商业模式创新也不是参照竞争对手的模式就能完成的，因为商业模式创新不是复制或标杆对比，而是要设计全新的机制，来创造价值并获取收入。更确切地说，商业模式创新是挑战正统、设计全新的模式，来满足未被满足的、新的或潜在的客户需求。

为了找到更新、更好的选择，企业必须想象一个装满创意的"摸彩袋"，然后再把它们缩减到一个可能实现选择方案的短名单。

因此，创意构思有两个主要阶段，即创意生成，这个阶段重视数量；创意合成，讨论所有的创意，加以组合，并缩减到少量可行的可选方案。

（3）可视思考。可视思考是指使用诸如图片、草图、图表和便利贴等视觉化工具来构建和讨论事情。因为商业模式是由各种构造块及其相互关系所组成的复杂概念，不把它描绘出来将很难真正理解一个模式。

事实上，通过可视化地描绘商业模式，人们可以把其中的隐形假设转变为明确的信息，这使商业模式明确而有形，讨论和改变起来也更清晰。

企业常用的有两种视觉化思考的技术，即便利贴的用法和结合商业模式画布略图描绘的用法。

（4）原型制作。原型制作与可视思考一样，可以让概念更形象、具体，并能促进新创意的探索。商业模式原型可以用商业模式画布简单素描成完全经过深思熟虑的概念形式，也可以表现为模拟新业务财务运作的电子表格形式。原型是一个思维工具，可以帮助企业探索不同的方向——企业的商业模式应该尝试选择的方向。企业增加另一个客户细分群体对商业模式意味着什么？消除高成本资源将是怎样的结果？企业免费赠送一些产品或服务，并且用一些更具创新性的产品或服务替代现在的收入来源又将会意味着什么？

（5）故事讲述。形容一个全新的、未经考验的商业模式就如同只用单薄的文字去描述一幅画作。但是，讲一个故事告诉我们这个商业模式是如何创造价值的，就如同用色彩来装饰画布。这样，新概念就又变得有形而不再抽象。讲一个故事来描述企业的商业模式是如何为客户解决问题的，故事为下一步详细地介绍你的商业模式提供了很好的支持和认同。

（6）情景推测。在新商业模型的设计和原有模型的创新上，情景推测把抽象的概念变成具体的模型。它的主要作用就是通过细化设计环境，帮助我们熟悉商业模型设计流程。这里有两种类型的情景推测方法：第一种描述的是不同的客户背景：客户是如何使用产品和服务的，什么类型的客户在使用它们，客户的顾虑、愿望和目的分别是什么；第二种情景推测描述的是新商业模式可能会参与竞争的未来场景。

1.2.5 商业模式设计工具

在商业模式的设计过程当中，我们不可避免地需要使用一些工具。这些工具把一个公司内部所有的流程、模块、价值点都分成了一个个小模块，然后，我们在这些小的模块中去寻找价值的突破点，来形成商业模式的创新。在这个过程中，商业模式也会一直不断优化和简化，让人们使用起来更方便。商业模式设计主要的工具有商业模式画布和更为简化的四要素商业模式设计框架。

1. 商业模式画布

商业模式画布由亚历山大·奥斯特瓦尔德（Alexander Osterwalder）和皮纽尔（Pigneur）提出，他们认为商业模式包含九种必备要素。

（1）价值主张。即公司通过其产品和服务能向消费者提供何种价值。表现为标准化、个性化的产品、服务、解决方案，宽、窄的产品范围。

（2）客户细分。即公司经过市场划分后所瞄准的消费者群体。表现为本地区、全国、国际、政府、企业、个体消费者、一般大众、多部门、细分市场。

（3）分销渠道。描绘公司用来接触并将价值传递给目标客户的各种途径。表现为直接、间接，单一、多渠道。

（4）客户关系。阐明公司与其客户之间所建立的联系，主要是信息沟通反馈。表现为交易型、关系型、直接关系与间接关系。

（5）收入来源（或收益方式）。描述公司通过各种收入流来创造财务的途径。表现为固定或灵活的价格，高、中、低利润率，高、中、低销售量，单一、多个、灵活渠道。

（6）核心资源及能力。概述公司实施其商业模式所需要的资源和能力。表现为技术、专利、品牌、成本、质量优势。

（7）关键业务（或企业内部价值链）。描述业务流程的安排和资源的配置。表现为标准化、柔性生产系统，强、弱的研发部门，高、低效供应链管理。

（8）重要伙伴。即公司同其他公司为有效提供价值而形成的合作关系网络。表现为上下游伙伴、竞争、互补关系、联盟、非联盟。

（9）成本结构。即运用某一商业模式的货币描述。表现为固定或流动成本比例、高或低经营杠杆。

这九大因素之间的关系如图1-2所示。

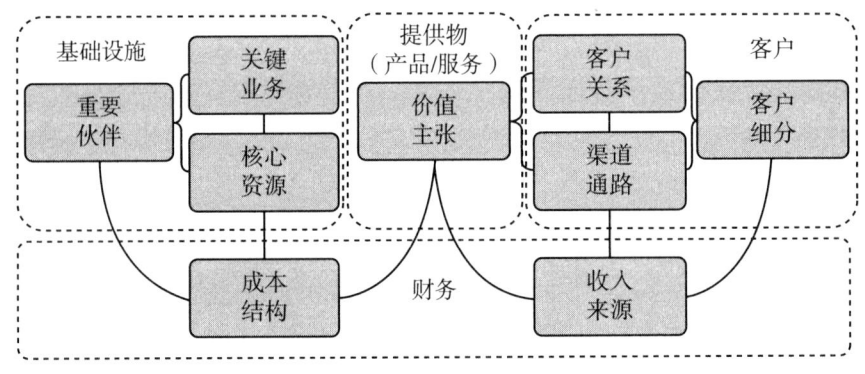

图1-2 商业模式框架

资料来源：[美]亚历山大·奥斯特瓦德、[比利时]伊夫·皮纽尔等，《价值主张设计——如何构建商业模式最重要环节》，机械工业出版社2011年版。

根据九大要素间的逻辑关系，商业模式设计可以分四步进行：

（1）价值创造收入。提出价值主张，寻找客户细分，打通渠道通路，建立客户关系。

(2) 价值创造需要基础设施。衡量核心资源及能力,设计关键业务,寻找重要伙伴。

(3) 基础设施引发成本。确定成本结构。

(4) 差额即利润。根据成本结构,调整收益方式。

2. 四要素商业模式设计框架

四要素商业模式设计框架(见表1-1)由日本学者三谷宏志提出。商业模式设计体系应包括顾客、价值提供、盈利模式和竞争力四个要素。

表1-1　　　　　　　　　　四要素商业模式设计框架

要素	企业
顾客	
价值提供	
盈利模式	
竞争力	

以剃须刀的商业模式演化为例(见表1-2)。

表1-2　　　　　　　　　　剃须刀的商业模式演化

要素	一般企业	吉列的"刀片+刀架"模式
顾客	一般男性	一般男性+军需用品
价值提供	持久耐用	无须研磨、价格低廉的替换刀片
盈利模式	整体出售	刀架定价低、靠刀片盈利、靠专利维护市场
竞争力	坚韧的刀片	薄刀片的制造技术、专利能力

资料来源:[日]三谷宏志,《商业模式全史》,江苏凤凰文艺出版社2016年版,第66页。

本章小结

商业模式是为实现客户价值最大化,把能使企业运行的内外各要素整合起来,形成一个完整的、高效率的具有独特核心竞争力的运行系统,并通过最优实现形式满足客户需求、实现客户价值,同时使系统达成持续盈利目标的整体解决方案。本章首先介绍了商业模式的内涵及其特征、类型、分析框架、设计意义、原则等内容;其次对商业模式设计过程中所涉及的经济学、地缘政治学、管理学、市场营销学、战略管理等理论知识体系进行了简要的介绍。

本章关键词

商业模式　　客户价值最大化　　生存型商业模式　　扩张型商业模式
制造型商业模式　　服务型商业模式　　运行型商业模式　　策略型商业模式

混合型商业模式　　商业模式画布

思考题

1. 简述商业模式的内涵及其设计意义。
2. 举例分析生存型商业模式和扩张型商业模式的异同点。
3. 举例说明商业模式设计中商业模式设计框架的运用。

第 2 章

商业模式设计思维及其经济学、管理学诠释

学习目标

1. 理解商业模式设计中应该具有的思维及其特征。
2. 理解商业模式设计中的经济学思维:交易成本、规模经济、范围经济。
3. 理解商业模式设计中的管理学思维:计划、战略思维、市场营销价值与需求思维、系统管理思维、企业动态竞争思维、突变理论、风险管理理论、核心能力理论等。

---- 案例导读 ----

隐形的冠军 国产传音手机凭啥占非洲 40% 市场份额?

华为、小米、OPPO,当国产手机巨头们在国内市场厮杀得浑身是血的时候,一个很少有人知道的国产手机品牌却在非洲占据了 40% 的市场份额,不但将所有国产手机甩在身后,与苹果和三星相比也毫不逊色,成为显而易见的"隐形冠军",它的名字叫传音。

知名研究机构 Counter Point 发布的报告显示,2016 年全球销量前五的手机品牌中,中国品牌已占三席。在印度,中国手机厂商的市场份额已经超过 50%;在欧洲市场也超过了 20%;在非洲已经超过 40%。

不同于其他市场上份额是由多家国产手机品牌合力实现,非洲市场这 40% 几乎是传音凭借一己之力替中国制造打下的。

虽然在国内市场上默默无闻,但在出口数量上,传音的战斗力还是无人能及的。统计资料显示：2016年上半年传音以3286万部位居出口榜首；华为、联想和中兴及其子品牌出口海外的手机数量均超过1100万部，分别列第2位至第4位；OPPO则以666万部列第5位。

手机的所有功能中，拍照早已是不可或缺的。

由于大部分手机拍摄都通过面部进行识别，对肤色较深的人种很难做到准确识别，尤其是在光线不佳的情况下，拍出来就是一团漆黑。传音解决了非洲人民自拍的难题。

其原理并不高深，与一般手机拍照时通过脸部识别不同，传音手机通过眼睛和牙齿来定位，在此基础上加强曝光，帮助非洲消费者拍出更加满意的照片。

拍照痛点之外，根据非洲消费者能歌善舞的特点，传音在2016年推出的新手机就主打音乐功能，甚至随机赠送一个定制的头戴式耳机。

但全世界手机行业3/4的利润被苹果一家蚕食的现实困扰着国产手机厂商们，在这个令华为、小米们都挠头的问题上，传音显然也不能置身事外。

（资料来源：彭俊勇，《隐形的冠军 国产传音手机凭啥占非洲40%市场份额?》，http：//finance.sina.com.cn/chanjing/cyxw/2017-04-09/doc-ifyecezv2669042.shtml。）

思维是人类用头脑进行逻辑推导的属性、能力和过程。思维包含"思维对象"和"思维主体"两个要素。思维对象，就是人们的思维所指向的目标。从思维方法的角度来考察思维对象，主要特点表现在"无穷多的数量""无穷多的属性""无穷多的变化"三个方面。思维主体，就是从事实践活动的人或正在进行思考的人的头脑。商业是以货币为媒介进行交换从而实现商品生产与流通的经济活动。商业意识是一种能够贯穿于商业的诸多环节的思维想法。本章主要介绍商业模式设计中存在的不同思维方式及其经济学、管理学诠释。

2.1 商业模式设计思维特征

在商业模式设计的过程中存在着多种可能性，而这些可能性多少会受到设计者本身的思维模式和经验的影响。商业模式设计思维特征主要有：具有发明者思维的价值创造性、具有投资者思维的系统性、具有颠覆者思维的创新性、具有经营者思维的规划性、具有"变色龙"思维的动态多变特征、"互联网+"思维的渗透融合性、跨界思维的外向综合性、共享经济思维的交易重复性和规模性、平台思维的资源整合性、开放性与互动性（见图2-1）。

第 2 章 商业模式设计思维及其经济学、管理学诠释

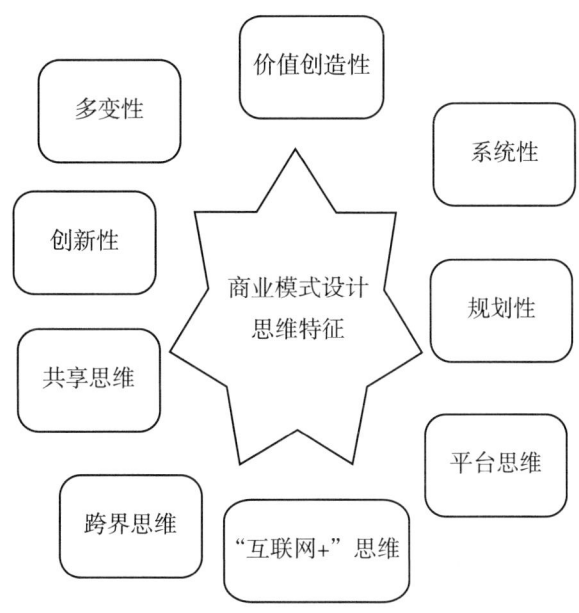

图 2-1 商业模式设计思维特征

1. 具有发明者思维的价值创造性

价值是凝结在商品中的无差别的人类劳动或抽象的人类劳动。发明是应用自然规律解决技术领域中特有问题从而提出创新性方案、措施的过程和成果。产品是为了满足人们日常生活的需要而发明出来的，具有使用价值和交换价值。发明创造无时无刻不在改变着人类生活，并推动着人类文明不断进步，有些发明甚至可以追溯到 10 万年前且依然发挥着巨大作用，如语言、写作、农业、灌溉等。发明可以提升消费者既有的需求质量，如产品功能提升、获取成本下降等；也可以满足消费者无法想象的潜在需求，如计算机及互联网的出现，在几十年前是人们无法想象的事情。具有发明者思维的价值创造性要求商业模式设计者密切关注现代科学技术的发展，密切关注新技术给产业及消费者带来的新价值，例如，3D 打印、大数据、云计算、物联网、量子技术、虚拟现实（VR）及人工智能（AI）技术等，这些高新技术对未来产业的发展和企业的管理会产生巨大的影响，需要在商业模式设计时予以重点关注。

2. 具有投资者思维的系统性

系统思维是一种逻辑抽象能力，也可以称为整体观、全局观。简而言之，是指对事情全面思考，不是仅仅就事论事，而是把想要达到的结果、实现该结果的过程、过程优化以及对未来的影响等一系列问题作为一个整体系统进行研究。系统是由两个或两个以上元素相结合的有机整体，系统的整体不等于其局部的简单相加。这一概念揭示了客观

世界的某种本质属性，有无限丰富的内涵和外延，其内容就是系统论或系统学。系统论作为一种普遍的方法论，是迄今为止人类所掌握的最高级思维模式。具体到企业，在做一个产品或者做一个项目之前，从公司的商业模式根本出发，思考所做的这个产品是否会跟公司现有的商业模式发生冲突，是否是对现有产业的主要商业模式进行了创新，这个产品或项目会受到哪些方面的冲击或竞争等。系统思维方式的演变区分为四个不同的发展阶段：古代整体系统思维方式—近代机械系统思维方式—辩证系统思维方式—现代复杂系统思维方式。系统思维具有整体性、结构性、立体性、动态性、综合性等特征。

3. 具有颠覆者思维的创新性

企业在创业或寻求新的增长业务时，往往有两种选择：一种选择是通过持续创新（sustaining innovation）改良产品性能或销售渠道，通过与市场领导者竞争抢夺现有市场；另一种选择是通过毁灭性创新（disruptive innovation）、颠覆性创新创造一个完全全新的产品或者一个全新的商业模式，一步步蚕食原有市场领导者的市场直至全部占领市场。颠覆性创新又有两种类型：第一种类型通过技术创新设计新产品将现有产品的顾客群体吸引过来从而产生新的市场；第二种类型是对现有的商业模式进行颠覆性创新设计，瓦解原有商业模式的竞争优势。在行业内看起来已经饱和的情况下，企业就要颠覆行业。那么，应该怎样颠覆这个行业呢？典型的例子莫过于，在所有的杀毒软件都收费的时候，周鸿祎的360杀毒软件颠覆了整个行业，开始免费使用。那360靠什么盈利呢？这就是360能够颠覆杀毒行业的根本：它的商业模式发生了颠覆性的改变，其目的不是通过产品销售使用来盈利，而是建立360互联网平台，聚集流量，进而在免费的360杀毒软件中植入个性化广告及一些个性化服务，同时在360网络平台上开展衍生品服务，使平台增值。360的颠覆性商业模式瓦解了原有计算机杀毒软件市场的商业模式。颠覆性创新具有强破坏性、简便性和顾客价值导向的特征。颠覆性思维的关键在于特立独行的思维，它是一种追求与众不同的意识。

4. 具有经营者思维的规划性

规划思维是一种方法，即为寻求未来改进结果的问题或事件提供实用和富有创造性的解决方案。在这方面，它是一种以解决方案为基础的，或者说以解决方案为导向的思维形式，它不是从某个问题入手，而是从目标或者要达成的成果着手，通过对当前和未来的关注，同时探索问题中的各项参数变量及解决方案。这种类型的思维方式最经常发生在已成型的环境中，这种环境也称为人工环境。经营者常常是把目标的达成作为规划考虑的出发点，然后分解各种正面因素与负面因素，找出并排除负面因素，达成目标的解决方案。

5. 具有"变色龙"思维的动态多变特征

变色龙是一种动物，因为变色龙的肤色会随着背景、温度和心情的变化而改变，故得"变色龙"的名称。具有"变色龙"的多变思维是指思维主体应根据不断发展变化的客观环境，不断改变思维程序和方向，对环境进行调整和控制，最后达到思维目标最优化的过程。简而言之，思维是发展的、变化的，因而思维活动可以不断地进行优化调整。同样的道理，企业所面临的经济、技术、政治、人口、文化、法律等环境是复杂多变的，企业需要利用IT等技术资源、组织资源和管理资源来持续获得竞争优势，培育和建立一种能有效地掌握变化万千的商机，以及能持续地建立、调适、重组其内外部的各项资源与智能来达到竞争优势的一种企业动态发展能力。综观企业发展的历史和产业发展的规律，没有一种商业模式可以永远为企业带来永久的竞争优势，商业模式的设计也应与时俱进，像"变色龙"那样不断调整以适应外界环境的变化。

6."互联网+"思维的渗透融合性

"互联网+"就是"互联网+各个传统行业"，但"互联网+"思维不是简单的两者相加，而是充分利用信息通信技术以及互联网平台，让互联网与传统行业进行深度融合，创造新的发展生态和商业模式的思维。它代表一种新的社会形态，即充分发挥互联网在社会资源配置中的优化和集成作用，将互联网的创新成果深度融合于经济、社会各领域中，提升全社会的创新力和生产力，形成更广泛的以互联网为基础设施和实现工具的经济发展新形态。"互联网+"是"创新2.0"下的互联网发展的新业态，是"知识社会创新2.0"推动下的互联网形态演进及其催生的经济社会发展新形态。"互联网+"是互联网思维进一步实践的成果，推动经济形态不断地发生演变，从而带动社会经济实体的生命力，为改革、创新、发展提供广阔的网络平台。各国政府对此高度重视，例如，中国政府2015年专门发布了《国务院关于积极推进"互联网+"行动的指导意见》，主要围绕"互联网+"讲述如何把互联网的创新成果与经济社会各领域深度融合，如何顺应世界"互联网+"发展趋势，充分发挥中国互联网的规模优势和应用优势，推动互联网由消费领域向生产领域拓展，加速提升产业发展水平，增强各行业创新能力，构筑经济社会发展新优势和新动能。"互联网+"思维的核心是用户至上、效率为先、极致为本、快速迭代（试错）、流量为王、平台打造、跨界、大数据积累和社会化。

"互联网+"思维的行动领域主要体现在："互联网+创业创新""互联网+协同制造（智能制造、个性化定制网络协同制造）""互联网+现代农业""互联网+智慧能源""互联网+普惠金融""互联网+益民服务""互联网+高效物流""互联网+电子商务""互联网+便捷交通""互联网+绿色生态""互联网+人工智能"等。

"互联网+"主要有六大特征：跨界融合、创新驱动、重塑结构、尊重人性、开放生态和连接一切。

7. 跨界思维的外向综合性

跨界思维是指多角度、多视野地看待问题和提出解决方案的一种思维方式。释义为交叉、跨越。跨界思维基于世界万事万物普遍联系、系统是细节的有机集合、学科知识体系构成三大基本逻辑原理而具有实现的可能性。跨界思维是一种新型的设计理念与思维模式，通过嫁接其他行业的价值对企业进行创新改造，制定全新的企业和品牌发展战略战术，让原本毫无关系甚至相互矛盾的行业相互渗透、相互融合，从而在融合的过程中碰撞出新的火花，创造出商业奇迹。过去的商业模式叫"羊毛出在羊身上"，在"羊"身上当然能找到答案，这叫传统的平面思维。现在的商业模式叫"羊毛出在狗身上猪来买单"，这叫空间思维，也叫跨界思维。十年前没有人会想到阿里巴巴、腾讯与金融有关系，而今天支付宝、微信支付已经成为人们日常生活中不可缺少的支付工具。同样，面对互联网企业的跨界行为，传统电信运营企业一退再退，短信与语音这两项基本业务逐步被挤压。跨界思维不是让大家去做一个完全陌生的东西或者行业，而是要深挖现有行业需求，将与本行业相关的一些需求进行整合，重新去定义行业的概念。就像网吧与咖啡、电竞等融合成为网咖，影吧也可以与咖啡、KTV、网吧等进行融合，进而成为一种全新的跨界私人影院概念。

跨界思维主要有两个特点：第一，跨界思维属于一种外向型思维，其属性就是外向扩展，即更愿意到不同的行业开辟出一片新的天地。第二，跨界思维更具有综合性。跨界思维涉及多行业、多领域、多文化，所以更具有综合性，需要实现由多到一的融合创新。

8. 共享经济思维的交易重复性和规模性

共享经济是指拥有闲置资源的机构或个人有偿让渡资源使用权给他人，让渡者获取回报，分享者利用分享他人的闲置资源创造价值。共享经济由美国学者马科斯·费尔逊（Marcus Felson）和伊利诺伊大学社会学教授琼·L. 斯潘思（Joe L. Spaeth）于1978年提出，但这一现象却是在2017年以来开始大行其道，其本质是整合线下的闲散物品、资产、劳动力、教育医疗资源。共享经济是指人们公平享有社会资源，各自以不同的方式付出和受益，共同获得经济红利。此种共享更多的是通过互联网作为媒介来实现的。共享经济的主要特点是，包括一个由第三方创建的、以信息技术为基础的市场平台。这个第三方可以是商业机构、组织或者政府。个体借助这些平台，交换闲置物品，分享自己的知识、经验，或者向企业、某个创新项目筹集资金。共享经济的基本特征主要有：借助网络作为信息平台；以闲置资源使用权的暂时性转移为本质；以物品的重复交易和高效利用为表现形式,获取规模经济效应。共享经济的存在形式主要有:基于共享和租赁的产品服务;基于二手转让的产品再流通,实质上是同一物品在不同需求者间依次实现所有权移转;基于资产和技能共享的协同生活方式,实质上是时间、知识和技能等无形资产的分享。

9. 平台思维的资源整合性、开放性与互动性

全球100强企业里,有60家企业的主要收入来自平台商业模式,如谷歌、苹果、阿里、腾讯等。平台是一个载体、一种环境、一套系统,它是让人发挥才能、实现目标的资源综合的有形真实或无形虚拟的空间。传统的平台是指便利店、百货公司、连锁超市、电视台等有形的有时间和地理位置限制的有限空间,现在的平台更多是指京东、阿里巴巴、微信等无形的不受时间和地理位置限制的无限开放空间。所谓平台思维,并非一切问题都要自己解决,而是充分利用其他资源。有了平台思维,就有平台。只需提供法则和模式,让外部资源自动参与形成生态系统。如要解决交通压力,不用增加更多汽车和司机,一款"滴滴打车"免费软件就让乘客与闲车建立了联系,从而搭建全新的资源供给体系,创造了新的消费行为及市场。当受到客观因素限制,布局不具备构建生态型平台的条件时,也要思考如何利用现有平台资源,为客户创造最大价值。平台思维的核心价值观是"跨界、整合、互利、共赢"。阿里的马云为了让天下没有难做的生意,整合了许多客商,整合了很多买主,搭建了一个购物网络平台。搜狐是一个让人获取信息知识的平台,腾讯是一个人与人社交的网络平台,小米是一个产品与顾客互动交流的平台。平台思维必须融入开放、创新、协同、共生等商业精神,这个平台才能有灵性、有生命。平台思维面对的是所有可以整合的资源,其目的是创造出前所未有的模式和效率。

开放性是企业商业模式设计中所体现的一个显著特征。开放性商业模式就是企业为了最大化商业价值,打破组织的界限,整合企业利益相关者的所有知识和资源(创意、技术等),通过内外部资源相耦合,从而增强企业的价值创造和利益的一种商业模式。开放式商业模式分为四种:封闭式、分享式、吸收式和开放式商业模式。四种商业模式的区别与联系如图2-2所示。

高 分享内部资源的程度 低	分享式商业模式 举例:迪尼斯、中国移动等	开放式商业模式 举例:淘宝网、阿里巴巴、高通公司、谷歌、UTEK等
	封闭式商业模式 举例:传统原子型企业	吸收式商业模式 举例:美特斯邦威、麦当劳、可口可乐等
	低　　整合外部资源的程度　　高	

图2-2 开放商业模式分类

采用开放式商业模式的企业在分享内部资源和整合外部资源两方面都表现得非常积极。一方面，依赖于整合外部第三方的资源来增强自己的创新能力和竞争力；另一方面，积极地与其他企业分享自己内部未被充分利用的资源获得额外的收入。作为全球最大的搜索引擎公司，谷歌一直将"整合全球信息，使人人皆可访问并从中受益"作为其价值主张和使命宣言。在此种思想的指导下，谷歌的各种计划都贯穿着开放的理念。谷歌通过与相关书店、零售商以及支持各种电子书形式的网络公司等进行联盟，进行资源的整合和利用，让消费者不受设备、软件、操作系统以及零售商的限制，在互联网上任何一个地方都能买到自己想要的书。谷歌通过开放式的商业模式，有效避免了垂直整合模式中消费者限制在一家设备、一家书店的缺陷，从而为电子书产业的发展开辟了一条新路。

互联网时代，消费者不再被动接受商品和服务，而是乐于参与价值创造。当一个商业模式是开放的、包容的，积极欢迎消费者参与互动和产品服务重塑过程，以及创造未知的丰富的可能性，那么，消费者一旦成为主角，会自觉分享其感受和空间信息，这样的体验让消费者感觉被重视，其深层次的情感需求被激发且被满足，进而会同品牌建立强烈的、正面的、独一无二的情感联系，这种商业模式的黏性将会大大增强。

2.2 经济学视角下的商业模式设计思维

经济学是一门研究人类行为及如何将有限或者稀缺资源进行合理配置的社会科学，经济学也是研究人类经济活动的规律即价值的创造、转化、实现的规律——经济发展规律的理论。我们可以将商业模式设计思维的特征从经济学理论知识的角度做一个合理的解释，反过来，当我们进行商业模式设计时，需要从经济学的角度思考商业模式设计的诸多要素的组合是否合理。

2.2.1 商业模式设计思维的交易成本经济学解释

1. 交易成本经济学

交易成本理论是由诺贝尔经济学奖得主科斯（Coase）1937年所提出，他在《企业的性质》一文中认为交易成本指"通过价格机制'组织'生产的最明显的成本就是所有发现相对价格的成本""市场上发生的每一笔交易的谈判和签约的费用"及利用价格机制存在的其他方面的成本。他在1960年出版的另一本著作《社会成本问题》中提出市场交易成本的概念，认为市场交易成本主要由信息成本和讨价还价成本构成。一般而言，在完全竞争市场上也不会发生匿名交易。典型的情况是，潜在的交易对象必须相互搜寻对方。一旦这种有兴趣的交易者相互接触，他们就需要了解更多东西。具体来说，包括交易对象是谁，他愿意且能够达成什么协议等。因此，要通过协商来找到有效率的交易，并确立具体的交换条件。交易也可能需要法律保障。由于可能会出错，因而必须监督合约的实现。在某些情况下，甚至需要通过法律行动来执行合约。使用市场的代价可以更具体地分为以下三类：一是准备合约的成本（狭义定义的搜寻和信息成本）；二是确定合同的成本（讨价还价和决策的成本、信任和沟通的成本也是交易的一部分，这种成本将永远存在，不因渠道不同而消失）；三是监督和执行合同责任的成本。

威廉姆斯（Williams，1975）认为交易成本的存在源于人类两大天性：有限理性和机会主义。例如，消费者要购买一种产品或服务，首先要花时间和精力来获得关于产品质量的信息。因此，他必须寻求物有所值的供给。类似产品，甚至同类产品，其价格差别也常常非常大。即使消费者知道某些产品的价格差别极大，他们也常常不花时间和精力来寻找成本最低的供给。如果情况不是这样，那么，我们就不会看到同类产品有不同的价格。因此，价格差别的实际存在就度量了消费者自己的交易活动成本。如果不存在搜寻成本，那么，价格差别不会存在。因此，理性的消费者必须考虑搜寻成本的大小来决定是否进行搜寻活动，以得到尽可能低的价格，但成本大小和受益往往很难精确计量，信息全面收集极为困难，这迫使消费者放弃一些次要目标，从完全理性转向有限理性。

除市场交易成本外，经济学家还提出经理交易成本和政治交易成本也是交易成本中经常需要考虑的成本。

2. 商业模式设计思维的交易成本经济学解释

从交易成本的角度看，好的商业模式并不是越独特就越好，而是要做到交易成本最低。设计商业模式就是设计利益相关者的交易结构，如果设计出的交易结构"交易成本"最低，那就是一个较好的商业模式。任何一种商业模式都要符合传统经济规律，任何一种互联网商业模式，如果不能降低行业的交易成本，不能提升行业交易效率的话，最后注定会失败。以"互联网+"为代表的互联网经济就是借助互联网络从事经营活动。互联网络经济发展逐渐地延伸或者衍生出一系列新的交易形式。互联网络最大的好处是节省了交易成本，提高了交易效率，这一点在合同签订阶段表现得尤为明显：双方当事人可以不需要支付不菲的差旅费,即可通过互联网络签订合同,并且通过互联网络进行资金结算。这是一种前所未有的"革命"。例如,传统打车总是很不便利,当互联网介入后,顾客通过互联网降低了出租车的搜寻成本,同时通过移动互联网将打车及支付变得快捷便利,交易的效率更高。商业模式设计如果能考虑降低交易成本,同时提供更多的附加价值,比竞争对手在成本及价格上更有竞争力,那么这种商业模式无疑更具竞争力。

商业模式设计需要随着交易成本的变化而变化。例如,在农业的工资制契约中,企业和农户之间存在信息不对称,如怠工、技术不熟练等,当这种信息不对称很严重时,企业倾向选择新的契约对象,采取分成方式;如果企业使用监督人员和技术指导人员来降低信息的不对称,则会继续维持原有的工资制契约形式;但如果土地面积不断扩大,企业必须雇佣更多的监督和指导人员,交易成本加大。当监督和技术指导引起的交易成本大于所得收益时,企业将会放弃工资制契约形式,转而选择分成制契约形式。

2.2.2 商业模式设计思维的规模经济的经济学解释

1. 规模经济的经济学解释

规模经济(economies of scale)是指通过扩大生产规模而引起经济效益增加的现象。规模经济反映的是生产要素的集中程度同经济效益之间的关系。规模经济的优越性在于:随着产量的增加,长期平均总成本下降。但这并不仅仅意味着生产规模越大越好,因为规模经济追求的是能获取最佳经济效益的生产规模。一旦企业生产规模扩大到超过一定的规模,边际效益反而会逐渐下降,甚至跌破趋向零,乃至变成负值,引发规模不经济现象(见图2-3)。

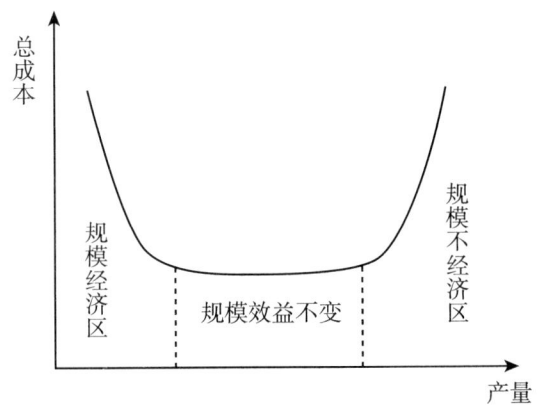

图 2-3 规模经济与规模不经济

资料来源:https://baike.baidu.com/item/规模不经济/885314。

通常,规模经济分为三类:一是从设备、生产线、工艺过程等角度提出的,称为工厂规模经济。其形成的原因有:(1)采用先进工艺,设备大型化、专业化,实行大批量生产，可降低单位产品成本和设备投资；(2) 实行大批量生产方式，有利于实现产品标准化、专业化和通用化（通常称为产品的"三化"），提高产品质量，降低能耗和原材料消耗等各种物耗，促进技术进步，取得显著的经济效果。二是企业规模经济，指若干工厂通过水平和垂直联合组成的经营实体。不仅可带来单位产品成本、物耗降低，取得"全产品生产线"的效益，降低销售费用，节省大量管理人员和工程技术人员，还可使企业有更多的资金用于产品研制与开发，使其具有更强的竞争能力。三是在产品的零售环节，通过薄利多销或者连锁经营的模式在全球范围内联购联销，实现产品销售的规模经济。

传统企业实现规模经济有三种途径：一是通过进入与企业知识基础具有协同效应的产品市场从事多元化生产。二是沿着企业既有主导产品的价值链进行纵向一体化合并。对规模经济的追求会导致大型多元化企业的出现和发展。三是在全球范围内连锁经营销售产品。

现代企业在传统企业实现规模经济的基础上，借助互联网络来实现产品销售的规模经济效应。由于新增加一种产品的存储、营销等成本可以趋近于零，使互联网具有与传统企业不同的特质。互联网的发展有三个典型阶段：

一是规模扩张阶段。提供一种产品，满足客户的一项基本需求，快速扩大用户规模。如早期的腾讯面向网民提供沟通工具QQ。

二是多元化阶段。当客户达到一定规模后，便可以开发更多的产品，满足客户多样化的需求。一方面，可以增加客户的黏性；另一方面，也可以实现商业化、货币化。例如，腾讯在QQ用户达到一定阶段后，提出"在线生活平台"的战略，果断地推出了门户、游戏、电商和社交网站，使用户规模更上一层楼，也推动了腾讯业绩的持续增长。

三是开放平台阶段。客户需求进一步分化，单个企业难以通过企业自身的发展来满足这些需求，依靠有限的合作伙伴也是杯水车薪，因此，通过开放平台，发动社会力量，利用每一个开发者的能力，实现个性化的客户需求，实现每个开发者在自己产品上的规模经济性，从而实现整个开放平台的长尾经济（见图2-4）。长尾经济是一种小众产品使用次数累计规模经济效应，传统零售行业是难以实现长尾经济的，因为每增加一种产品，都要增加采购成本、库存成本、流通成本等。但电子商务可以使上述成本中的某些趋近于零，从而实现长尾规模经济。在未来的移动互联网阶段，客户需求一定是碎片化的，开放平台成为必然选择。这就是现在大的互联网企业纷纷推出自己的开放平台的原因。

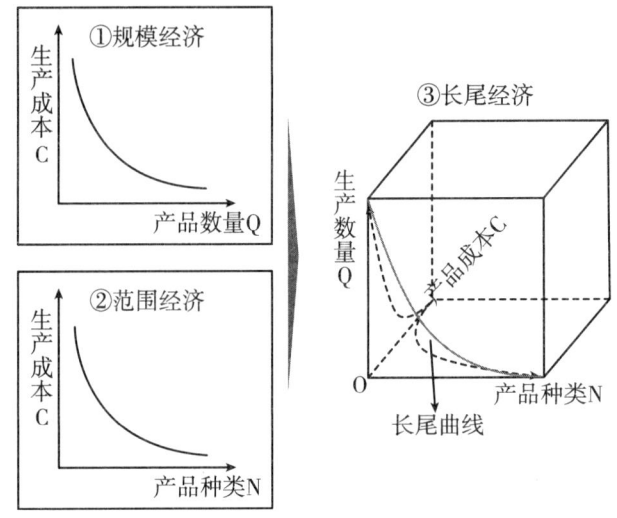

图 2-4　规模经济、范围经济与长尾经济

资料来源：http://blog.sina.com.cn/s/blog_6b119cc50100zfxc.html。

2. 商业模式设计思维的规模经济的经济学解释

（1）边际效益规模递增。在互联网经济模式下，社会生产的关键要素为信息和知识。信息和知识是经济增长的变量，具备边际递增效益。新型商业模式一方面能保持边际成本递减，产品信息会通过独特的方式存储、传输，其成本很低，几乎为零；另一方面，通过信息和知识能积累很大的溢出，参与人数越多，信息的价值就越高，如大众点评网的盈利模式。因此，新型商业模式在发展过程中需要结合边际效益递增效应，加强信息和知识的积累，以此促进经营模式的创新、发展。

（2）规模经济效应。采用新型商业模式的企业具有流量经济的特性，由于互联网经济具有边际收益规模递增的效应，即使再小的优势，也可能使消费者大力购买产品，使该产品在市场的地位急剧提高，并形成一定的规模效应，因此，新型商业模式本身具有很强的规模经济效应。在互联网背景下，价值链中企业的核心能力会得到一定的加强，尤其是在合作网络竞争的大背景下，通过合作网络，能大范围收集客户资料，针对客户需求提供个性化服务，从而促进企业的发展，如苏宁云商连锁业态协同模式。在互联网经济模式下，新型商业模式需要充分发挥规模经济效应，促进自身发展。

（3）网站流量与商业模式设计。一般而言，传统商业时代销售好的门店都有一个共同点，那就是"人很多"。也许有人会认为，人虽然很多，但是很多人都只是看看，很少有人真的去购买。但是，只要吸引住人流量，就能说明这些人对门店的商品有好感，总会有人愿意掏腰包去购买产品。即使一百个人当中只有一个会买，那么把这个一百转化为一千、几千,甚至上万,结果就会有着可观的利润。由此可以看出,任何门店营销的关键都在于人流量。所谓人流量,就是某个时间段经过门店的人数,这些人中肯定存在着门店的目标顾客。从这个层面来说,人流量就是客流量。只有紧紧抓住了人流量,才可以使门店的业绩获得很大的提升。所以说,人流量的多少直接决定着一个门店实际利润的多少。正因为如此,为了提高人流量,很多门店都会推出各种各样的活动,比如路演、促销等,利用人们的好奇、占便宜等心理来吸引人流量。吸引住人流量,才能够进而吸引住那些会买自己产品的目标顾客。

在移动互联网时代,人们习惯于在网上搜索商品与购物,因此,流量就是一个网站的生命,没有流量的网站就是一个没有商业价值的网站。网站流量(traffic)是指网站的访问量,用来描述访问一个网站的用户数量及用户所浏览的页面数量等指标,常用的统计指标包括网站的独立用户数量(一般指 IP)、总用户数量(含重复访问者)、页面浏览数量、每个用户的页面浏览数量、用户在网站的平均停留时间等。流量规模是决定一个网站价值大小的重要因素。流量越多,转化为有效客户的基数规模就越大,当企业找到适合的盈利模式时,把流量化为资本的时间也越快,而且,流量大广告商才会认可网站的广告价值。流量规模是基础,盈利模式是方向。流量规模是资源,要有好的商业模式来收割。流量思维要求我们能够意识到流量的重要性,并且知道如何获取流量、让流量产生价值。在注意力经济时代,先把流量做起来,才有机会思考后面商业模式和盈利的问题,否则连生存的机会都没有。即使没有明确的商业模式,流量规模和数据本身已经是企业的财富了,只是需要不同的投资者或管理者来挖掘。Facebook 走的也是这条路。唯一需要克服的是,竞争越来越多,如何打造一个准确的市场定位及方向是关键。互联网行业是眼球经济,流量规模是基础,模式再好没有流量规模也无法盈利。没有流量规模,好的模式会很容易被别人复制。

2.2.3 商业模式设计思维的范围经济的经济学解释

1. 范围经济的经济学解释

范围经济(economies of scope)是指由厂商的生产经营范围而非规模带来的经济,即当同时生产或经营两种产品的费用低于分别生产或经营每种产品所需成本的总和时所存在的状况。只要把两种或更多的产品合并在一起生产比分开来生产的成本低,就会存在范围经济。这里的范围经济是指企业通过扩大经营范围,增加产品种类,生产或经营两种或两种以上产品而引起单位成本降低从而取得的经济效应。与规模经济不同,范围经济通常是企业从生产经营或提供某种系列产品(与大量生产同一产品不同)的单位成本中获得节省。这种节约来自分销、研究与开发和服务中心（如财会、公关）等部门。范围经济一般成为企业采取多样化经营战略的理论依据。范围经济是研究经济组织的生产或经营范围与经济效益关系的一个基本范畴。

互联网经济的本质是以知识加工和需求个性化为主导的范围经济。范围经济是与规模经济相对应的经济红利。规模经济是指企业生产经营的专一产品规模数量越大越能获利；范围经济是指企业生产经营的产品种类范围越多越能获利。互联网首先带来的是信息"爆炸"，用户接触产品信息更容易了，但选定产品的时间成本却会增加，用户倾向于"一站式"（从一家企业）选定符合自己需要的产品。其次，互联网还可以在一定程度上释放人的个性，用户的消费诉求不再只是产品功能，还要有满足用户更高需求层次的服务。企业不能只是做单一的产品，还要满足用户对功能和服务的差异化诉求。这些特点促使传统经济本质的变革，要从满足用户功能诉求的规模经济往满足用户更高差异化诉求的范围经济转变。

传统连锁超市，如沃尔玛，通过全球化联采联购获得产品的采购成本优势，一方面向消费者让利，一方面去挤压供应商利润，同时还做自主品牌产品。沃尔玛直接采购占很大比重，渠道扁平化对于沃尔玛来说也是名副其实的。通过规模效应，沃尔玛消化了房租成本、物流成本和技术成本。电商几乎不可能靠规模效应来超过沃尔玛，但为了做到产品的"天天低价"，沃尔玛上架的产品品类大大压缩。沃尔玛的商业模式决定其是要消灭"长尾产品"的。逛沃尔玛次数多了，消费者就会发现除了生活必需品外，没有什么特别想买的东西。这样在产品选择范围上，电商的优势就显现出来，范围经济成为电商和线下商超分庭抗礼的必由之路。电商线上的优势在于商品的陈列空间和展示的时间都几乎是无限的，如果在担保、创投、信息、物流、流量和内容等服务方面供应商和电商可以形成协同效应，同时通过范围经济的发展反过来促进规模经济的发展，就能够实现"规模化的范围经济"。例如，多品种、小批量、个性化定制生产，这是"工业4.0"的含义。每一罐可乐在消费者从网上下单的那一刻起，就是为消费者定制的，所有的特性都符合消费者的喜好。这也叫智能生产。"工业4.0"的本质，就是通过数据流动自动化技术，从规模经济转向范围经济，以同质化、规模化的成本，构建出异质化、定制化的产业。

2. 范围经济与商业模式设计

范围经济的含义为商业模式设计带来了更多选择。范围的含义有产品品类范围的视角、消费者差异化的视角、服务精准化的视角，互联网乃至未来的物联网所体现出的强渗透性为商业模式设计考虑范围经济提供了富有无限可能的远景。借助于互联网技术和大数据、云计算等新技术的发展，跨界、共享、平台、资源整合等商业模式设计思维得到企业界越来越多的实践。传统企业在追求范围经济时主要是多元化经营。例如，红星美凯龙是一个家具城，这只是表面。其实，红星美凯龙设置了三个行业。第一个是零售行业，就是销售家具；第二个是地产行业；第三个是金融行业，准确些也可称作类金融公司，具有跨界经营的性质。红星美凯龙的产品销售后并不马上给供应商付费，而是延后三个月支付，期间，红星美凯龙用这笔资金去投资房地产，进行金融投资。所以，红星美凯龙是一个类地产公司、类金融公司，它突破了专业化的概念，获得了范围经济的收益。现代企业则借助于"互联网+"，开始对其他行业进行强渗透。例如，小米以智能手机起家，后来跨界到智能电视、空调、家电等业务，构造了一个庞大的跨界业务平台。

20世纪70年代，美国的大型公司纷纷实施多元化战略，结果多以失败告终。跨界商业模式也是一种多元化经营，需要管理者具有高超的管理水平方能取得跨界的协调效应和范围经济效应。平台型、分享型商业模式既可以追求规模经济，也可以聚焦于范围经济，这类商业模式的设计需要考虑经营管理者的管理技能与水平是否与之适应，一般初创企业无太多经验的管理者需要避开这类较为复杂的商业模式。

2.3 管理学视角下的商业模式设计思维

管理学是一门综合性的交叉学科，是系统研究管理活动的基本规律和一般方法的科学。管理学是适应现代社会化大生产的需要产生的，它的目的是研究在现有的条件下，如何通过合理的组织和配置人、财、物等资源因素，提高生产力的水平。商业模式设计也是对人、财、物等资源因素进行有意识的设计和运营以取得期望的利润水平，因此，商业模式设计思维在管理学上能够得到诸多解释。

2.3.1 计划、战略思维与商业模式设计

毋庸置疑，商业模式设计是一种商业计划。在管理学中，计划具有两重含义：一是计划工作，指根据对组织外部环境与内部条件的分析，提出在未来一定时期内要达到的组织目标以及实现目标的方案途径。二是计划形式，指用文字和指标等形式所表述的组织以及组织内不同部门和不同成员，在未来一定时期内关于行动方向、内容和方式安排的管理事件。商业模式设计需要具有计划思维，需要对商业模式面临的企业内外部环境进行分析，找出商业模式可以提供的价值主张并进行市场细分，找出商业模式所针对的细分市场客户，建设渠道，管理客户关系，确立商业模式所需要的关键资源和关键业务

活动，建设商业合作伙伴关系网络，商业模式设计最终需要对其成本和收益进行权衡比较，从而决定商业模式是否能够实施。

战略泛指重大的、带有全局性或决定全局的谋划。战略思维是指思维主体（个人或集团）对关系事物全局的、长远的、根本性的重大问题的谋划（分析、综合、判断、预见和决策）的思维过程。战略思维涉及的对象大多是复杂的政治、经济、文化系统和人与自然的复合系统及复杂过程。商业模式设计需要具备战略思维但不能局限于战略思维。战略思维的根本特征是获取企业未来竞争优势，以战胜竞争对手为企业一切战略的出发点。战略思维既包括红海思维，这是一种只有你死才能我活的博弈思维；也包括蓝海思维，即通过差异化避开竞争，寻求竞争优势。商业模式设计不能局限于战略思维是因为商业模式设计不会考虑残酷竞争的红海思维，商业模式创新总是企图通过与众不同的差异化商业模式实现企业价值主张，为客户创造新的价值，这是一种蓝海思维模式。

商业模式设计之所以要借鉴和具备战略思维模式，是因为战略思维总是从时间和空间的角度去思考企业未来的发展之路，战略思维是运用时间和空间的一门艺术。现有的商业模式常常借鉴战略思维模式，考虑时间与空间比较多，例如跨界、"互联网＋"、平台、商业生态等，这些商业模式多以空间为主，但经常采用低价格甚至是免费使用的模式，尽可能获取顾客的认可，蚕食原有强势企业的市场，迅速抢占市场，缩短进入市场并为消费者所认可的时间。今天的消费者正在经历一个"时空解放运动"，过去包括购物在内的很多行为都是在特定地点、特定时间进行的，而今天顾客每时每刻都可以处于购物状态，任何商业模式都需要尽力开拓在时间与空间上的商业新机会，通过大数据、云计算、物联网等，从三个维度"时间—空间—关联"洞察商业机会，通过各种手段把企业分散的顾客连接起来。关联创造价值，人与人的连接、人与物的连接以及物与物的连接，移动互联网与物联网的发展将会给企业带来巨大的社会资本和商业价值。

企业战略是企业为了在未来获取竞争优势所做的谋划。同样，商业模式也需要建立其核心竞争优势而进行未来的规划。

2.3.2 市场营销价值和需求思维与商业模式设计

任何商业模式设计的出发点都是满足顾客的需求，为顾客创造价值。没有顾客需求的商业模式设计都是海市蜃楼，这一点与市场营销思维的出发点非常相似，因此，商业模式设计需要具备市场营销思维。

1. 市场营销价值思维

商业模式设计的前提是顾客将从企业购买其认为能提供最高顾客让渡价值的商品或

服务。所谓顾客让渡价值（customer delivered value），是指整体顾客价值（total customer value）与整体顾客成本（total customer cost）之间的差额部分。整体顾客价值是指顾客从给定产品所期望得到的全部利益，这包括产品价值、服务价值、人员价值和形象价值。整体顾客成本则是顾客在购买商品和服务过程中所耗费的货币、时间、精力和精神成本。因此，一方面，企业要让自己的商品或服务能为顾客接受，必须全方位、全过程、全纵深地优化生产管理和经营，企业经营绩效的提高不是行为的结果，而是多种行为的函数。让渡价值认为顾客价值的实现不仅包含物质的因素，还包含非物质的诸如体验等因素；不仅需要经营的改善，还必须在管理上适应市场的变化。另一方面，在生产经营中创造良好的整体顾客价值只是企业取得竞争优势、成功经营的前提，一个企业不仅要着力创造价值，还必须关注消费者在购买商品和服务中所倾注的全部成本。顾客在购买商品和服务时，总希望把有关成本，包括货币、时间、精力和精神成本降到最低限度，同时又希望从中获得更多实际利益，因此，企业还必须通过降低生产与销售成本，减少顾客购买商品的时间、精力与精神耗费从而降低货币、非货币成本。显然，充分认识顾客让渡价值的含义，对于指导企业理解商业模式设计的价值，使顾客获得最大程度的满意，进而提高企业竞争力具有重要意义。

2. 市场营销需求思维

需求是指在一定的时期，在一既定的价格水平下，消费者愿意并且能够购买的商品数量。需求的主体是人，需求的对象是商品与服务。企业家只有认清人的需要（支付得起的需求）才能进行合理的商业模式设计。需求按其识别程度分为现实需求、潜在需求和创造出来的需求。

现实需求是指已经存在的市场需求，表现为消费者既有欲望，又有一定的购买力（货币支付能力）。潜在需求是指顾客虽然有明确意识的欲望，但由于种种原因还没有明确显示出来的需求。例如，20世纪70年代后，日本汽车业意识到节能、轻便、家用、廉价是未来轿车的发展趋势，迅速开发研制成了新一代节能轿车，并通过提高劳动生产率来降低价格，投放市场后大受欢迎，一举取代了美国轿车工业在世界上的领先地位。创造出来的需求是指顾客没有明确意识的欲望，但由于受新的观念、服务和技术的影响，不断被创造出来的新的需求。创造需求是创造者对人的了解，对消费者情感诉求的了解。创造需求的过程就是需求管理的过程，也是信息搜集、综合、存储、加工、挖掘和价值创造的过程。真正的需求，潜藏在人性因素和其他一系列因素的互相关联之中。人类的发明创造力往往随着需求的发展而发展，在这一过程中，引领需求潮流的企业将获得巨大的回报，与此同时也将造福整个社会。例如，苹果公司创造的智能手机产品便是如此。需求创造者使用一些工具,让在日常生活中那些产生痛苦、不便、浪费乃至于危险的麻烦事浮出水面。然后,为了解决这些麻烦,企业开发出客户无法拒绝、竞争者难以复制的产品和服务。这些富有魔力的产品的销量,往往要比那些仅仅"还不错"的产品高出 5~10 倍。

2.3.3 系统管理思维与商业模式设计

系统是由两个或两个以上元素相结合的有机整体,系统的整体不等于其局部的简单相加。系统具有五要素特征(如图 2-5 所示)。

系统思维就是把认识对象作为系统,从系统和要素、要素和要素、系统和环境的相互联系、相互作用中综合考察认识对象的一种思维方法。系统思维以系统论为思维基本模式的思维形态,它不同于创造思维或形象思维等

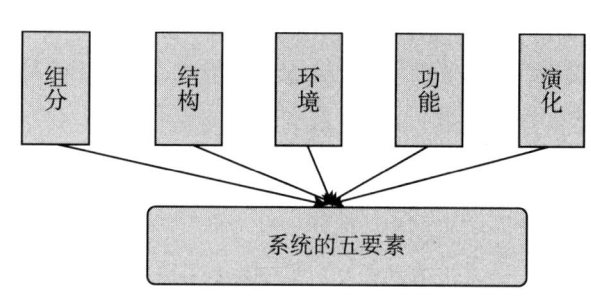

图 2-5 系统的五要素

本能思维形态。系统思维能极大地简化人们对事物的认知,带来整体观。系统思维的主要特点有整体性、结构性、立体性、动态性、综合性等。

商业模式是一个企业整体运行的系统,从现有研究来看,商业模式是一个包括多主体参加的从事生产经营活动的复杂系统。因此,商业模式必然具有系统的组分、结构、环境、功能及演化等特征。其中,商业模式设计要考虑的因素主要有"客户价值最大化""整合""高效率""系统""持续盈利""实现形式""核心竞争力""系统解决"等,这八个关键词构成了成功商业模式的八个要素,缺一不可。其中,"整合""高效率""系统"是基础或先决条件;"核心竞争力"是手段;"客户价值最大化"是主观追求目标;"持续盈利"是客观结果。

从结构上看,商业模式反映了系统中企业及利益相关者的位置、相互之间的连接渠道以及交易内容,可以分为客户关系、价值主张、渠道通路、客户细分、合作伙伴、关键业务、核心资源、成本结构和利润来源九个模块。

从功能上看,商业模式连接了企业核心能力(资源)与企业战略目标,是企业动态能力的具体实现。企业在系统循环演化过程中实现自身价值目标,控制协调能力不断提升,系统效率不断改进。

从环境上来看,商业模式容易受经济、政治、法律、技术、社会文化等外部因素的

影响，组织内部的核心资源及其能力也会影响到商业模式的运行。同时，商业模式是不断变化发展的，没有一成不变永恒的商业模式，商业模式也在不断适应环境的变化演化其自身。

商业模式是由企业与外部环境交互反馈形成的复杂系统，在设计过程中要求我们转变思维方式，从专注个别事件到洞悉商业系统的内部结构，从线性思考走向混沌思考，从局限于局部到纵观全局，以整体生成论取代机械还原论。商业系统结构对商业系统行为会产生重要影响，商业模式设计过程中，企业要结合自己的优势资源不断优化系统结构。通过构建增强回路形成企业增长的引擎，以调节回路保证企业战略目标的实现。调整增强回路之间以及增强回路和调节回路之间的连接方式，实现网络效应和互补效应。

企业商业模式创新是一个动态往复过程。传统商业模式的驱动主要来自需求驱动或技术驱动，为加快系统循环，在商业模式创新中采用混合驱动方式，即需求拉动和技术推动相结合的方式。商业模式设计要求企业对客户潜在需求具有敏锐的识别能力，并通过技术创新将这种潜在需求转化为现实需求，不断推动系统良性循环。系统演化中存在延迟现象，要求企业加强客户保持与沟通，加大人才培养，不断提高企业核心能力。

2.3.4 企业动态竞争思维与商业模式设计

动态竞争是指在特定行业内，某个（某些）企业采取的一系列竞争行动引起竞争对手的一系列反应，这些反应又会影响到原先行动的企业，这是一个竞争互动的过程。动态竞争是指竞争优势存在，但需要保持的竞争。竞争主要是竞争对手之间的互动，竞争对手只能在互动中寻求暂时优势，寻求暂时优势的办法包括改变规则和创新。企业的表现不仅取决于对手之间的静态实力，更重要的是竞争的互动。

动态竞争思维下的商业模式设计以重视动态竞争互动为基本前提。在静态竞争的条件下，商业模式设计时很少考虑和预测竞争对手的反应和一系列的攻击反应行为。而在动态竞争条件下，动态商业模式设计的有效性很大程度上依赖于预测竞争对手的能力，以及削弱和限制竞争对手的能力。因此，企业在商业模式设计之前，必须先认真回答以下问题：应该选择谁作为竞争对手，竞争对手会不会以及会做出什么样预期的反应；企业应该采用进攻策略（先动有什么优势和劣势？）还是采用反击策略（跟进有什么优势和劣势？）；商业模式的竞争行为会给竞争对手和企业本身造成什么影响（获得短期优势还是长期优势？），而竞争对手的反应又会给企业造成什么影响（造成短期劣势还是长期劣势？）；企业的竞争行为会给整个行业市场和竞争结构造成什么样的影响，而改变后的市场和竞争结构又会对企业将来的行为产生什么样的影响。

在动态竞争条件下，商业模式设计的目的是要创造新的竞争优势。以前商业模式设计的基本出发点是发挥企业的长处，而且认为企业的长处可以作为竞争优势而加以长期的保持。在动态竞争条件下，竞争优势都是暂时性的，所有的竞争优势都会受到侵蚀。这种侵蚀有时是因为竞争对手的模仿，有时是被竞争对手以智取之。一旦竞争优势没有意义，就很可能成为负担。如果继续投入去保持过时的竞争优势，将可能导致更大的灾难。所以，在动态竞争条件下，虽然也要保持竞争优势，但更重要的是如何针对竞争对手及时地创造新优势。通过创造新优势削弱对手的竞争优势，或者通过改变竞争领域或者规则使竞争对手的竞争优势过时。

在动态竞争条件下，分析、评价和选择商业模式的方法不再立足于竞争优势的可保持性，不是只考虑一个竞争回合，而是立足于竞争对手之间的互动。例如，把博弈论和行为科学的方法运用于对竞争对手的行为和反应的分析；把联动分析方法运用于对竞争性互动的分析；把情景描述、战争游戏和模拟分析等方法运用于商业模式评价和选择等。在静态竞争条件下，企业更加注意环境、市场和行业结构对企业行为和效益的影响及企业的资源条件；在动态竞争的条件下，企业越来越关注企业的能力、核心竞争力以及企业战略的作用。在静态竞争条件下，许多管理者认为，一个企业的效益主要取决于客观环境、市场结构和行业竞争结构，所以他们把大量的精力放在分析环境、预测利润侵蚀、选择行业方面，一旦选择了好的机会，就盲目进入。因为他们相信先动优势，而且认为优势一旦建立就可以长期保持。但是，在动态竞争条件下，越来越多的管理者认为，客观环境、市场结构和行业竞争结构是可以通过企业的商业模式设计而改变的，而且变化越来越快。

2.3.5　突变理论与商业模式设计

"突变"是指变化过程的间断或突然转换。在自然界和人类社会活动中，除了渐变的和连续光滑的变化现象外，还存在着大量的突然变化和跃迁现象，如岩石的破裂、桥梁的崩塌、地震、海啸、细胞的分裂、生物的变异、人的休克、情绪的波动、战争、市场变化、企业倒闭、经济危机等。突变理论研究的是从一种稳定组态跃迁到另一种稳定组态的现象和规律。它指出，自然界或人类社会中任何一种运动状态都有稳定态和非稳定态之分。在微小的偶然扰动因素作用下，仍然能够保持原来状态的是稳定态；而一旦受到微扰就迅速离开原来状态的则是非稳定态。稳定态与非稳定态相互交错。

突变理论主要以拓扑学为工具，以结构稳定性理论为基础，提出了一条新的判别突变、飞跃的原则：在严格控制条件下，如果质变中经历的中间过渡态是稳定的，那么它就是一个渐变过程。比如，拆一堵墙，如果从上面开始一块块地把砖头拆下来，整个过程就是结构稳定的渐变过程。如果从底部开始拆墙，拆到一定程度，就会破坏墙的结构稳定性，墙就会轰然倒塌。这种结构不稳定性就是突变、飞跃过程。又如，社会变革，从封建社会过渡到资本主义社会，法国大革命采用暴力来实现；而日本的明治维新就是采用一系列改革，以渐变方式来实现。

突变的主要特性有突发性、多向性、稳定性与不可逆性、周期性与随机性。

商业模式设计要特别注意技术带来的突变，因为技术的变革对商业模式的影响具有颠覆性。曾为世界 500 强企业之一的柯达公司，1991 年，其胶卷技术领先世界同行 10 年，但于 2012 年 1 月破产，因为数码技术的出现使消费者不再需要胶卷了。当索尼公司还沉浸在数码领先的喜悦中时，突然发现，原来全世界卖照相机卖得最好的不是自己，而是做手机的诺基亚公司，因为每部手机都是一部照相机，于是索尼公司业绩大幅亏损。然后，原来生产电脑的苹果公司开始生产智能手机，超越了数字手机世界领先的诺基亚公司，后者几无还手之力，2013 年 9 月，诺基亚被微软收购。当中国移动公司沾沾自喜为中国最大的通信商时，浑然不觉微信客户已突破 6 亿人，微信支付盛行。当中国银行业高歌猛进时，阿里巴巴已经推出蚂蚁金服及余额宝，进而推出了移动支付宝。当很多人还在想租个门面房开个小生意时，"双 11"一天中国互联网创造了天价成交额。2016 年 3 月，阿里巴巴集团超越沃尔玛成为全球最大的零售体。互联网革命以来，全球零售商业发生巨变，零售商必须认真思考商业模式的本质，创新零售商业模式才可能实现持续发展。

现在，物联网、3D 打印、云计算、大数据、虚拟现实、人工智能等技术发展日新月异，这些技术跟商业的结合越来越紧密，每一次商业变革时代的大转换，背后都有技术的巨大拉动。技术的变革，使很多原本不可能或者效率低下的商业模式成为可能。广义的"互联网＋"将同时作用于人与物、物与物、人与人的关系。我们已经进入一个真正意义上的"万物互联"时代。很多原本我们认为是隐性的关系，都将逐渐显性化。例如，唱吧麦颂 KTV，由于唱吧已经有了多年的线上用户，这些用户都有地点属性，只要打开地点热图，就可以知道哪些地方是用户密集的地方，在相应地点开 KTV，定向客户引流，KTV 一定门庭若市。这些技术对现有的商业模式带来的挑战与日俱增。各种边界、壁垒、门槛、围墙，都在被不断地打破和重构。跨界学习、互动、连接，成了所有人的需求。企业想要长期在市场中生存下来，只有两种选择：构建具备未来巨大价值空间的商业生态，或者加入这类商业生态并在其中做出自己的贡献。通过隐性信息显性化所带来的新商业模式设计，这些显性的信息将因此而改变企业的研发流程、实时财务、智能制造等环节，对企业整体商业模式都是颠覆性的。

2.3.6 风险管理理论与商业模式设计

风险管理（risk management）是指项目或者企业如何在一个肯定有风险的环境里把风险减至最低的管理过程。风险管理是指通过对风险的认识、衡量和分析，选择最有效的方式，主动地、有目的地、有计划地处理风险，以最小成本争取获得最大安全保证的管理方法。风险管理的基本程序包括风险识别、风险估测、风险评价、风险控制和风险管理效果评价等环节。

商业模式设计需要考虑其风险因素。任何商业模式都不可能是十全十美的，越是成功的商业模式，其竞争对手势必会花很多时间和精力仔细研究其优劣势，然后针对其弱点进行有针对性的攻击。商业模式本身最大的风险主要有以下两种。

1. 无法为顾客提供独特的价值

企业获得客户忠诚的途径是提供独特的客户价值。企业与竞争对手相比，给客户创造、提供的是独一无二的价值，是其他竞争对手所不能带来的。独特客户价值的创造有以下两种情况：一是只要能提供满足客户需求的产品和服务，都可以创造价值。物质匮乏时代，竞争对手较少，企业只要能提供客户需求的产品，就算是创造了价值。随着经济的发展，竞争对手越来越多，满足客户需求、创造客户价值的方式越来越困难。二是存在竞争对手，但是企业创造出了竞争对手所没有的产品或服务。比如，有家汽车服务公司最早研制出了导航仪，产品一经推出就迅速满足了汽车驾驶者的需求。这家汽车服务公司满足了其他汽车服务公司不能满足的顾客需求，为客户创造了独特的价值。在一个物质资源极度丰富的时代，如果企业的商业模式无法继续为顾客提供独特的价值，有可能一夜之间，企业的竞争对手通过模仿学会创新，从而导致顾客的大量流失。企业之所以无法为顾客提供独特的价值，原因在于：一是无法把握追踪行业技术的发展趋势及其引起社会变革的程度。例如，移动互联网技术带来的智能手机的普及，"互联网+"开始渗透至各个行业，在出租车行业引起顾客出行方式的改变，在金融业引起顾客支付方式的改变，企业如果无法应对新技术的改变自然无法进一步为顾客提供独特的价值，只能眼睁睁地看着跨界"野蛮人"蚕食自己的市场。二是随着社会的发展，消费者的需求也会升级换代，原有的服务也会出现过时。例如，典型的例子是面包店，传统的面包在便利店及其杂货店里出售，随着消费者支付能力的提高，能体现更高档次的装修较为现代、时髦（如有座位、有Wi-Fi等）的面包店越来越受年轻人的喜爱，如果企业无法适应顾客的这种需求变化，自然无法提供较高的、独特的附加价值。

2. 核心资源及其竞争力弱化

任何商业模式设计都需要有核心资源的支持。例如，苹果公司的在线商店与其硬件电子产品有机结合的商业模式中，苹果系列电子产品是其商业模式的核心资源，尤其是苹果智能手机，如果在智能手机技术及其体验上不能引领潮流，那么苹果公司的商业模式将会是无源之水，难以长久存在。随着时间的推移，企业商业模式的核心竞争力必然发生动态发展演变，经历产生、成长、成熟、衰亡等阶段。企业商业模式核心竞争力的生命周期可划分为以下四个阶段：初级核心竞争力阶段、成熟核心竞争力阶段、核心竞争力弱化阶段、核心竞争力新生阶段。企业商业模式核心竞争力在形成后就面临着再培育和提升的问题，否则，随着市场竞争的加剧和科学技术的发展，核心竞争力也会逐渐失去其竞争优势，沦为一般竞争力，甚至完全丧失竞争优势。因此，企业若想长久保持商业模式核心竞争力的领先优势，就必须对其核心竞争力进行持续不断的创新、发展和培育，要根据产业的发展方向、管理的更新趋势以及企业自身资源的发展状况，对企业商业模式依赖的核心资源进行重新配置与定位设计，实现企业核心竞争力的不断跃升，以维持和扩大其商业模式核心竞争能力的竞争优势。

2.3.7　核心能力理论与商业模式设计

核心能力是指公司的主要能力，即公司在竞争中处于优势地位的强项，是其他对手很难达到或者无法具备的一种能力。企业核心能力主要是关乎各种技术和对应组织之间的协调和配合，从而可以给企业带来长期竞争优势（competitive advantage in long–run）和超额利润的能力（superior profit）。在技术方面，核心能力主要是对多种技术和功能进行调整和整合，如无人驾驶飞机；在组织方面，核心能力强调组织整体活动的协调，必须确保技术、工程、营销等各个环节和功能能够整体协同。企业核心能力树见图 2-6。

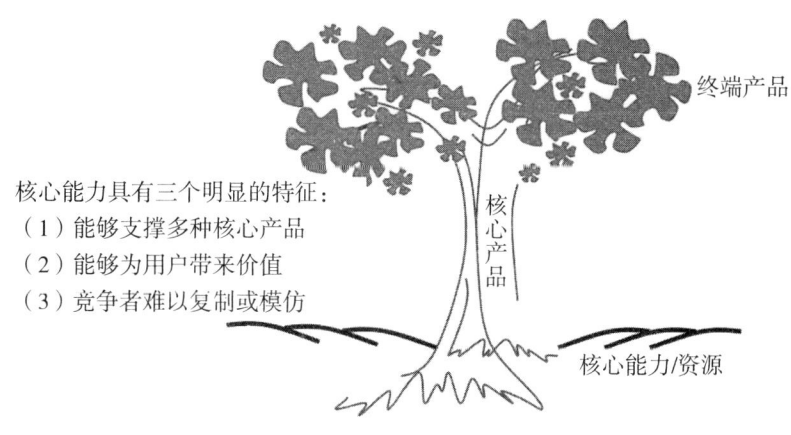

图 2-6　企业核心能力树

核心能力具有以下特点：

（1）价值性。核心竞争力富有战略价值，它能为顾客带来长期性的关键性利益，为企业创造长期性的竞争主动权，为企业创造超过同业平均利润水平的超值利润。

（2）独特性。又称独具性，即企业核心竞争力为企业独自所拥有。同行业中几乎不存在两个企业都拥有准确意义上相同或相似的核心竞争力。

（3）难以模仿和不可替代性。由于企业核心竞争力是企业内部资源、技能、知识的整合能力，常常难以让竞争对手模仿和替代，否则，其独特性自然也就不具备了，竞争优势也相应丧失。

核心竞争力是指企业竞争力中那些最基本的能使整个企业保持长期稳定的竞争优势、获得稳定超额利润的竞争能力，是将技能资产和运作机制有机融合的企业自身组织能力。现代企业的核心竞争力是一个以知识、创新为基本内核的企业某种关键资源或关键能力的组合。

商业模式设计要围绕着企业的核心能力来进行，没有企业核心能力支撑的商业模式是无法持久和成功的。在商业模式中，核心竞争力主要包括两个方面：一是企业所拥有的资源；二是企业拥有的能力。一个成功的企业不仅因为其拥有丰富的资源，还因为其隐藏在企业资源背后的配置、开发、使用和保护资源的能力，这是企业竞争优势的较深层次的因素。为了保证利润增长，企业在进行商业模式设计的时候，必须寻求核心竞争力的来源并建立自己的战略控制手段。例如，思科公司的核心产品是通信及网际网络的相关基础设备及解决方案，其核心产品来自思科公司在这些领域的研发与制造，因而使思科公司能够在市场价值方面超越微软公司和英特尔公司。思科公司的核心竞争力除了继续通过自身不断的技术创新和对先进技术公司的大规模并购以实现技术超前外，还建立了一套吸引优秀人才的人力资源开发管理体制。核心产品优势往往来自核心技术，独特的产品、独特的技术、独特的营销设计，才能提供独特的价值。

商业模式是可以学习和模仿的，但核心竞争力无法在短时间内轻易复制和抄袭。商业模式就像古战场的阵法一样，可以创新和领先。例如，诸葛亮布下八卦阵，利用关羽、张飞、赵云几员大将打败曹军，八卦阵相当于一种商业模式，而关羽、张飞、赵云则等于核心竞争力。如果没有关羽、张飞、赵云，八卦阵无法正常运作；同样，如果没有八卦阵，关羽、张飞、赵云的勇猛也无用武之地，仅有核心能力是有风险的，它也需要商业模式的辅助才能将效能发挥到极致。假设关羽、张飞、赵云仅凭匹夫之勇冲进曹操的百万大军之中，其结果可想而知，在这一点上，八卦阵就起到了关键作用，它能让核心能力得以发挥和巩固，并且核心能力之间还可以跟整体资源形成某种互助优势，让整体更强大。商业模式需要有核心支撑要素，商业模式设计时已经考虑到它的使用规则。如果培养不出核心竞争力，那么，任何创新的商业模式都只能是启发后来者或者被竞争对手所用。

本章小结

本章首先主要介绍了商业模式设计中应该具有的思维模式及其特点，如价值创造性思维、系统性思维、颠覆者思维、规划性思维、"互联网+"思维、渗透融合性、跨界思维、外向综合性、共享经济思维等；接着，从经济学的角度阐释了商业模式设计中的交易成本经济学、规模经济、范围经济、边际效益规模递增等经济学内涵；最后，从管理学的视角阐述了商业模式设计中的系统管理思维、企业动态竞争思维、突变理论、风险管理理论、核心能力理论的运用。

本章关键词

价值创造性　　颠覆者思维　　系统性　　规划性　　"互联网+"思维

渗透融合性　　跨界思维　　外向综合性　　共享经济思维

交易重复性和规模性　　平台思维的资源整合性　　开放性与互动性

交易成本经济学　　规模经济　　范围经济　　边际效益规模递增

系统管理思维　　企业动态竞争思维　　突变理论　　风险管理理论

核心能力理论

思考题

1. 商业模式设计中应该具有哪些思维模式？其特征是什么？
2. 商业模式设计中的经济学视角包含的内容有哪些？
3. 商业模式设计中的管理学视角包含的内容有哪些？

"互联网+"思维与商业模式设计

学习目标

1. 掌握平台型"互联网+"商业模式的发展演化过程。
2. 理解平台型商业模式设计的基本原理。
3. 理解长尾型"互联网+"商业模式设计的基本原理。
4. 掌握跨界型"互联网+"商业模式的两种类型:共享型跨界和协同型跨界。

----- 案例导读 -----

"互联网+农业":一个农民的典型案例

湖北钟祥的一名普普通通的农民,作为"互联网+农业"的一个典型备受瞩目。因为他不仅是湖北省生态农业种养模式的一个典型,而且早在2014年11月就开始尝试搞"互联网+农业",更是一步到位直接探索了"移动互联网+农业"。李明华为实现香稻嘉鱼大米与移动互联网连接,并没有自建系统开发团队、自己购买服务器、自己建立App客户端、自己购买网络带宽等,而是聪明地采用了与外部移动互联网平台资源进行合作的"借力"方式。"其实很简单,只要贴上'决不食品'联盟免费提供的'决不食品'标志,香稻嘉鱼大米的'互联网+农业'就自动实现了!因为'决不食品'标志内含有二维码,手机一扫,就会进入香稻嘉鱼大米的互联网页面,页面上有食品安全公开承诺视频、7×24小时种养基地实时监控视频、食品安全责任险保单图片、食品安全有奖监督基金的公开信息等,很酷!"

"互联网+农业"不仅酷,更能保证农产品食品安全。"'决不食品'标志,作为

'互联网＋农业''移动互联网＋农业'的开拓者和实现工具,不仅要让农产品更酷、更有附加值、卖得更好,更要通过支持消费者直接监督来实现最关键的食品安全!""决不食品"安全工程发起人王义昌说。

用户用智能手机扫描香稻嘉鱼大米相应的"决不食品"标志上的二维码后,会立即打开一个页面,首先映入眼帘的就是李明华的视频和公开承诺:"我们是湖北省钟祥市联发水产养殖专业合作社,我是合作社理事长李明华,我们向广大消费者庄严承诺:我们的香稻嘉鱼牌大米,决不使用农药、化肥、除草剂,加工大米的过程中,决不使用地沟油、工业石蜡等抛光打蜡,决不非法添加!决不假冒伪劣!决不有毒有害!决不昧良心!而且,我们的'决不'大米也已经严格贯彻落实了决不食品安全标准,实现了公开承诺、透明生产、开放互动、专业鉴证、保险赔偿、有奖监督。如有违反,我们甘愿接受'决不食品'安全联盟的严厉处罚。敬请广大消费者监督我们、支持我们,最大限度地多多购买我们的'决不'大米!谢谢大家!"

"我们是世界上第一个敢贯彻'决不食品'标准的中国大米,我们去年就已经支持全世界消费者,通过智能手机对种养基地进行 7×24 小时的实时监控。"李明华并非虚言,因为在用手机扫描二维码后打开的页面上,也清晰地出现了他们香稻嘉鱼种养基地的实时画面,甚至可以清晰地看到花儿在摇动、鸟儿在飞过。

(资料来源:http：// www.360doc.com/content/15/0313/09/4593371_454750664.shtml,有删减。)

"互联网＋"就是"互联网＋各个传统行业",但这并不是简单的两者相加,而是利用信息通信技术以及互联网平台,让互联网与传统行业进行深度融合,创造新的发展生态。"互联网＋"代表一种新的社会形态,即充分发挥互联网在社会资源配置中的优化和集成作用,将互联网的创新成果深度融合于经济、社会各领域之中,提升全社会的创新力和生产力,形成更广泛的以互联网为基础设施和实现工具的经济发展新形态。互联网远超出我们对传统经济的认知。相较蒸汽和电力而言,互联网无疑更具革命性基因,因为互联网,人类经济活动最根本的问题——信息不对称出现了边际突破,交易成本呈非线性下降,传统行业和企业的边界变得模糊,资源要素可以跨界流动,使资本的使用效率非线性地上升。当前,运用"互联网＋"思维、用新的发展观抓住机遇成为企业竞争实力的重要标志。阿里巴巴以"互联网＋传统集市"的思路打造了淘宝和天猫,以"互联网＋传统银行"的模式创新了支付宝和余额宝,成为全球第二大互联网公司。同样,"互联网＋传统广告"成就了百度,"互联网＋传统社交"成就了腾讯,"互联网＋

传统百货"成就了京东。这些位列全球十大互联网企业中的中国企业都是凭借"互联网+"思维取得了竞争优势和领先地位。在可预见的未来，借助"互联网+"潮流，互联网企业与传统行业、实体经济与虚拟经济、产业资本与金融资本，以及三次产业之间会不断打破原有产业边界，相互跨界、"圈地"会更加激烈。这在构筑各自全方位竞争实力的同时，将带来各产业领域竞争态势的变革。

3.1 平台型"互联网+"商业模式设计

平台连接多个参与方（生产者和消费者），通过生成价值和交换价值让双方产生交互商业活动。平台模式就是构建多主体共享的商业生态系统，并且产生网络效应，实现多主体共赢的一种商业模式。平台的目标是让生产者和消费者能够发生交互。生产者可以在平台上进行创造。开发者在安卓平台创建 App，写作者在平台上发表文章，房主在平台上创建可出租的房间，卖家在 Etsy、易宝、淘宝提供商品。消费者进入平台，获取他们需要的东西。平台是一种现实或虚拟空间，该空间可以导致或促成双方或多方客户之间的交易。平台商业模式并不是互联网出现之后的产物，而是自人类有贸易以来就一直存在，但其价值并不是一直一成不变的，而是呈现递增的趋势。互联网出现之前，平台商业模式是典型的传统型、具有物理形态的实体平台；互联网出现之后，虚拟空间开始大量出现并且其价值得到了极大的创新挖掘。平台的价值大小取决于其集合的买方与卖方数量的大小。互联网虚拟平台的进一步发展既给传统的物理实体平台带来了严峻的挑战，同时也带来了线上线下虚拟平台与实体平台深度融合的发展趋势，例如，新零售思想的出现便是如此。

3.1.1 传统的平台型商业模式

1. 传统平台的发展演化过程

自人类有贸易以来，传统的平台型商业模式就开始出现，例如，定期聚集进行的商品交易活动形式——集市就已经出现。集市主要指在商品经济不发达的时代和地区普遍存在的一种贸易组织形式，又称市集。集市起源于史前时期人们的聚集交易，以后常出现在宗教节庆、纪念集会上和圣地，并常附带民间娱乐活动。集市属于低级的中心地，交易的商品一般为日常用品和易耗品等低级货物，为集市附近的乡村居民服务。集市地点通常选择位于交通适中的集镇或乡村，以及寺庙所在地、城镇边缘地带等。集市的间隔往往取决于买者和卖者所愿意离开居住地前往的最大距离。随着集市而发展起来的集

第3章 "互联网+"思维与商业模式设计

镇具有现代城市化的特征,在集市的基础上演化成一系列的商业平台,如杂货店、饮食店等,现代零售业开始慢慢在这些商业平台上萌芽和发展(见表3-1)。

表3-1　　　　　　　传统商业平台形态、特点及其产生背景

时间	传统商业平台形态	特点	背景
19世纪70年代至20世纪30年代	百货公司、城市中的杂货店	规模大,价格低,品类齐全,大批量采购,大批量销售,周转快,装修豪华,高水平服务,实行一价制,建立商品保证制度	人口迅速增长及城市化;大量分销体制的建立;工业集中与垄断;铁路、电报连接全国市场;巨型制造业公司诞生;杂货店细小分散,效率低;20世纪30年代的大萧条,消费者对价格敏感度增加;汽车、冰箱进入家庭;食品工业、包装食品、广告和商品品牌化的发展
20世纪50年代至60年代	超市、杂货店、百货公司	开架售货,人工成本低,经营面积小,设施简单,有免费停车场,价格更低,以经营食品为主,种类齐全,商品周转速度快	汽车、冰箱、电视、电话开始普及,人口进一步向城市集聚
20世纪50年代至90年代	便利店、超市及无店铺销售出现,折扣百货、传统百货公司、专业店及专业市场并存	价格更低,功能全,集合了多种综合和专业商店,服务功能全面,满足购物的多样性选择,满足一站式购物习惯,具有虚拟空间特点的平台出现(电视、电话购物等)	第二次世界大战后需求膨胀,基本形成买方市场;中产阶层形成;城市乡村人口大量迁入郊区;建立了四通八达的公路网;汽车在家庭中普及;消费需求向多样化、个性化发展;临时的难以预料的需求的存在。规模大,建筑设施柜台廉价,运营成本更低,高周转,价格更低,商品种类多,每类品种较少,经营自有品牌
20世纪80年代后期至21世纪初期	仓储俱乐部、超市、折扣百货店	价格低,经营品种多为需求最多、销量最大的品种,仓储合一,会员制,停车场大,售货人员少,店内几乎无修饰,直接从制造商处订购商品	生产高度发达,生产能力开始过剩带来了大量廉价的产品,消费者需求开始升级
20世纪末至现在	网络购物	网上销售,无经营场所,商品品类齐全,信息量大	计算机、通信及网络技术等信息技术的飞速发展

在实体平台发展过程中也伴随着技术的发展,出现了虚拟平台。20世纪初期,收音机开始出现,1954年,世界上第一台晶体管收音机投入市场,仅包含4只锗晶体管。在

晶体管出现以后，收音机才开始真正普及，促进了广播市场的发展，也形成了一个虚拟的信息传播平台，平台的一方是新闻采编与供应者，另一方是大量的听众，平台的价值在于能够聚集大量的听众，因而能够吸引大量的广告商投放广告。自20世纪40年代起，电视机开始出现并逐步进入普通家庭，电视机的出现克服了收音机不能看图像只能听声音的缺点，因而其发展非常迅速，一个新的信息传播平台开始出现，但商业模式与广播相比并没有太大的变化，依然是依赖于广告商的广告投放。

2. 传统平台的特点

（1）具有封闭性。传统商业平台具有封闭性的特点，平台连接的双方是买卖方，对于第三方及第四方具有排他性，整合资源具有封闭性。

（2）规模与范围的有限性。传统平台的物理实体特征决定了其受到空间的约束，不可能将所有的产品展示在这个有限的空间里，只能是遵循"二八法则"销售畅销品。另外，人的生物性特点导致其不能24小时工作，因而平台商业活动会受到时间的限制。这两个局限性使传统商业平台的影响规模和范围大打折扣。

（3）价值创造具有算术递增性。算术增长就是以一个大致相当的比例增长。传统平台的时间和空间有限性特点决定了其增长要受成本等因素的制约，无法快速聚集大量的供需双方和整合各方资源，因而其增长无法实现几何级倍数增长，只能是以一个高比例数增长（一般不超过2倍）。

3.1.2　现代网络型虚拟平台

互联网的出现为信息共享、信息协作和商务拓展创造了一个崭新的不受时间和空间限制的虚拟世界。互联网是一个超越了国家、地区、民族、人种、文化、风俗习惯，超越了时空和人类全部历史的崭新的数字化世界，它潜移默化地改变着我们的价值观、世界观和情感取向，改变着消费者的学习、工作、生活和思维方式，同时也使我们所处的经济、政治形态发生着从量到质的改变。互联网导致人类沟通的成本迅速降低，将每一个人大脑内部的思维思绪并入无限扩展了的外部信息网络，彻底改变了人类传统的认知模式和资源配置方式。1993年，互联网进入商业性应用，产生了电子商务。根据IBM公司的定义，电子商务就是利用数字化电子方式进行商务数据交换和开展商务业务的活动，它是在互联网所提供的广阔联系和信息技术系统的丰富资源相结合的背景下，应运而生的一种相互关联的动态商务活动。电子商务给生产企业和消费者带来的最大的好处就是能够便捷、低成本地进入全球市场。这样，就能够以极低的成本创造出大量的"网络"商人，也能够使拥有一台联网计算机和信用卡的消费者成为"全球"消费者。对于生产企业而言，通过开展电子商务能够有效缩短供货时间和生产周期、简化订单程序、降低库存,而生产企业与消费者的直接沟通将使两者的关系更加紧密,传统交易中的进口商、出口商、批发商、零售商等环节将变得毫无意义。交易的低成本和进入的低"门槛",使大型企业和中小型企业拥有了参与电子商务的均等机会,从而能够有效地改变和改善企业组织结构和市场竞争结构,使经济的运行效率显著提高。互联网打破了时空限制,加深了经济一体化的程度,要求企业经营管理思维方式更具整体性,而且是动态的、非线性的。

1. 网络型虚拟平台发展演化过程

互联网的出现促进了大量的现代网络型虚拟平台的出现。这些现代网络虚拟平台又可分为传统的网络虚拟平台和移动式的网络虚拟平台。传统的互联网将计算机网络互相联接在一起的方法可称作"网络互联",在此基础上发展出覆盖全世界的全球性互联网络,又称为 PC 互联网。移动互联网是将移动通信和互联网二者结合起来,成为一体,是互联网的技术、平台、商业模式和应用与移动通信技术结合并实践的活动的总称。移动互联网主要使用智能手机或平板电脑设备,而 PC 互联网主要使用台式计算机或笔记本计算机。移动互联网采用客户端 App 结构加通信录为主,在信息的获取上优势明显。PC 互联网采用 B/S 结构为主,也就是浏览器、服务器结构,在信息的内容制作方面优势突出。传统互联网讲究流量变现,而移动互联网则讲究用户变现。在移动互联网上,单个 App 的大流量变现价值会被缩小,但其所积累下来的用户体系却会成为最重要的财富。传统网络虚拟平台的商业模式发展经历了以下五个阶段(见图 3-1)。

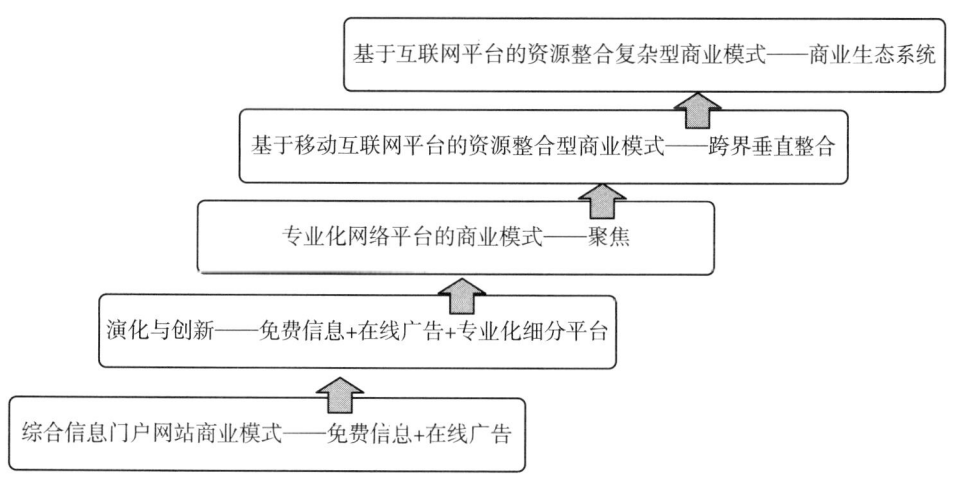

图 3-1 传统网络虚拟平台的商业模式发展阶段

(1)综合信息门户网站商业模式——免费信息 + 在线广告。门户网站是互联网的入口,只要通过这个网站就可以获得你想要的任何信息。我国最大的综合性门户网站有新浪、搜狐和网易等。综合信息门户网站的商业模式被简单地定义为：风险投资+网络广告，在这种商业模式下，门户网站只是单纯地追逐用户注意力和庞大浏览量。一方面，投入巨额广告支出以获得自身的知名度和公众注意力；另一方面，还要投入大量的资金使其信息更加丰富，以吸引用户的访问。但这种模式导致的结果往往是使门户网站的投入远大于产出，网站运营处于亏损状态。

综合信息门户网站的商业模式是信息模式，主要通过大量的免费咨询、大小热点新闻和服务去吸引浏览者，形成固定的客户群，以保持较高的点击率和知名度，然后吸引企业进驻广告投入。例如，新浪网站通过广告推广企业的产品，新浪从中获得巨大收益，远远超过其自身提供的免费咨询、新闻和服务成本，形成新浪可以盈利、企业可以提高知名度、浏览者可以获得免费服务的三赢局面。新浪的广告覆盖网站的所有页面、所有模块，可以说是无所不在，广告类型主要分为强制性弹出广告、背投式广告、按钮广告、旗帜广告、网上视频广告等。另外，新浪还提供大大小小的增值服务，向消费者收取适当费用。例如，手机铃声、VIP邮箱、企业邮箱、网络空间等服务。新浪还有网上商城，与商家合作从中取得收益。

（2）综合信息门户网站商业模式的演化与创新——免费信息+在线广告+专业化细分平台。新闻是综合信息门户网站的第一品牌，随着互联网应用的发展，这些网站开始出现专业化细分平台。例如，新浪开发出了微博和博客这两大专门化平台，并引发了自媒体的发展，聚集了众多的用户，这是新浪目前最大的优势。新浪还得益于互动式语言应答系统（IVR）。新浪依靠网络广告、即时通信工具、无线增值服务、增加博客以及爱问搜索等流行因素，进一步扩大访问量和流量。另一个综合信息门户网站巨头搜狐一开始就与新浪展开面对面竞争，其战略布局与产品结构和新浪极其相似。两者主要盈利几乎都来源于广告和无线增值。搜狐以聚焦于体育和娱乐为特色，推出搜狐体育播报和搜狐娱乐播报，吸引大量稳定的访问流量。网易则主要发展网络游戏，其来自游戏、广告和短信的收入，加上收费邮箱、个人主页的补充，构成了网易的盈利模式，也让网易三大门户网站之一的地位具有稳固性。网易独自研发与运营网游的方式取得了空前的成功，《大话西游Online 2》和《梦幻西游》创造了网络游戏的神话，网络游戏收入占其业务收入的比重一度高达80%以上。在国内互联网市场经历寒冬时，网易凭借手机短信异军突起，通过开发SP领域，借助彩铃、图片下载获得更多收入。

（3）专业化网络平台的商业模式——聚焦。随着计算机的普及和互联网络的进一步发展，大而全的平台模式逐渐退出了互联网企业的商业模式，聚焦于细分市场的专业化网络平台如雨后春笋般出现。这一阶段的商业模式表现得更加复杂，以搜索引擎、网络游戏、即时通信为主的互联网公司崭露头角。以搜索引擎为例，抓住用户在浩如烟海的信息中获得有效信息的需求，产生了以谷歌和百度为代表的搜索引擎网站，搜索网站一度成为互联网行业中增长速度最快的公司之一，也造就了一个又一个财富传奇。搜索引擎通过创新技术为顾客提供了便利的服务，进而增加点击率，便可增加广告的投放，快速获得更大的利润。喜欢游戏是人类的天性，互联网企业抓住这一特点将其放到网络上，网络游戏吸引了大批年轻的网友，尤其是多人在线游戏异军突起，开创了游戏产业的新局面。其中，上网费用和游戏点卡的费用是其主要的收入来源。以征途网络为例，其高效的营销队伍在一周之内将征途网游的广告张贴到全国各地的网吧，并靠出售点卡这样简单而又有效的盈利模式获得了资本市场的认可。其他网游公司，如盛大网络和网易网游等，也是资本市场的宠儿。即时通信模式更是发展迅速，其便捷的通信服务方式被越来越多的用户所使用，通过为用户提供增值服务使其拥有了大量的注册用户人数。以腾讯网络的QQ为例，其增值服务包括游戏娱乐服务、电子邮箱、资讯服务等，牢牢占住了即时通信领域的领导地位，虽然新浪的微博和博客一度对其发起挑战，但腾讯借助于移动互联网和智能手机的发展，开发出微信平台，在即时通信领域一骑绝尘。

购物网站也是这一阶段出现的新鲜事物。购物网站是为买卖双方交易提供的互联网平台，卖家可以在网站上登出其想出售商品的信息，买家可以从中选择并购买自己需要的物品。购物网站创造了一个消费者足不出户即可购买到所喜欢的商品的虚拟空间。目前国内比较知名的综合购物网站如淘宝网、卓越网、当当网等都出自这一阶段。现今，打开互联网，用户可以找到各种各样的专业化平台，如视频网站、音乐网站、小说网站、购物网站等，这些专业化网站在各自细分市场内为各自用户提供了更加专业化的服务，创造出越来越多的价值。

（4）基于移动互联网平台的资源整合型商业模式——跨界垂直整合。伴随着各种客户便携式终端设备（如智能手机和平板电脑）的发展，尤其是智能手机用户数量的大幅度增长和使用费用的下降，移动互联网市场越来越具有吸引力。在这个移动互联网平台上，企业可以整合游戏、视频、即时通信等各种项目来满足顾客需求。整体商业模式也变成垂直整合模式，即通过低成本的客户移动终端设备，比如智能手机、平板电脑等价格的不断下降，吸引更多的用户。硬件的价格下降使盈利模式越来越转向服务方面，比如通过垂直整合的方式转变为内容提供商，从而获得垄断视频内容的竞争优势。这样，就可以通过收取版权费用以及更大量的广告投放费用而获利。垂直整合是这个阶段商业模式最突出的特征，从而增进了整个互联网行业的整合。

（5）基于互联网平台的资源整合复杂型商业模式——商业生态系统。借助移动互联网，企业可以将所有分散的需求整合到一起，形成一个个商业生态系统，实现整合性价值。最为典型的例子就是，京东这样的电商企业借助商流、物流、信息流方面的大数据为供应商提供供应链金融服务。通过提供金融服务，电商企业能够解决供应商在生产运营过程中的资金短缺问题，从而在帮助供应商成功的同时也实现了自身的成功。阿里巴巴利用其网络平台优势，通过服务提升快速崛起，推出支付宝担负担保职能，解决消费心理障碍，更收获巨额现金流；不断扩充品类，扩大服务面，提高用户成交概率，深度挖掘用户潜力；开设天猫商城对客户进行划分，明确核心优质消费群体，重点做好服务；通过全球购、聚划算、"双11"等对线下交易进行拦截，壮大平台；投资菜鸟物流，解决最大速度与服务痛点，提升客户体验；开设蚂蚁金融，构建从内到外的金融服务体系从而增加用户黏性；提供阿里云大数据，为商家及消费者提供精准服务等。这一系列动作不仅培养了庞大的忠实用户群，更通过服务的提升发现新的商业领域，从而一步步搭建起了阿里庞大、复杂的商业生态系统。

2. 网络型虚拟平台的特点

（1）具有开放性。网络型虚拟平台具有开放性的特点，平台连接的双方不仅仅是买卖双方，对于第三方及第四方具有兼容性，整合资源具有开放性，可以整合全球的各种资源；平台可以让所有的用户参与进来，实现企业和用户之间的零距离。在互联网时代，用户的需求变化越来越快、越来越难以捉摸，单靠企业自身所拥有的资源、人才和能力很难快速满足用户的个性化需求，这就要求打开企业的边界，建立一个更大的商业生态网络来满足用户的个性化需求。通过平台以最快的速度汇聚资源，满足用户多元化的个性化需求。平台模式的精髓在于通过开放性打造一个多方共赢互利的生态圈。

（2）规模与范围的无限性。网络平台的虚拟特征决定了其几乎不受空间的约束，企业可以将所有的产品展示在这个无限的空间里，不用再遵循"二八法则"展示和销售畅销品，平台商业活动不再会受到时间的限制，规模与范围的无限性使网络型虚拟平台能够最大限度地接触大量的客户，其商业模式往往呈现出爆发性的特点。

（3）价值创造具有几何递增性。几何增长就是成倍性增长。网络虚拟型平台的时间和空间无限性特点决定了其增长几乎不受成本等因素的制约，能够在短时间内快速聚集大量的供需双方和整合各方资源，因而其增长能够实现几何级倍数增长。

3.1.3 平台型商业模式设计的基本原理

1. 渗透原理

互联网渗透原理主要利用场景与网络融合技术，将传统企业所有的线下场景（产品、媒体、门店等）快速转变成互联网平台，进而使企业由传统企业转型成互联网企业（见表3-2）。正如马云曾说过的那样，"如果银行不改变，我们就改变银行"。互联网渗透原理要求我们尽可能关注那些尚未被"互联网＋"的领域。

表 3-2　　　　　　　　渗透型"互联网＋"商业模式画布

合作伙伴： 银行 物流提供商 在线支付服务商 移动、电信、联通等	关键业务： 线上交易 线下物流 线上支付 售后服务	价值主张： 降低交易成本 提高交易效率 提高交易的便利性 快速响应客户需求	客户关系： 通过优惠券、积分、免费、抢购等维系客户	客户细分： 互联网用户
	核心资源： 互联网平台 客户流量		渠道通路： 线上	
成本结构： 人工、进货、管理、网络等		收入来源： 价差、平台广告、增值服务等		

"互联网＋"是一个每个人都可以从中获得商机的概念，"互联网＋"是跨境和融合，当各种行业与互联网相结合时就会形成全新的价值，这个价值比单纯的这个产业更有价值，传统行业被赋予新的商业价值。例如，"互联网＋医疗"的融合，最简单的做法是实现信息透明和资源分配不均等问题，例如，类似挂号网等服务，可以解决大家看病时挂号排队时间长、看病等待时间长、结算排队时间长的"三长一短"问题。而春雨医生、丁香园等轻问诊型应用的使用，则解决了部分用户的就诊难问题。"互联网＋制造业"和正在演变的"工业4.0"，将颠覆传统制造方式，重建行业规则。例如，小米等互联网公司在工业和互联网融合的变革中，不断抢占传统制造企业的市场，通过价值链重构、轻资产、扁平化、快速响应市场来创造新的消费模式，而在"互联网＋"的驱动下，产品个性化、定制批量化、流程虚拟化、工厂智能化、物流智慧化等都将成为新的热点和趋势。"互联网＋交通"不仅可以缓解道路交通拥堵，还可以为人们出行提供便利，为交通领域的从业者创造财富。"家电＋家居"产品衍生的"智能化家居"，将是新的生态系统的竞争。互联网对于媒体的影响，不只改变了传播渠道，在传播界面与形式上也有了极大的改变。传统媒体是自上而下的单向信息输出源，用户多数是被动地接受信息，而融入互联网后的媒体形态则是以双向、多

渠道、跨屏等形式进行内容的传播与扩散，此时用户参与到内容传播中，并且成为内容传播介质。

2. 免费原理

免费是互联网的一大特征。"互联网+"时代是一个"信息过剩"的时代，也是一个"注意力稀缺"的时代，怎样在"无限的信息中"获取"有限的注意力"，便成为"互联网+"时代的核心命题。注意力稀缺导致众多互联网创业者们开始想尽办法去争夺注意力资源，而互联网产品最重要的就是吸引流量，有了流量才能够以此为基础构建自己的商业模式，所以，互联网经济就是以吸引大众注意力为基础去创造价值，然后转化成盈利。

很多互联网企业都是以免费、好的产品吸引到很多用户，然后提供新的产品或服务给不同的用户，在此基础上再构建商业模式（见表3-3），如360安全卫士、QQ用户等。互联网颠覆传统企业的常用方法就是在传统企业用来赚钱的领域免费，从而彻底把传统企业的客户群带走，继而转化成流量，然后再利用延伸价值链或增值服务来实现盈利。

表3-3　　　　　　　　免费型"互联网+"商业模式画布

合作伙伴： 银行 物流提供商 在线支付服务商 移动、电信、联通等	关键业务： 线上交易 线下物流 线上支付	价值主张： 降低交易成本 提高交易效率 提高交易的便利性 快速响应客户需求	客户关系： 通过免费维系客户	客户细分： 互联网用户
	核心资源： 互联网平台 客户流量		渠道通路： 线上	
成本结构： 人工、管理、网络等		收入来源： 平台广告、增值服务等		

互联网经济强调的不是如何获取收入，而是如何获取用户。而获取用户最好的办法是免费。现在硬件也正在步入免费的时代。硬件以成本价出售、零利润，然后依靠增值服务盈利。为什么互联网硬件可以不盈利？因为硬件不再是一个价值链里的唯一一环，而是变成了第一环。电视、盒子、手表等互联网硬件虽然不盈利，但是变成了互联网厂商与用户之间沟通的窗口，只要这个窗口存在，互联网厂商就能创造出新的价值链，就能通过广告、电子商务、增值服务等方式来获取利润。

3. 资源整合原理

资源整合是指通过组织和协调，把企业内部彼此相关但却彼此分离的职能，把企业外部既参与共同的使命又拥有独立经济利益的合作伙伴整合成一个为客户服务的系统，取得"1+1>2"的效果。互联网的优势在于，通过信息互联互通快速搜索和聚集资源，尤其是那些看似闲置的资源，通过用户参与、公众评价、利益分摊等机制设计，激发资源主体参与的积极性。例如，e代驾通过移动互联网技术改善了传统代驾服务行业，突破传统代驾公司必须通过呼叫中心才能提供代驾服务的"瓶颈"，用户打开App并定位后能直接显示最近的5名代驾司机的名字和信用等级等信息，并可一键呼叫司机与其商谈代驾事宜，让用户能够用最快的速度找到附近的代驾者，从而减少了等待时间。Uber和易到用车都属于提供商务租车服务的O2O公司，Uber主要整合闲散的私家车资源；而易到用车由于受国内政策法规的限制，整合的是比较分散的小微型汽车租赁公司资源（见表3-4）。

表3-4　　　　Uber资源整合型"互联网+"商业模式画布

合作伙伴： 私家车拥有者在线支付服务商 移动网络提供商等	关键业务： 线上交易 线上支付	价值主张： 降低出行交易成本 提高出行交易效率 提高出行交易的便利性 快速响应客户出行需求	客户关系： 通过便利维系客户	客户细分： 出行用户
	核心资源： 互联网平台 客户流量		渠道通路： 线上	
成本结构： 人工、管理、网络等		收入来源： 服务收费、平台广告、增值服务等		

4. 专业化原理

互联网发展的路径告诉我们，综合类的互联网平台已是过去式，大而全的综合平台发展不合时宜。只有依据消费者的需要和欲望、购买行为和购买习惯等方面的差异，发展细分市场上的专业化网站，提供针对性的聚焦服务，才能在激烈竞争的市场中处于不败之地。互联网技术的发展极大降低了分众传播的成本，提高了分众传播的效率，为实现面向不同群体提供专业而细致的内容提供了机遇。目前，细分网站已经逐渐普及各个领域。从长远看，随着网民对互联网内容的需求越来越专业化、精细化、个性化，专业化的细分网站平台能满足这类客户的需要（见表3-5）。例如，提到搜索网站，人们会想到百度、谷歌；提到招聘网站，人们会想到中华英才网、智联招聘；提到视频网站，人们会想到爱奇艺、优酷等网站。人类的需求永无止境，抓住这些细分市场进行专业化发展，占据该细分市场的领先地位，是企业获取竞争优势的不二选择。

表3-5　　　　　　　专业化型"互联网+"商业模式画布

合作伙伴： 特定技术专利拥有者 在线支付服务商 移动网络提供商等	关键业务： 线上专业服务提供	价值主张： 降低特定领域交易成本 提高特定领域交易效率 提高特定领域交易的便利性 快速响应特定领域客户需求	客户关系： 通过专业性维系客户	客户细分： 特定领域用户
	核心资源： 互联网平台 客户流量 专利技术等		渠道通路： 线上	
成本结构： 人工、管理、专利支出、网络等		收入来源： 服务收费、专利收费、平台广告、增值服务等		

5. 跨界原理

科技的发展让人们的生活进入互联网时代，特别是移动互联网的普及让人们有更多的信息链接。供求信息的流通达到空前的释放，需求与供应在不断地被丰富和完善。跨界让原本毫不相干的行业相互渗透、相互融合，"互联网+"战略就是利用互联网平台，利用信息通信技术，把互联网和包括传统行业在内的各行各业结合起来，在新的领域创造一种新的生态。阿里巴巴跨界金融业推出了余额宝，余额宝推出半年规模就接近3000亿元。雕爷不仅做了牛腩，还做了烤串、下午茶、煎饼，还进军了美甲；小米以智能手机起家，涉足了智能电视，还进一步进军农业，甚至进入了汽车、智能家居领域。

传统行业如果效率低下极易被跨界。互联网颠覆实质上就是利用高效率来整合低效率，是对传统产业核心要素的再分配，这也是生产关系的重构，并以此来提升整体系统效率。互联网企业通过减少中间环节，减少所有渠道不必要的损耗，减少产品从生产到进入用户手中所需要经历的环节来提高效率、降低成本（见表3-6）。因此，对于互联网企业来说，只要抓住传统行业价值链条当中的低效或高利润环节，利用互联网工具和互联网思维重新构建商业价值链，就有机会获得成功。

表 3-6　　　　　　　跨界型"互联网+"商业模式画布

合作伙伴： 特定资源拥有者 在线支付服务商 移动网络提供商等	关键业务： 资源整合	价值主张： 降低特定领域交易成本 提高特定领域交易效率 提高特定领域交易的便利性 快速响应特定领域客户需求 有效进行资源整合，产生"1+1>2"效果	客户关系： 通过资源整合维系客户	客户细分： 特定领域用户
	核心资源： 互联网平台 客户流量 特定资源等		渠道通路： 线上	
成本结构： 人工、管理、专利支出、网络等		收入来源： 服务收费、平台广告、增值服务等		

"互联网+"在跨界进入其他领域时，会将原来传统行业链条的利益分配模式打破，把原来获取利益最多的一方逼入绝境，对行业进行重新洗牌。身处传统行业的人士在进行互联网转型时，往往非常舍不得或不愿意放弃依靠垄断或信息不对称带来的既得利益，因此，他们往往想得更多的是仅仅把互联网当成一个工具，思考的是怎样提高组织效率、如何改善服务水平，更希望获得更大利润。所以，传统企业在转型过程中很容易受到资源、过程以及价值观的束缚即阻碍。这也为跨界企业孕育了大量的机会，内容提供商跨界硬件，硬件供应商反过来跨界做内容，大量的商机产生于其中。

6. O2O 原理

O2O 是 online to offline 的英文简称。O2O 狭义来理解就是线上交易、线下体验消费的商务模式，主要包括两种场景：一是线上到线下，用户在线上购买或预订服务，再到线下商户实地享受服务，目前这种类型比较多；二是线下到线上，用户通过线下实体店体验并选好商品，然后通过线上下单来购买商品。广义的 O2O 就是将互联网思维与传统产业相融合，未来 O2O 的发展将突破线上和线下的界限，实现线上线下、虚实之间的深度融合，其模式的核心是基于平等、开放、互动、迭代、共享等互联网思维，利用高效率、低成本的互联网信息技术，改造传统产业链中的低效率环节（见表 3-7）。O2O 的核心价值是充分利用线上与线下渠道各自优势，让顾客实现全渠道购物。线上的价值就是方便、随时随地，并且品类丰富，不受时间、空间和货架的限制。线下的价值在于商品看得见摸得着，且即时可得。从这个角度看，O2O 应该把两个渠道的价值和优势无缝对接起来，让顾客觉得每个渠道都有价值。

表 3-7　　O2O"互联网+"商业模式画布

合作伙伴： 线下合作商 在线支付服务商 移动网络提供商等	关键业务： 线上交易 线下体验	价值主张： 降低特定领域交易成本 提高特定领域交易效率 提高特定领域交易的便利性 快速响应特定领域客户体验消费需求	客户关系： 通过线上线下资源整合维系客户	客户细分： 特定领域用户
	核心资源： 互联网平台 客户流量 体验设计等		渠道通路： 线上线下	
成本结构： 人工、管理、店铺租金、专利支出、网络等		收入来源： 服务收费、平台广告、增值服务等		

3.2　长尾型"互联网+"商业模式设计

长尾型商业模式是指充分利用互联网络规模与范围的无限性的特点，充分挖掘那些在传统商业活动视角下需求不旺或销量不佳的产品或服务的需求潜力，使这些产品或服务所共同占据的市场份额可以和那些少数热销产品所占据的市场份额相匹敌甚至更大的一种商业模式，在这种商业模式下，众多小市场汇聚成可产生与主流相匹敌的市场能量。

3.2.1　长尾型"互联网+"商业模式产生的背景

长尾（long tail）是美国记者克里斯·安德森于 2004 年首次提出，用以描述亚马逊（Amazon）、Netflix、Rhapsody 等美国电商企业的商业模式。长尾型商业模式产生的背景主要有两个：丰饶经济的出现和互联网购物的兴起。

1. 丰饶经济的出现

自 19 世纪以来，世界发达国家陆续完成了工业革命，科学技术取得了巨大发展，拖拉机、机床等代替了手工生产工具，汽车、货车、轮船和飞机代替了落后的交通工具,生产效率有了很大的提高。新古典经济学认为,工业经济时代资源是稀缺的,生产能力有限,产品销售渠道受制于物理空间限制,因此需要市场来合理配置。工业经济时代企业尽最大可能追求稀缺资源,发挥稀缺资源的最大潜力,例如,尽可能生产热门流行的产品,占领黄金渠道和黄金货架位置,追求传播媒体的黄金时段进行产品广告宣传,遵循"二八法则"进行客户关系管理和产品管理。遵循"二八法则"的企业,在经营和管理中往往重视抓住关键的少数顾客,精确定位,加强服务,达到事半功倍的效果;对于另外80%的产品和客户则投入的精力与时间较少。

人类进入21世纪以后,生产能力进一步过剩,生产工具进一步普及,使产品生产的难度及成本大幅度降低,互联网络的出现使传播工具开始大规模普及,产品营销成本下降,产品和顾客之间的匹配成本也随之大幅度下降。过去不被重视的小众产品,随着成本的下降和生产的易获取性而开始显示出巨大的发展潜力。

2. 互联网购物的兴起

随着互联网的普及,互联网网络购物的优点更加突出,日益成为一种重要的购物形式。以中国为例,2009年以来,以网络购物、网上支付、旅行预订为代表的商务类应用持续快速增长,并引领其他互联网应用发展,成为中国互联网发展的突出特点。据《中国电子商务发展报告(2016-2017)》显示,2016年中国电子商务交易额为26.1万亿元,同比增长19.8%,交易额约占全球电子商务零售市场的39.2%。中国网民规模达7.31亿人,普及率达到53.2%,网络购物用户规模达到4.67亿人,占网民比例为63.8%,较2015年底增长12.9%。其中,手机网络购物用户规模达到4.41亿人,占手机网民的63.4%,年增长率为29.8%。互联网购物的兴起形成多重选择的崭新市场,在互联网的虚拟空间里,人们购物不再受时间和空间的制约,企业同样发现产品销售渠道不再稀缺,虽然超级卖座的商品还是有其需求,但热卖商品现在必须和无数大小利基商品竞争,市场越多选择,就越获消费者青睐,产品还是那些产品,但随着取得成本的下降,企业发现市场正在发生不同的改变。企业可以不受时间和空间限制将其产品展示在网络上,展示的成本极其低廉,消费者通过互联网把每个上网的人变成了传播者,容易接触到利基产品使销量增大,搜索引擎、社区、交易平台等有效地连接了供给与需求,将需求曲线向利基市场推动,其结果是产品种类极大丰富、产品具有易获性,使短头市场与利基市场中的销售更加均匀,小众产品也能获取累计的大利润。传统零售行业是难以实现长尾经济的,因为每增加一种产品,都要增加采购成本、库存成本、流通成本和展示成本等。但是,电子商务可以使上述成本中的某些趋近于零,从而实现长尾经济(见表3-8)。

表 3-8　　　　　　　沃尔玛与 Rhapsody 网音乐商品比较

沃尔玛	Rhapsody 网站
货架空间有限	网络空间无限
商品占有租用成本	租用成本趋于零
4500 张专辑，2.5 万首歌曲	150 万首歌曲
消费者必须买整张专辑	任意下载单曲
专注于热门商品	热门和长尾并存
遵循 20/80 原则	颠覆 20/80 原则，遵循长尾

3.2.2 "互联网+"长尾型商业模式兴起的经济学解释

长尾曲线就是规模经济曲线和范围经济曲线在空间中的投影，可以理解为，在范围经济的每一个品类上都实现了自身的规模经济，使范围经济达到极致，即实现了长尾经济。

1. 规模经济效应

互联网的出现使大量小众需求聚集在一起仍可以盈利，而这些能满足小众需求的小众产品在非互联网时代因为高昂的渠道及营销成本是几乎无法与消费者见面的，互联网世界的无限可接近性和接近于零的渠道、流通和营销成本，再加上传播的极易可获取性，使这些小众产品的供给与小众需求之间能够实现低成本的匹配，从而形成需求上而非供给层面的规模经济效应，可以实现需求不旺或销量不佳的产品共同占据的市场份额能和那些数量不多的热卖品所占据的市场份额相匹敌甚至更大。

2. 范围经济效应

长尾专注于各种不同的消费需求，既瞄准现有市场"高端"或"低端"顾客所热衷的流行产品或服务，又面向大热门市场之外的潜在需求的冷门小众产品或服务。长尾商业模式通过细分市场以及专注区分消费者的差别来满足顾客偏好，致力于大多数客户的个性化需求，最后通过整合细分市场、整合不同消费者需求的共同之处来重新定义自己的产品。与范围经济相比，长尾的范围经济不限于同一企业内部，还可以是产业集群、非地域性的全球协作；长尾经济甚至可以不是范围经济，而是差异化经济、个性化经济、创意经济等异质性的经济。亚马逊网上书店成千上万的商品书中，一小部分畅销书占据总销量的一半，而另外绝大部分书凭借其种类的繁多，占据了总销量的另一半。从长尾理论模型（见图3-2）中可以发现，短头区域和长尾区域的面积大约相等。

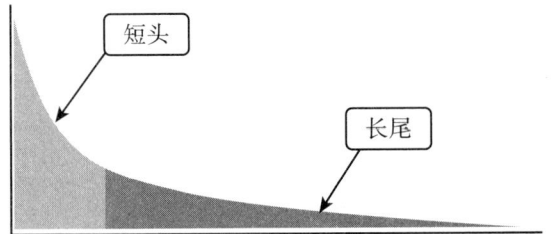

图 3-2　长尾理论模型

资料来源：https://wiki.mbalib.com/wiki/长尾理论。

3. 边际成本递减规律

长尾理论采用定制模式满足众多小市场，却能实现经济"规模性"，主要是长尾理论的新生产方式以技术为主要动力、以人的智慧（思想、主意和决断能力）统领技术、以和谐关系整合企业内外的人和社会的力量，充分利用知识生长率（即生产知识，并把知识转化为技术以及把技术转化为产品的效率）的特性，其初始固定投入高，而边际投入低，边际成本递减。信息、知识等共同的生产要素几乎可以零成本的代价从一种生产过程转移到另一种生产过程，几乎所有的生产要素成本皆呈递减趋势，不断加深的生产信息化程度使平均可变成本不断下降。借助于数字编码化，完全无重复地通过互联网本身达到扩散、降低接触更多消费者的营销成本，有效地提高长尾市场的流动性。这种流动性继而带来了更多的消费，有效地抬高了销售曲线，扩大了曲线之下的面积，从而实现占有高市场份额的目标。

3.2.3 长尾型"互联网+"商业模式设计的基本原理

1. 挖掘冷门或过时产品的价值潜力

这是一个物质极度丰富的时代，各种产品更新换代的速度几乎超出了所有人的想象。这不仅限于电子产品，其他产品同样如此。虽然消费者都爱追求时尚产品，然而过时的产品就没有价值了吗？长尾理论告诉我们，过时的产品或者冷门的产品假以时日其价值潜力的爆发也非常惊人。例如，近几年来，回力球鞋重登市场，"国民床单"微博走红，"李雷韩梅梅"大受关注。各种打着"青春""怀旧"的衣、帽、衫走俏，各种标签为"青春"和"校园"的电影大卖……"80后"已经成为社会上一个庞大的消费群体，众商家大力推出各种针对"80后"的怀旧消费产品和服务，几乎涵盖了衣食住行各个方面，还包括各种曾经的小玩具、旧书报等，"怀旧消费"爆发出巨大潜力。一位英国登山者1988年出版了一本名叫《触及巅峰》（*Touching the Void*）的书，这本书讲述了两名英国登山者在秘鲁安第斯山脉的历险故事。让人兴奋的并不是这本书的内容，而是它成功登上《纽约时报》的图书畅销榜并被改编成电影、纪录片背后的故事——这本书出版于1988年，其大获成功却是在10年之后。是什么力量使这本书的价值潜力爆发出来？是互联网让一本早已被遗忘的书火起来——亚马逊网站将其列在同类新书的选择参考之列，并附上了其他读者的评价留言，使这本早被湮没在茫茫书海中的图书再次有了面对读者的机会。这机会不再昙花一现，而是将永远持续，其发行销售的渠道将被无限延伸下去。在互联网时代，冷门或过时产品永远存在着挖掘的价值（见表3-9）。

表3-9　　　冷门或过时长尾型"互联网+"商业模式画布

合作伙伴： 物流服务提供商 在线支付服务商 移动网络服务提供商等	关键业务： 挖掘冷门或过时产品的价值	价值主张： 降低特定领域交易成本 提高特定领域交易效率 提高特定领域交易的便利性 快速响应特定领域客户需求	客户关系： 通过价值挖掘维系客户	客户细分： 特定领域用户
	核心资源： 互联网平台 客户流量 价值挖掘能力等		渠道通路： 线上	
成本结构： 人工、管理、网络等			收入来源： 服务收费、平台广告、增值服务等	

2. 产品种类的极大丰富化

长尾理论的核心，即在商品供给极大丰富化，同时交易成本得到良好控制的前提下，对用户个性化消费需求的提炼和重视。长尾理论认为，由于用户需求存在明确的可培育性，同一类别下的商品供给越丰富，就越能刺激用户从中发掘出偏离于主流商品市场的个性化需求。单个用户的非主流需求在过去被认为是无足轻重的，然而海量的、零散而无序的个性化需求就形成了一条长而细的尾巴，连接着一个坚硬的头部，即传统意义上的主流商品。这个依然主流的头部为用户提供了一个亲切而醒目的市场入口，继而在交易成本低廉的前提下，将主要的消费行为零零碎碎地释放在细长的尾部，以实现每一位用户个性化的满足，带来某种专属性的消费愉悦（见表3-10）。由于小众产品个性化需求的分散和凌乱，企业几乎没有办法一次性地精确命中用户需求，因此，必须通过较为传统的方式，将热门商品堆在入口处以招揽顾客，形成一个导入性质的头部。最终真正满足用户的将是那条狭长的尾部，只要它足够长，让每一个顾客都能在长尾中找到可能有别于主流需求的"最适合自己"的商品。互联网时代即意味着一个数字长尾时代的到来。如搜索引擎、C2C交易平台、大型资讯门户，这些著名案例均是长尾效应的应用典范。我们几乎可以在百度上找到任何想找的资料，在淘宝上找到任何想买的商品。总而言之，一个产品只要有机会能满足消费者的需求，就有存在的价值，就应该将其展示在互联网上。

表 3-10　　　　　产品丰富长尾型"互联网+"商业模式画布

合作伙伴： 物流服务提供商 在线支付服务商 移动网络服务提供商等	关键业务： 全面、丰富的产品或服务提供	价值主张： 降低特定领域交易成本 提高特定领域交易效率 提高特定领域交易的便利性 快速响应特定领域客户需求	客户关系： 通过全面、丰富性维系客户	客户细分： 特定领域用户
	核心资源： 互联网平台 客户流量等		渠道通路： 线上	
成本结构： 人工、管理、网络等		收入来源： 服务收费、平台广告、增值服务等		

3. 价格低廉

长尾模式对于一些行业可以实现产品的价格低廉，用低价格把消费者引向长尾末端。例如，音乐、电子书销售的电商平台，因为平台的存在和云存储的不断发展，使产品的存储、流通成本都趋向于零，从而使每个音乐品类或图书都可以实现自己的盈利，从而实现真正的长尾经济。长尾模式的丰富品类可以提高客户的每单价值，充分利用现有的物流网络实现范围经济（见表 3-11）。长尾模式使一些过去被认为完全失去价值的产品重新焕发了生机。例如，传统的出版社商业模式下，一些被编辑认为没有出版价值的作品没有机会出版面世，而在长尾模式下，这些作品可以极低的成本放在网上出售，如 IP 火爆的背后隐藏着一批互联网作家崛起的故事，其中唐家三少的 IP 变现成绩最为突出。

表 3-11　　　　　低价长尾型"互联网+"商业模式画布

合作伙伴： 内容提供商 在线支付服务商 移动网络服务提供商等	关键业务： 提供产品潜在价值变现的机会	价值主张： 降低特定领域交易成本 提高特定领域交易效率 提高特定领域交易的便利性 快速响应特定领域客户需求 实现范围经济	客户关系： 通过价值变现维系客户	客户细分： 特定领域用户
	核心资源： 互联网平台 客户流量 价值变现能力等		渠道通路： 线上	
成本结构： 人工、管理、网络等		收入来源： 服务收费、付费阅读、付费收看、平台广告、增值服务等		

> 延伸阅读

唐家三少的文学奇迹

2015年唐家三少仅版税收入就超过1亿元。对于传统作家,这简直是望尘莫及的天文数字。2016年,35岁的唐家三少又以1.1亿元版税收入第四次卫冕第十届中国网络作家富豪榜榜首,成为首位网络版税过亿元作家。唐家三少的读者群多为青少年和儿童,属于入门级的文学作品爱好者,在传统的出版商业模式下这些文学作品并不一定有与读者见面的机会,但在互联网时代,传播成本的低廉使唐家三少成为一个奇迹。作为盛大文学的签约作者,唐家三少的作品首先会发布在公共阅读区,供网络用户免费阅读,点击率达到一定的数量后将被转至VIP区,此时读者需要支付每千字2~5分钱费用。读者支付的费用,网站将和作者分成。凭借着"几分钱"的生意,盛大文学2011年全年营收7.01亿元,同比大增78.4%。盛大文学2010年营收3.93亿元,2009年营收1.35亿元,2009~2011年营收复合年均增长率达128.3%。同样,很多网络歌曲的火爆和流行也颠覆了传统的音乐出版发行模式。

(资料来源:根据相关新闻资料整理。)

4. 合理引导与推荐

长尾商业模式并不排斥流行的热门产品,相反却需要借力于主流的热门畅销产品来对消费者进行合理的引导和产品的推荐。流行作品仍然是在第一时间吸引顾客的关键。然后,出色的长尾商业才能进一步引导顾客们根据其喜恶,去轻松地探索那些未知的领域。Netflix和亚马逊以及其他商业音乐服务的成功表明,我们必须同时顾及曲线的两个端头。不管哪种途径,目的是一样的:通过推荐,把顾客的需求朝长尾的方向引导。这就是推动型模式与拉动型模式之间、广泛性与个性化口味之间的差别。长尾商业通过在大众化产品之外提供众多的个性化定制,从而做到区别对待每一个个体的客户。推荐是一种非常有效的市场营销手段,它使那些低成本电影和非主流音乐能够找到自己的观众群。对消费者来说,如果好的推荐机制能够让他们得到性价比更高、更准确的其他产品信息,这无疑会激发他们进一步探索的兴趣以及唤醒他们对音乐和电影的热爱,从而创造一个更大的娱乐市场。例如,Netflix的用户平均每月租七部DVD,三倍于那些普通店铺的租借率。从文化的角度来说,所带来的好处体现在文化的更加多样化,扭转了一个世纪以来由于分销渠道的匮乏而造成的单调乏味局面,并终结了流行文化的专制地位。

3.3 跨界型"互联网+"商业模式设计

跨界商业模式并不是一个新鲜事物,战略管理知识体系中的多元化经营便是一种跨界。有数据显示,在世界100强企业中,超过90%的企业均从事多元化经营,单一业务型企业占比不足10%。企业发展到了一定规模,必然会寻求更广阔的市场。诸多企业纷纷选择跨界发展,企业本身的多元化发展离不开提升自身竞争力和树立品牌。目前,进行跨界多元化经营的企业以进入商业经营、产业基金等领域为主,并且多为大中型领先型企业。它们多元化混业经营的路径普遍以现有业务为基础,进入与现有业务在价值链上拥有"战略匹配关系"的新业务,进行多元化经营。与传统的跨界商业模式不同的是,互联网电商平台出现以来,跨界的创新者以前所未有的迅猛,从一个领域进入另一个领域,更便利、更关联、更全面的商业系统正在逐一形成,"世界"开始先分后合。分的是那些传统型企业的市场份额;整合的是新的"互联网+"跨界商业模式。例如,小米公司进军家装业,360公司造手机等。"互联网+"跨界商业模式的出现和发展有其显著的特点:"互联网+"成功的企业携其成功的经验,借助于互联网互联互通的技术特点,大肆向传统非相关行业扩张,给传统产业带来深刻乃至颠覆性的影响;被危机感包围的传统企业不得不重新思考自身在未来产业价值链中的定位,纷纷试水互联网平台模式,比如菲亚特的车联网、迪士尼的魔力手环、耐克的 NIKE+、通用电气的 Predix 和飞利浦的 HealthSuite。"互联网+"引领的一系列跨界与融合,形成了任何一种产业形态几乎都不能脱离互联网的趋势。一方面,传统产业积极向互联网迈进,传统企业纷纷与互联网公司合作,向互联网领域转型;另一方面,互联网企业加速向传统行业进军,阿里巴巴、百度、腾讯等纷纷进入金融、教育、文化、医疗、汽车等行业,互联网教育、互联网娱乐、互联网医疗等正呈现快速发展之势。随着大数据、云计算、移动互联网的发展,互联网与传统经济、传统产业的融合更加深化。不仅如此,互联网技术之间的融合也在加速。移动互联网前所未有的传播速度、云计算超强的存储和计算能力以及大数据强大的挖掘能力,均向生产、生活领域深度渗透,成为经济转型升级的新引擎。

3.3.1 互联网企业的跨界型"互联网+"商业模式设计

"互联网+"借助互联网对传统企业进行技术改造,提升传统企业的竞争力;利用信息技术手段提升内部管理水平和客户体验，加强产业链上下游的协同；利用新技术，提高企业效率。如今越来越多的企业利用自身优势和互联网技术力量开展跨界融合。例如，阿里巴巴进军汽车、金融、文化、医疗、智能家居等产业。"互联网＋"的本质是跨界，利用互联网技术和平台，使互联网和各行各业进行深度融合。小米入股美的，万达与腾讯、百度合资成立电商公司，阿里入股海尔电器，绿地集团与阿里巴巴以及平安集团共同推出专业地产金融服务平台"地产宝"等。如今，以互联网为纽带的产业跨界融合正在加快，跨界合作、结盟、并购十分活跃，成为传统企业和互联网公司进行产业布局、打造生态系统的重要手段。以现代服务业为例，通过"互联网＋"的深度融合，形成了一个以共享经济为特征的服务形态。最典型的就是交通领域出现的网运专车、顺风车、拼车，还有国际上出现的优步等，这些公司利用互联网平台整合线下的富裕资源，提高了资源的利用率，满足了供需，从而形成一种新形态。

1. 共享型跨界设计

共享型跨界是指利用移动互联网、大数据等技术进行资源匹配，整合重构那些闲置资源，降低消费者的购买成本，并最终打破原有行业的商业规则。共享型跨界商业模式成立发展的前提有三个：第一个是社会上有足够多的某种需求没有被现在的服务体系满足；第二个是有足够的存量服务能力没有被挖掘使用；第三个是必须有强有力的机制和系统来匹配需求和服务能力，共享型跨界商业模式对社会最大的贡献就是提高整体效率。例如，百度、阿里巴巴、腾讯等互联网企业在分享跨界商业模式上进行了大量的投资，如腾讯投资滴滴、百度结盟 Uber、阿里支持的口碑网推出"全民开店"共享服务等。短短几年，以 Uber 和 Airbnb 为代表的共享经济模式席卷全球，引发新一轮商业模式革命。通过技术、实物、服务等资源，向需求人群提供资源共享，成就了 Uber 等互联网企业，Uber 的模式即线上需求搭载线下服务，让闲置资源以执行任务的方式不断地流动起来，却甚至不需要有一台完全属于自己的 Uber 汽车，这对原有的出租车行业造成了重大影响，完全颠覆了原有行业的商业模式，在中国也带来了一系列的社会问题和管理难题。共享型跨界有以下四种商业模式设计。

（1）信息共享跨界传统媒体。这种模式通过关注周边发生的新鲜事，通过兴趣、休闲、炫耀，把私密和心情进行身边生活圈子分享。没有"互联网＋"，这些新鲜事类的信息是无用的资源，会稍纵即逝。微博、微信是基于用户关系的信息获取、分享及传播平台，用户可以通过各种客户端组建个人分享社区。通过"私信"发送消息，实现一对一即点对点的传播，通过"关注"实现一对 N 即点对面的传播，通过"转发"实现 N 对 N 即裂变式传播，具有即时性、群体性、广泛性、自媒体性的传播优势。至此，自媒体新闻传播媒体模式兴起，传统的电视、广播、报纸和后起的互联网新闻门户网站因为这种跨界而影响力大减。

（2）经验经历共享跨界各种社交方式。通过基于特定区域、特定兴趣向特定群体进行经历、经验和心得的共享，并把特定资源进行共享的达人社交混合式（或达人式）。例如，Rover是来自西雅图的宠物保姆信息平台，通过该软件平台，人们可以雇佣照顾或暂时收养自己爱宠的人，而这些人都是经过筛选的爱狗人士。在全美国5000多个城市里，Rover已经拥有大约25000名经过认证的"宠物保姆"。经验经历共享不需要实体空间，对传统的会所型、俱乐部型社交方式带来重大影响。传统社交活动的主要方式在线下，受到时间、空间等因素的限制，社交活动往往伴随着较高的社交成本和较高的社交门槛，而随着互联网技术的发展，知识社交更频繁地应用在互联网上，不受传统模式限制，社交行为随时随地可以进行，网络上丰富的人流和便捷的服务大幅度降低了人们的社交成本，知识社交本身把知识作为触动社交活动的媒介，极大程度地降低了个人与高端人士社交的门槛。无书网上的用户通过共同发现书中的精彩内容，一方面推动知识价值的传播；另一方面让用户在知识的探讨交流中找到有共同兴趣的朋友。

（3）闲置资源共享跨界各种中介。资源指的是一切可被人类开发和利用的物质、能量和信息的总称，它广泛地存在于自然界和人类社会中，是一种自然存在物或能够给人类带来财富的财富。闲置资源的使用价值无法实现，因此拥有资源的人希望能尽最大可能出租这些资源获取价值。例如，有人有大量房子需要出租，有大量的人需要租房住，传统的处理方式是各种房屋中介撮合供应和需求的双方而实现其自身的价值。在共享经济日益发展的今天，在打车和租车领域，共享跨界模式应用的已经比较成熟了，除此之外，婚介、房产中介、招聘中介，以及二手交易、快递行业、餐饮行业都有被共享模式改变的可能。例如，共享单车毫无疑问成了中国互联网创业的年度名词；贝客公寓成为全国一二线重点城市精品连锁长租公寓的领先运营商，提供标准化的租房产品、管家服务和场景体验，为青年租房群体创立全方位生活服务社区。2017年摩拜单车与贝客公寓合作，希望成为城市新的生活方式的推动者。贝客致力于盘活城市闲置资产，为青年白领提供租房解决方案，缓解当代年轻人在大城市中的生存压力；而摩拜致力于集中管理供给、方便年轻人出行，创造新的出行方式、节约资源。这两种模式都是年轻人易于接受、乐于接受的新生活方式，以及贝客、摩拜在各自行业领域中都是乐观积极的生活价值观的倡导者，这是贝客与摩拜联手合作的有效基础，这种合作对于单纯以租房为主要业务的房屋中介而言，带来的挑战是不言而喻的。

（4）服务共享跨界共享服务中心。共享服务中心是通过对人员、技术和流程的有效整合，实现组织内公共流程的标准化和精简化的一种创新手段。最早使用共享服务中心这一管理模式的是美国福特公司，20世纪80年代初，福特就在欧洲成立了财务服务共享中心。随后，杜邦和通用电气也在80年代后期建立了相似的机构。90年代初期，惠普、道尔和IBM也相继做出这样的决定。国内企业海尔集团、新奥集团、中国网通等也正在使用共享服务中心管理模式。共享服务的模式有很多种，常见的模式是在公司、集团内部成立一个独立的中心，其他业务单元/部门与该中心是内部客户的关系，共享服务中心自成一个组织，通过一套明确的服务水平协议（SLA）来递交服务。云平台、云计算和大数据的出现使服务共享不再是企业内部独立建设和运作的业务活动，企业可以充分利用各种云平台、云计算和大数据所提供的共享服务功能（见表3-12）。例如，云计算是处理大数据的一种手段，是新时代的计算能源，是共享的、分布式的计算平台替代以前孤岛独立的IDC的一种新的技术架构。通过云计算将计算能力交给服务器处理而客户端只管输入和结果反馈，涉及设备、平台和应用全部外包；通过云计算对海量大数据进行处理，降低生产成本，减少了不必要的客户需求探索，也可以提供给客户更优质的服务，令客户满意，为企业经营者和管理者提供更广阔的分析角度和方式。

表3-12　　　　　　　服务共享跨界型"互联网+"商业模式画布

合作伙伴： 产品提供商 在线支付服务商 移动网络服务提供商等	关键业务： 提供共享服务	价值主张： 降低特定领域交易成本 提高特定领域交易效率 提高特定领域交易的便利性 快速响应特定领域客户需求	客户关系： 通过资源共享维系客户	客户细分： 特定领域用户
	核心资源： 互联网平台 客户流量 资源整合能力等		渠道通路： 线上	
成本结构： 人工、管理、网络等		收入来源： 服务收费、押金、平台广告、增值服务等		

2. 协同型跨界商业模式设计

协同跨界是指各企业为执行共同的战略任务，按照统一的计划或意图进行跨界的协调一致行动。企业进行协同跨界的目的是获取企业竞争中的内外部协同效应。外部协同是指一个集群中的企业由于相互协作共享业务行为和特定资源，因而将比那些单独运作的企业取得更高的盈利能力；内部协同则是指企业生产、营销、管理的不同环节、不同阶段、不同方面共同利用同一资源而产生的整体效应。

商业生态系统（business ecosystem）是指以相互作用的组织和个体为基础的经济群落，随着时间的推移，共同发展自身能力和作用，并倾向于按一个或多个中心企业指引的方向发展自己，能充分体现企业间资源的相互协调和聚集。商业生态系统强调系统成员的多样性。商业生态系统的关键成员对于保持系统的健康起着非常重要的作用，虚拟商业生态系统具有模糊的边界，呈现网络状结构。

---- 延伸阅读 ----

乐视的商业生态

2004~2014年，乐视在互联网视频行业依靠资本驱动、不断融资购买视频版权、单靠视频内容竞争之外，还跨界多产业，并推出"平台+内容+终端+应用"的生态模式，欲通过整合四大板块实现协同互动，形成较为完整、紧密、高度开放的生态闭环。乐视跨界多产业，自己主打核心业务——视频内容、电视、手机业务，其他如应用开发、智能终端核心零部件等通过合作联盟方式实现，形成"紧密型的封闭模式"。乐视模式涵盖了以下四个方面的内容：

（1）平台。乐视网打造的全球领先的云视频开放平台，客户覆盖网络视频、电商、教育、门户、旅游等多种企业，除为合作的视频网站提供视频服务外，达成与京东、淘宝、当当、金山等多家网站的合作，提供上传、转码、存储、分发、播放等全面视频服务。目前，该平台无论在规模还是技术方面均居于行业领先位置，并在高品质内容服务保障及多屏融合互动等方面拥有多项专利技术。

（2）内容。乐视网建立行业最全的影视剧版权库，拥有90000集电视剧、5000部电影的网络版权，并打造"乐视自制"视频网站自制第一品牌，乐视网兄弟公司乐视影业，每年制作和发行近30部大片，为乐视网提供了丰富的内容支持，并将乐视网的品牌推广至影院大屏幕，如取得巨大票房成功的《敢死队2》《消失的子弹》，极大丰富了乐视网的差异化内容。

（3）终端。乐视网已推出多款高端互联网智能机顶盒、乐视超级电视等终端产品；乐视超级电视则拥有"硬件收入+内容收入+应用分成+终端广告"四重收入来源，为超级电视实现高性价比提供支撑。

（4）应用。乐视网专注于构建中国第一的TV应用开放平台——Letv store，引领万千开发者为智能电视用户提供最优质的 TV 应用服务,让电视成为家庭娱乐及信息中心。该平台已经汇集包括京东商城、新浪微博、人人网、当当网、大智慧、航班管家、三国杀等千余款适配到电视屏的应用。

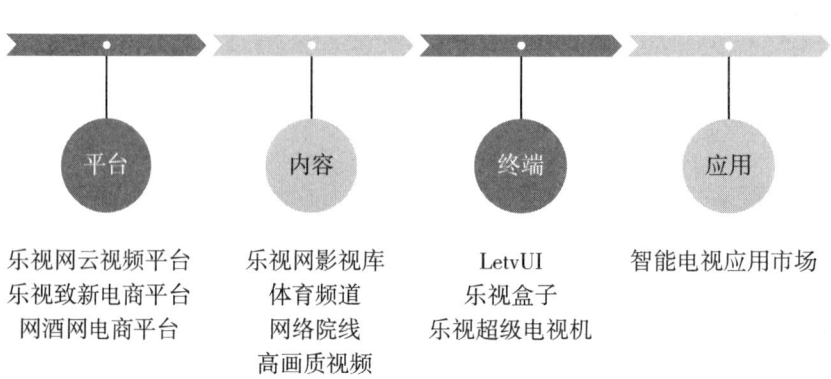

图 3-3 乐视商业生态

(资料来源:《乐视模式的生态圈商业模式》,http://www.wm23.cn/art/536827.html,有删改。)

3.3.2 传统型企业的"互联网+"跨界商业模式设计

传统行业的跨界由来已久,然而在众多企业发展的过程中属于个别行为。而在互联网发展下的今天,传统行业跨界互联网,已经成为企业发展转型的潮流,可以说全行业互联网化是未来的发展趋势。"跨界"这个词在资本市场与实业界出现的频率越来越高,在这个过程中,互联网与传统产业的跨界与融合使两者相互渗透,最终引起生产力的变革。传统企业不能再用简单的产业思维和原有的商业思维去管理互联网的商业模式,或者盲目迷信互联网思维,盲目参考案例和模式。在项目开始落地阶段,需要整合多种服务资源来支撑转型,实现设计的商业模式,这种商业模式可能是电商,可能是 O2O,也可能是做平台,企业要在项目前期找到专业团队进驻,梳理问题,确定其商业模式。传统型企业的"互联网+"跨界商业模式设计类型主要有以下两种。

1. 线上线下资源整合的"互联网+"跨界 O2O 商业模式设计

O2O 即 online to offline(在线离线/线上到线下),是指将线下的商务机会与互联网结合,让互联网成为线下交易的平台。传统企业在电商的冲击下一度非常困难,在痛苦反思之后,这些企业开始将业务搬到互联网上,形成线上线下整合的 O2O 跨界商业模式。于是,我们可以看到苏宁转型做电商;中国平安下属的平安万里通是一家通用积分平台,通过将各个商家提供的积分整合成通用积分,打通消费积分壁垒,让消费者在平台上的任意商家都可以使用积分;宝钢通过平台接入更多第三方的产品和服务来满足客户的需求,如宝钢下属的欧冶云商平台不只为宝钢服务,同时也为钢厂、钢贸商、加工商、物流商、金融服务商等提供全产业链的开放式平台;飞利浦数字健康平台通过整合、分析医疗设备收集到的数据,帮助医护人员提升诊疗水平,使患者获得个性化的服务;通用电气在建立了 Predix 平台后,可以根据收集到的数据为客户提供软件驱动的运营优化,并计划到 2020 年跻身全球十大软件公司,而不只是一家设备提供商;万达做 O2O,电信运营商纷纷进军互联网金融领域,传统金融机构纷纷"触网",以跨界融合推进企业互联网化转型。O2O 商业模式电子商务模式需具备五大要素:独立网上商城、国家级权威行业可信网站认证、在线网络广告营销推广、全面社交媒体与客户在线互动、线上线下一体化的会员营销系统。由于移动终端、微信支付、数据算法等环节的成熟,加上资本的催化,用户数量出现了井喷,使用频率和忠诚度开始上升,O2O 开始和用户的日常生活相融合,成为生活中密不可分的一部分。

2. "互联网+"跨界营销商业模式设计

跨界合作对于品牌的最大益处,是让原本毫不相干的元素相互渗透、相互融合,从而给品牌一种立体感和纵深感。可以建立"跨界"关系的不同品牌,一定是互补性而非竞争性品牌。这里所说的互补,并非功能上的互补,而是用户体验上的互补。跨界营销意味着需要打破传统的营销思维模式,避免单独作战,寻求非业内的合作伙伴,发挥不同类别品牌的协同效应。"喝蒙牛赢取滴滴打车红包"的广告似乎一瞬间就在微信朋友圈刷屏。蒙牛与滴滴打车,一个是极具市场号召力的乳业品牌,一个是用户数超过 1 亿、日订单量超过 500 万的移动出行信息平台,二者强强联手形成了"1+1>2"的跨界整合效应。上"淘宝"买"万科"房,万科此举并不是为了通过淘宝销售多少房子,其最大的价值在于提升知名度,还能收集到大量的客户资料。还有"网易云音乐"打造"华为 G7"自在时刻,一个是国内知名度正逐渐提升的音乐产品,另一个是知名企业重点打造的手机新品,双方携手打造原创电台节目"华为 G7 自在时刻"。围绕华为 G7 "自在时刻"的内涵,结合网易云音乐社交平台,不仅打造了首个以 FM 电台模式与目标群体情感共鸣的手机产品,也为国内品牌创新音乐营销之路提供了范本。

本章小结

本章主要介绍了基于"互联网+"思维的三种商业模式设计途径:平台型"互联网+"商业模式、"互联网+"长尾型商业模式和"互联网+"跨界商业模式。其中,首先介绍了平台型"互联网+"商业模式,分析了从传统的平台模式到现代网络型虚拟平台的演变过程，总结了几种平台型商业模式设计的基本原理；其次，阐述了"互联网＋"长尾型商业模式，介绍了"互联网＋"长尾型商业模式产生的背景、"互联网＋"长尾型商业模式兴起的经济学解释和"互联网＋"长尾型商业模式设计的基本途径；最后，介绍了传统企业和互联网企业的"互联网＋"跨界商业模式。

本章关键词

平台型"互联网＋"　　传统平台　　网络型虚拟平台　　综合信息门户网站　　专业化网络平台　　资源整合型商业模式　　跨界垂直整合　　复杂型商业模式　　商业生态系统　　渗透原理　　免费原理　　资源整合原理　　专业化原理　　跨界原理　　O2O原理　　长尾型商业模式　　跨界商业模式　　共享型跨界　　协同型跨界

思考题

1. 网络型虚拟平台商业模式是如何发展演化的？
2. 平台型商业模式设计的基本原理有哪些？
3. "互联网＋"长尾型商业模式的基本原理有哪些？
4. 互联网企业的"互联网＋"跨界商业模式类型有哪几种？

价值链、产业链、供应链与商业模式设计

学习目标

1. 理解价值链、产业链、供应链的含义及其特点。
2. 掌握基于价值链、全球价值链的商业模式类型。
3. 掌握基于产业链的商业模式类型。
4. 掌握基于供应链的商业模式类型。

----- 案例导读 -----

ZARA 供应商群

ZARA 50%的产品是自己生产的,这个比例高于它的很多竞争对手。ZARA 在西班牙拥有 22 家工厂,其中 18 家位于西班牙拉科鲁尼亚或周边地区及其附近。另外 50%的产品来自 400 家供应商,其中 70%在欧洲,而且主要是在西班牙和葡萄牙,地理位置的便利让这些厂能很快对 ZARA 的订单做出反应,尤其是异常时尚的款式。而剩下的 30%则主要在亚洲生产,ZARA 向这些地方订"基础型"产品或者当地有明显优势的产品。由于 ZARA 的订单量大而稳定,所以是所有供应商喜爱的客户。

ZARA 产品是自己生产还是向供应商购买,这由其"进货专家"决定。而 ZARA 做出判断的依据是投放产品的时间要求、专业技术要求以及"性价比"。这样的决定往往是要经过深思熟虑的,因为面对瞬息万变的市场,可能一个错误的决策就将错过最好的时机,风险相当大。ZARA 自产产品 40%的原料布来自集团公司拥有的 Comditel 厂(该厂 90%的销售额来源于 ZARA)。而这些原料布有一半是没有染过的,这是为了能在一个季节当中随时应对市场对颜色的需求变化。正是为了在印染方面掌握时间的主动,ZARA 还和集团公司持股的染料公司 Fibracolor 保持良好的合作关系(该公司产量的 20% 专供 ZARA)。而剩下的 60% 的原料布来自 260 家供应商,没有任何一家超过 ZARA 所需总量的 4%,这是为了避免对某一家供应商的过度依赖,也为了这些厂能更快地回应 ZARA 的订单。

购买来的织物将由机器自动裁剪。一个典型的工厂有 3~4 台自动裁剪机,长长的桌子上整齐地堆放着 30~50 层布料,最上面是一张白纸。要裁剪的样式由技术员用 CAD 软件设计好,系统自动将布料浪费降低到最小,技术员检查无误后,机器把图纸画在那张白纸上。再一次人工检查后,机器就将布料裁剪成几百片布样。工人们把不同的布样分别装进干净的塑料袋,并把相应的图纸放在最上面以便区分。这是一项耗时耗力的工作,因为很容易出错。ZARA 将所有的缝制活儿外包。这些承包商从 ZARA 的工厂里把裁剪好的布片和配套的纽扣、拉链等用卡车运到自己的厂里。ZARA 和 500 家位于拉科鲁尼亚附近地区的承包商密切合作,它们中大多数只为 ZARA 一家干活。ZARA 密切关注这些承包商的运作,以确保产品质量。ZARA 认为,把缝制等劳动密集型的生产工序外包,可以让自己的工厂更灵活地调整生产规模。

承包商把缝制好的产品运回 ZARA 工厂里,这里的工人会在熨烫时对每件服装仔细检验。完工后的成衣被贴上标签装进塑料袋,而标签上已经打上了不同地区不同货币情况下的价格。包装好的产品将被直接运到物流中心,而在其他供应商那里购得的成衣也将被送往物流中心,ZARA 通过抽样检查来控制这些产品的质量。

(资料来源:https://wenku.baidu.com/view/00a88301bed5b9f3f90f1ob6.html。)

4.1 价值链、全球价值链、产业链、供应链概念及其分析方法

4.1.1 价值链的含义及其分析方法

1. 价值链的含义

价值链由美国哈佛商学院著名战略学家迈克尔·波特提出(见图 4-1)。企业创造价值的过程分解为一系列互不相同但又相互关联的经济活动,任何一个企业都是其产品在设计、生产、销售、交货和售后服务方面所进行的各项活动的聚合体。每一项经营管理活动就是这一价值链条上的一个环节。这些活动被称为"增值活动",其总和即构成企业的"价值链"。企业价值增加的活动分为基本活动和支持性活动,基本活动涉及企

业生产、销售、进料后勤、发货后勤、售后服务。支持性活动涉及人事、财务、计划、研究与开发、采购等,基本活动和支持性活动构成了企业的价值链。不同企业参与的价值活动中,并不是每个环节都创造价值,实际上只有某些特定的价值活动才真正创造价值,这些真正创造价值的经营活动就是价值链上的"战略环节"。

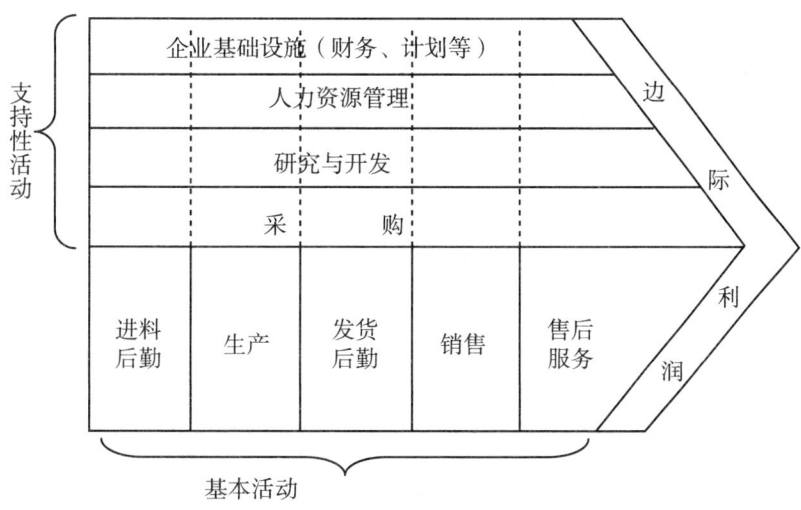

图 4-1 波特价值链

资料来源:[美]迈克尔·波特,《竞争优势》,华夏出版社 2005 年版,第 26 页。

价值链的各环节之间相互关联、相互影响。一个环节经营管理的好坏可以影响到其他环节的成本和效益。比如,如果多花一点成本采购高质量的原材料,生产过程中就可以减少工序、少出次品、缩短加工时间。

价值链的每一环节都能与其他环节相关,但是一个环节能在多大程度上影响其他环节的价值活动,则与其在价值链条上的位置有很大的关系。根据产品实体在价值链各环节的流转程序,企业的价值活动可以分为"上游环节"和"下游环节"两大类。在企业的基本价值活动中,材料供应、产品开发、生产运行可以称为"上游环节";成品储运、市场营销和售后服务可以称为"下游环节"。上游环节经济活动的中心是产品,与产品的技术特性紧密相关;下游环节的中心是顾客,成败优劣主要取决于顾客特点。不管是生产性还是服务性行业,企业的基本活动都可以用价值链来表示,但不同行业价值的具体构成并不完全相同,同一环节在各行业中的重要性也不同。例如,在农产品行业,由于产品本身相对简单,竞争主要表现为价格竞争,一般较少需要广告营销,对售后服务的要求也不是特别强烈,与之相应,价值链的下游环节对企业经营的整体效应的影响相对次要;而在许多工业机械行业以及其他技术性要求较高的行业,售后服务往往是竞争成败的关键。

2. 价值链分析方法

商业模式设计的价值链思维是指，企业在进行商业模式设计时要从企业内部所有活动的视野对企业各个能产生价值的活动进行分析，找出企业所擅长的活动环节，外包企业所不擅长的活动领域，从而达到利润最大化。

（1）寻找价值链中的战略环节。在一个企业众多的"价值活动"中，并不是每一个环节都创造价值。企业所创造的价值，实际上来自企业价值链上某些特定的价值活动；这些真正创造价值的经营活动，就是企业价值链的"战略环节"。企业在商业模式竞争中的优势，尤其是能够长期保持的优势，说到底，是企业在价值链某些特定的战略价值环节上的优势。而行业的垄断优势来自该行业的某些特定环节的垄断优势，抓住了这些关键环节，也就抓住了整个价值链。这些决定企业经营成败和效益的战略环节可以是产品开发、工艺设计，也可以是市场营销、信息技术，或者是认识管理等，视不同的行业而异。在高档时装业，这种战略环节一般是设计能力；在卷烟业，这种战略环节主要是广告宣传和公共关系策略（也就是如何对付各种政府和消费者组织的戒烟努力）；在餐饮业，这种战略环节主要是餐馆地点的选择。微软及其 Windows 操作系统作为个人电脑桌面（许多商业软件都是为此开发的）的核心，经常被看作驱动了一条价值链（value chain）的公司和产品的典型。企业在为个人电脑购买软件时，花在附加软件上的支出远远超过基本操作系统的支出，而操作系统是运行这些附加软件的事实上的标准。其他公司必须符合 Windows 的标准，从这个意义上可以说微软控制了一条价值链。根据麦肯锡公司的一项研究报告，这条独特的价值链在1998年价值达到3830亿美元。而微软在这条价值链中所占的份额只有4%，即153亿美元。

（2）通过战略环节进行全球化的扩散与移植。不同行业有不同的价值链，同一环节在各行业的作用也不相同，但对于具有较大规模的企业，例如，跨国公司可以通过价值链上的关键战略环节也就是核心能力在相关行业中进行扩散和移植，从而提高企业尤其是跨国公司的竞争优势。跨国公司在国际营销活动中拥有全球跨行业营销的范围经济效应。这种范围经济效应是跨国公司通过最佳广度（范围）地使用通用型要素和资源而获得的。这种通用型要素可以是通用的生产设备、管理经验、营销技能和研究开发能力。由于在价值链的每一个环节几乎都能发现通用型要素的存在，那么，当两个行业的价值链上的关键环节也就是核心能力需要相同的通用型要素时，跨国公司就将自己在一个行业中的核心能力扩散到另一个相关行业，使范围经济效应转化为范围经济优势。因此，跨国公司在一个行业的营销沟通活动中获得的先进知识、经验和技能，可以不需要很大的追加投资就能转移到其他相关行业。

价值链在经济活动中是无处不在的,上下游关联的企业与企业之间存在行业价值链,企业内部各业务单元的联系构成了企业的价值链,企业内部各业务单元之间也存在着价值链联结。价值链上的每一项价值活动都会对企业最终能够实现多大的价值造成影响。价值链思维模式对商业模式设计具有重大作用。

4.1.2 产业链

1. 产业链的含义

产业链是各个产业部门之间基于一定的技术经济关联,并依据特定的逻辑关系和时空布局关系客观形成的链条式关联关系形态。产业链是一个包含价值链、企业链、供需链和空间链四个维度的概念(见图4-2)。

产业链分为狭义产业链和广义产业链。狭义产业链是指从原材料一直到终端产品制造的各生产部门的完整链条,主要面向具体生产制造环节;广义产业链则是指在面向生产的狭义产业链基础上尽可能地向上下游拓展延伸。

产业链也可分为接通产业链和延伸产业链。接通产业链是指将一定地域空间范围内的断续的产业部门(通常是产业链的断环和孤环形式)借助某种产业合作形式串联起来;

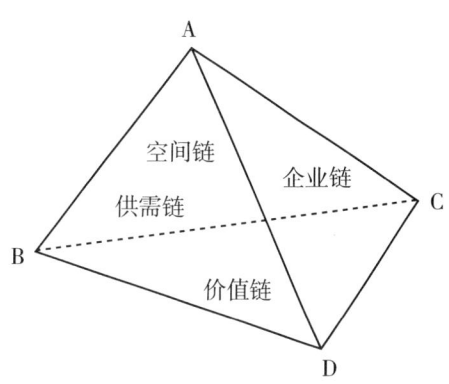

图4-2 产业链概念示意

延伸产业链则是将一条既已存在的产业链尽可能地向上下游拓展延伸。产业链向上游延伸一般使产业链进入基础产业环节和技术研发环节,向下游拓展则进入市场拓展环节。产业链的实质就是不同产业的企业之间的关联,而这种产业关联的实质则是各产业中的企业之间的供给与需求的关系。

产业链的本质是用于描述一个具有某种内在联系的企业群结构,它是一个相对宏观的概念,存在两维属性:结构属性和价值属性。产业链中大量存在着上下游关系和相互价值的交换,上游环节向下游环节输送产品或服务,下游环节向上游环节反馈信息。

2. 全球产业价值链

全球价值链是指为实现商品或服务价值而连接生产、销售、回收处理等过程的全球性跨企业网络组织,涉及从原料采购和运输、半成品和成品的生产和分销,直至最终消费和回收处理的整个过程,包括所有参与者和生产销售等活动的组织及其价值、利润分配。当前散布于全球的处于价值链上的企业进行着从设计、产品开发、生产制造、营销、交货、消费、售后服务、最后循环利用等各种增值活动。全球价值链理论起源于价值链理论。科古特认为价值链是技术、原料和劳动融合在一起作为各种投入，通过组装环节形成最终商品，最后通过市场交易和消费等完成价值循环的过程。一国的比较优势决定了价值链的各个环节在国家之间如何进行空间配置，而企业的竞争能力决定了企业应该专注于在价值链上的某个环节，以确保竞争优势。科格曼则探讨了企业在不同的地理空间配置各个价值环节的能力问题。这就使价值链理论拓展到价值链治理模式与产业空间转移的关系方面。郎咸平曾从全球价值链的角度提出过一个"6+1"理论，"6"即产品设计、原料采购、仓储运输、订单处理、批发经营、终端零售这六大流程，而"1"就是这一模式中最初的"制造"环节。他认为产品巨额利润基本被后六个流程所垄断，相比较而言，"1"环节的利润率非常低，而且制造业的本质是以浪费资源、破坏环境、剥削劳动力为代价的。郎咸平以芭比娃娃为例：芭比娃娃在美国沃尔玛的零售价近10美元，在这个产业链里，中国企业只能创造1美元的价值，而且还给自身带来了难以避免的环境污染和资源浪费。但美国企业通过"6"，可以获得9倍的价值。

也有学者将全球价值链分为三大环节：其一是技术环节，包括研发、创意设计、提高生产加工技术、技术培训等环节；其二是生产环节，包括采购、系统生产、终端加工、测试、质量控制、包装和库存管理等分工环节；其三是营销环节，包括销售后勤、批发及零售、品牌推广及售后服务等分工环节。当国际分工深化为增值过程在各国间的分工后，传统产业结构的国际梯度转移也因此演变为增值环节的梯度转移。就增值能力而言，以上三个环节呈现由高向低再转向高的"U"型，或曰"微笑曲线"状（见图4-3）。

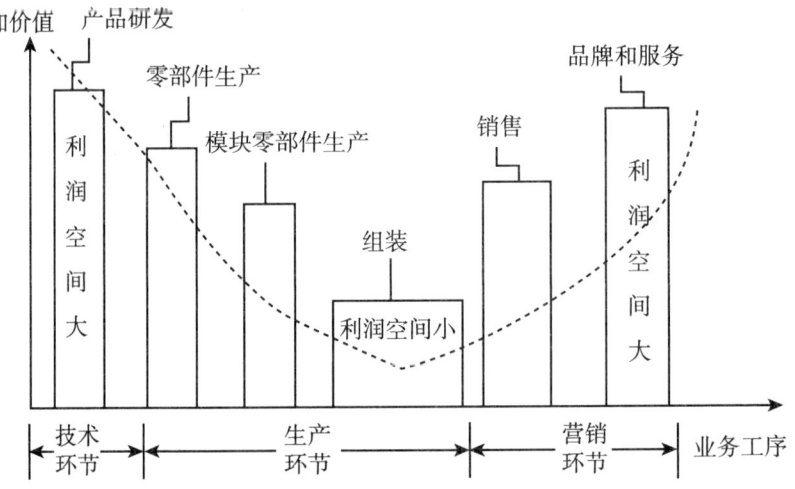

图4-3　全球价值链

资料来源：施振荣，《再造宏碁》，上海远东出版社1996年版，第114页。

全球价值链发展呈现出以下主要特征。

（1）跨国公司是全球价值链的主导者。近年来，由于海外业务的不断拓展，跨国公司通过供应链网络和服务外包等多样化渠道来推进全球化生产，从而优化全球资源配置，实现产业的全球布局。在此背景下，跨国公司在全球对增值链进行成本最低化的配置，推动了经济全球化和全球价值链的深入发展，并进一步成为全球价值链的主导者。随着全球价值链向纵深方向发展，全球价值链的拆分和外包程度不断提高，跨国公司对全球价值链的掌控与治理能力变得越来越重要，成为其维持核心竞争力、占领国际竞争制高点的重要途径。跨国公司利用其对价值链的主导地位，对价值链的各个环节进行深度分解和全球资源的不断战略组合。

（2）国际贸易服务化成为全球价值链的主要趋势。服务成为全球价值链的"黏合剂"。随着全球价值链的发展，服务的重要性日益提升，特别是生产性服务业，如交通、通信、金融、分销和商业服务等。服务的广泛应用使其成为竞争力以及资本和劳动生产率的关键决定因素。但这只是服务化的一部分，因为现在产品的生产和销售中还涉及大量的其他服务，不论这些最终产品是货物或服务。

（3）全球价值链在空间布局上有加速扩展态势。近些年，全球价值链环节在空间布局上呈现全球加速延展的态势。一个国家产业结构的变动会导致周边国家或地区产业结构随之发生变动，同时，周边国家产业结构的变化也影响本国的产业结构。随着经济全球化的发展，处于同一价值链或者同一区域的各个国家的产业结构相互连接并相互依存，形成了一个动态的跨国区域整体，从而出现了国际性区域产业结构的关联互动、整体性演化和国际协调性产业政策。

（4）新一轮产业革命对全球价值链方式产生重大影响。一方面，新一轮产业和工业革命引领的技术创新不断塑造出新产业，新能源、新材料、节能环保、生物医药和智能制造等新兴产业重塑了传统经济的形态，随着以"德国工业 4.0""美国工业互联""中国制造 2025""韩国制造革新 3.0"为代表的第四次工业革命的到来，全球进入了高强度研发的发展阶段。另一方面，近些年来，由于新一代信息技术的发展，数据产品和数据交易不断冲击着 WTO 框架下的贸易规则，对于数据贸易应该适用货物贸易的规则还是服务贸易的规则已经难以简单的界定。全球电子商务网络正在迅速扩张，数字化发展趋势正在日益加强。在数字贸易环境下，跨境数据流动成为重要的推动因素，它对全球价值链的深化发展起了重要作用。

3. 产业链分析方法

产业链是相关企业活动的集合，其构成单元是若干具有相关关系的经济活动的集合，是若干从事相同经济活动的企业群体。产业链分析方法主要有产业链结构分析、产业链价值分析。一方面,产业链结构分析能够帮助我们从产业上下游的角度分析整个产业链的构成:在这些构成产业链的企业活动中,哪些企业是核心企业,哪些企业是节点企业,核心企业内部部门之间、核心企业与节点企业之间以及节点企业之间存在着何种相互依赖关系,如何协调、管理和控制产业链中核心企业与节点企业之间的相互依赖关系,提高价值链中各节点企业的作业效率和绩效。另一方面,产业链价值分析可以对整个产业链中相互依赖的价值活动进行优化分析,寻找或者通过管理、技术等手段把生产资源的分工协作和物流过程组织成为总成本最低、效率最高的供应链价值活动环节,取得最大的价值增值,从而实现"多赢"的目的。

4.1.3 供应链

1. 供应链的含义

供应链(supply chain)是指产品生产和流通过程中所涉及的原材料供应商、生产商、分销商、零售商以及最终消费者等成员,通过与上游、下游成员的连接(linkage)组成的网络结构(见图4-4)。也即由物料获取、物料加工并将成品送到用户手中这一过程所涉及的企业和企业部门组成的一个网络。

一般来说,构成供应链的基本要素包括:(1)供应商。供应商是指给生产厂家提供原材料或零部件的企业。(2)厂家。厂家即产品制造企业,是产品生产的最重要环节,负责产品生产、开发和售后服务等。(3)分销企业。分销企业是指为实现将产品送到经营地理范围每一角落而设的产品流通代理企业。(4)零售企业。零售企业是指将产品销售给消费者的企业。(5)消费者。消费者是供应链的最后环节,也是整条供应链的唯一收入来源。

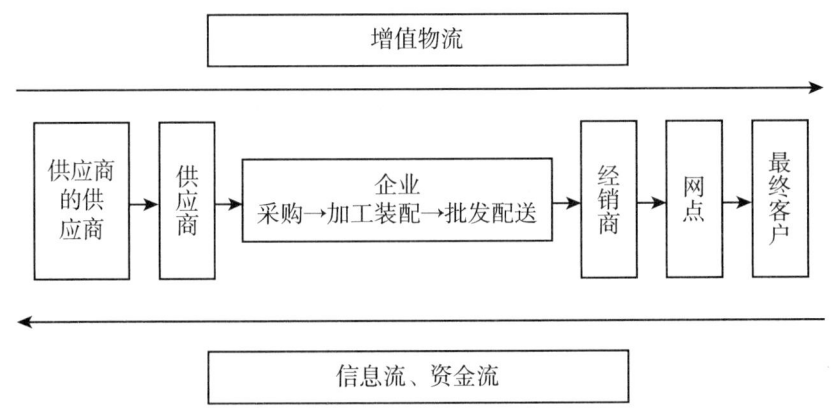

图4-4 典型的供应链

供应链的主要活动有：(1) 商品开发制造。商品的规划、设计、商品化；需求预测和生产计划；商品生产和质量管理。(2) 商品的配送。确保销售途径；按时配送；降低物流成本。(3) 商品销售。销售；品种齐全、及时的商品补充；销售数据和销售额的管理，了解问题，确定活动方针。

供应链优化的最终目的是满足客户需求，降低成本，实现利润。具体表现为：(1) 提高客户满意度。(2) 提高企业管理水平。(3) 节约交易成本。(4) 降低存货水平。(5) 降低采购成本，促进供应商管理。(6) 减少循环周期。(7) 收入和利润增加。通过组织边界的延伸，企业能履行其合同，增加收入并维持和增加市场份额。(8) 网络的扩张。

2. 供应链分析方法

供应链分析方法离不开供应链管理思维。供应链管理是以市场和客户需求为导向，在核心企业协调下，本着共赢原则，以提高竞争力、市场占有率、客户满意度、获取最大利润为目标，以协同商务、协同竞争为商业运作模式，通过运用现代企业管理技术、信息技术和集成技术，达到对整个供应链上的信息流、物流、资金流、业务流和价值流的有效规划和控制，从而将客户、供应商、制造商、销售商、服务商等合作伙伴连成一个完整的网状结构，形成一个极具竞争力的战略联盟。

基于供应链管理的商业模式设计就是通过商业模式创新来优化和改进现有的供应链活动，其对象是供应链组织和它们之间的"流"，应用的方法是集成和协同，目标是满足客户的需求，最终提高供应链的整体竞争能力。供应链分析的实质是深入供应链的各个增值活动环节，将顾客所需的正确产品（right product）能够在正确的时间（right time），按照正确的数量（right quantity）、正确的质量（right quality）和正确的状态（right status）送到正确的地点（right place），即"6R"，并使总成本最小。

---- 延伸阅读 ----

香港利丰公司的供应链管理

利丰是香港最大的出口贸易企业，2006年收入逾90亿港元，其出口贸易服务主要集中于成衣、流行饰物、玩具、游戏运动用品、家居装饰品、旅游用品、餐具等消费类产品，目前主要的客户包括沃尔玛、可口可乐、迪士尼、乐高等。一家以提供消费品出口贸易服务为主的公司竟然能做到如此规模，让人不敢小觑。亚洲企业被哈佛列入教材的不多，而为利丰，哈佛商学院就写了五个不同主题的教案。引得哈佛如此青睐，当然不仅仅是因为利丰的规模和业绩，那还会因为什么呢？

利丰类似一个"虚拟生产商",它自己不拥有任何一个生产环节,但却为客户提供"一次购足"的增值服务,包括产品开发、原料采购、生产安排与管理、品质监控、出口批文一直到装货配送的各个环节服务。

能做到这一点,关键在于利丰的供应链管理——以客户需求为中心,根据产品特性、交货期等各项要求,在全球范围内寻求最佳资源配置,设计和提供最适宜的供应链管理服务,为客户创造独特价值。在这个过程中,利丰扮演的是整个供应链的"资源整合者"与"管理协调者"的角色。

依靠独特的商业模式,利丰成功实现了对全球40个国家的7500家工厂的资源运筹和整合,在"无疆界"营销中向客户提供基于整个价值链的增值服务。

正是这个全球资源的协调平台,使利丰可以实现以客户需求为中心,按照订单灵活设计的产、供、销一体化的"订制化"供应链。这种"订制化"供应链的竞争力不言而喻。

(资料来源:http://www.cmmo.cn/article-29729-1.html。)

4.2 价值链、全球价值链、供应链思维与商业模式设计

4.2.1 基于价值链思维的商业模式设计

商业模式是价值链的组群和结构。判断商业模式优劣的基本标准就是价值链的优劣,而价值链的优劣直接决定了价值创造的过程和结果。凡是不能形成高效的价值链组合并创造价值的商业模式不可能具有持久的竞争优势。价值是为用户提供他们喜欢的产品和服务。要围绕价值来设计商业模式,而不是相反。商业模式的创新必须以价值链优化为目标,根据资源与环境的变化不断调整。与之相对应,商业模式自身的运作也会在执行过程中不断趋向成熟。过去产业价值链相当稳定,而现在这些价值链开始发生变化,使利润和生产力更为频繁、迅速地沿着产业价值链上下方向在移动,而变化不仅局限在产业价值链本身。企业在产业价值链变动中开始使用新的、非传统的标准,其目的是提高资本收益率、加强战略控制力、加强创新设计能力和强化客户关系。企业从行业价值链角度研究利润与价值是如何转移的,研究公司的相关经济环境,成为企业战略思想的重要来源。价值链型商业模式画布如表4-1所示。基于价值链的商业模式主要有四种:价值链分拆、价值链挤压、价值链修补和价值链整合(见图4-5)。

表 4-1　　　　　　　　　价值链型商业模式画布

合作伙伴： 物流服务提供商 价值链各环节生产服务商	关键业务： 价值链不同环节价值挖掘	价值主张： 降低特定领域生产成本 提高特定领域生产效率 价值挖掘	客户关系： 通过价值挖掘维系客户	客户细分： 特定领域用户
	核心资源： 专业化 价值挖掘能力等		渠道通路： 线上线下	
成本结构： 人工、管理、制造、销售等		收入来源： 产品销售等		

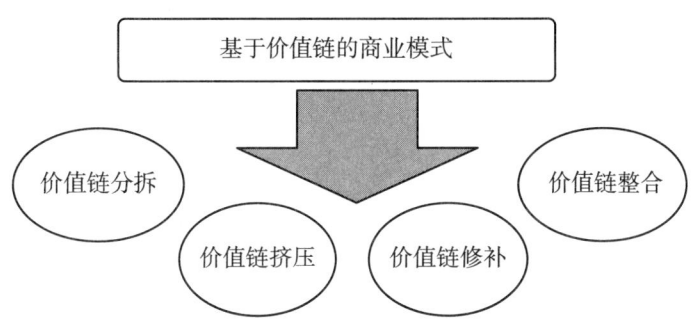

图 4-5　基于价值链的商业模式

1. 价值链分拆模式——专注于企业擅长的价值活动环节

随着顾客需求的不断变化,市场竞争日益激烈。因此,原来那种推行"纵向一体化"战略,依靠对原材料供应、产品制造和销售全过程的控制而达到创造价值目的的企业,已无法快速响应市场的瞬息变化,除非企业具有非常充足的资金和十分全面的能力。因此,价值链开始分解,一些新的企业加入了价值链,并在某个环节建立起新的竞争优势。这种竞争优势表现为在该环节上具有成熟、精湛的技术和较低的成本。这些新的企业的进入使一些大而全、小而全的企业在竞争中处于劣势,不得不放弃某些价值活动环节,从自己的比较优势出发,选择若干环节培育并增强其竞争能力,重新确立自己的优势地位。价值链分拆可以把社会分工和价值的形成过程联系起来。行业中的竞争者以价值链专家的身份出现,在某些环节上做得更好,用业务集中战胜了一体化,行业中外包成为趋势。专业化运作集中于专长,专业化公司专注局部环节,并"做好分内的事"；强调做精做强，重新审视价值链过程，在哪里具有比较优势，专注于断裂后新的价值链的某个环节，并实现对其控制；把业务集中在某些环节可以获得更高的回报。

在20世纪70年代和80年代，一流的计算机制造商IBM和DEC涉足整个计算机生产过程的价值链，从散件制造、操作系统设计、应用软件开发到组装和分销。但到了90年代，一些新生的公司则致力于价值链某个具体的价值活动环节，从而创造了不同寻常的价值，例如，英特尔公司在微处理器方面、微软在操作系统和应用软件方面便是如此。价值链的分解，出现了许多相对独立的且具有比较优势的增值环节，具有比较优势的增值环节一旦独立，就可能加入其他相关的价值链中。而捕捉系统中的盈利点进行整合，就是广泛利用社会资源，设计新的价值链把分散的优势环节串联起来，对价值链进行重新整合。

很多企业在经营管理过程中并不是涉及价值链所有的活动环节，而是专注于企业活动中的某一个或某几个价值活动环节，致力于将这些价值增值活动做到行业内最好、最佳的标杆，这些价值环节可以是所有价值环节中价值增值最多的活动环节，也可以是能够形成规模经济效应的价值增值环节。价值链分拆模式最重要的一点是要专注，不求大、不求多元化，而是将有限的资源聚焦在一个领域。其次是重视研发投入。例如，在智能手机行业，美国高通公司专注于手机芯片的技术研发；苹果公司致力于硬件设计和软件操作系统的价值环节；富士康则专注于手机零部件的制造与整机的组装价值活动环节。

专注于价值链中的某些价值活动环节的企业比较容易成为行业的"隐形冠军"。这些隐形冠军几乎完全主宰着各自所在的市场领域，占有着很高的市场份额，有着独特的竞争策略，往往在某一个细分的市场中进行着专心致志的耕耘。隐形冠军公司典型的说法："我们是这个行业的专家""我们专注于自己的竞争力，专注再专注""我们要成为小市场的主宰者，我们要在小市场做出大成绩，而不是在大市场做'凤尾'"。德国有一家做螺丝的Wurth公司，在全世界同行业中销售额最高。建筑业要用到大量的螺丝和螺丝刀，但是要找到大小正合适的一套却很费时。这家企业做了一个创新，即给同等规模的螺丝和螺丝刀贴上同样颜色的小标签，找起来就方便多了。这样的改进并非高科技，却对客户有非常大的价值。还有一家专门做汽车开关的企业，德国大众公司、奔驰公司、宝马公司都是它的客户，这家公司引领了汽车开关行业的变革。颇为惊人的是，该公司每年会拿出利润的10%投入到研发中。

2. 价值链挤压模式——外包企业所不擅长的价值活动环节

价值链挤压模式是指企业除专注于自己擅长的价值环节活动之外，还对其不擅长的价值环节进行业务外包。业务外包是指企业把内部业务的一部分承包给外部专门机构。

业务外包是整合其外部最优秀的专业化资源，从而达到降低成本、提高效率、充分发挥自身核心竞争力和增强企业对环境的迅速应变能力的一种商业模式。企业为了获得比单纯利用内部资源更多的竞争优势，将其非核心业务交由合作企业完成。业务外包能使企业专注核心业务，使企业提高资源利用率，有效的外包可以节省资金和风险。根据不同的标准，可以将业务外包划分为不同种类，如整体外包和部分外包，生产外包、销售外包、研发外包、人力资源外包，以及无中介的外包和利用中介服务的外包等。

生产业务外包又被称为"轻资产运营模式"。所谓轻资产运营模式，就是将产品制造和零售分销业务外包，自身则集中于设计开发和市场推广等业务；市场推广主要采用产品明星代言和广告的方式。轻资产运营模式可以降低公司的资本投入，特别是生产领域内的大量固定资产投入，以此提高资本回报率。

------- 延伸阅读 -------

美国耐克公司的轻资产运营模式

耐克公司在20世纪80年代初开始实施轻资产运营模式，当时正值全球制造业向发展中国家转移的高峰时期。在美国市场，体育产品开始从专业运动员转向大众市场。耐克公司抓住了市场变革节奏，依靠轻资产运营模式改变了美国运动鞋市场传统商业模式。创业初期，由于菲尔·耐克准确预测到弹性好又能防潮的运动鞋的市场前景，耐克鞋凭借独特的设计、新颖的造型迅速在美国打开了市场。随着公司的壮大，菲尔·耐克把眼光投向了国际市场。但是，耐克鞋价格较高，如果依靠出口进入其他国家市场，本身的高价位再加上各国尤其是发展中国家的高关税，是很难被这些国家的顾客所接受的。耐克公司采用生产外包的"借鸡下蛋"法，通过在爱尔兰联合设厂进入了欧洲市场并躲过高关税，又在日本联合设厂打入了日本市场。耐克公司的经理们只是集中公司的资源，专攻附加值最高的设计和行销，然后坐着飞机来往于世界各地，把设计好的样品和图纸交给劳动力成本较低国家的企业，最后验收产品，贴上"耐克"的商标，销售到每个喜爱"耐克"的人手中。随着各地区生产成本的变化，耐克公司的合作对象从日本、西欧转移到了韩国、中国台湾，进而转移到中国、印度等劳动力价格更为低廉的发展中国家，到90年代，耐克更为看好越南等东南亚国家。由于耐克公司在生产上采取了业务外包法，从而本部人员相当精简而又有活力，这样避免了很多生产问题的拖累，使公司能集中精力关注产品设计和市场营销等方面的问题，及时收集市场信息，及时将它反映在产品设计上，然后快速由世界各地的签约厂商生产出来满足需求。从价值链的角度看,耐克公司依靠轻资产运营模式较好地整合了其价值链,其核心内容包括:重视产品研发;重视市场营销策略;全球化经营。

(资料来源:http://www.sohu.com/a/160665020_479820。)

1992年中国体育用品产业开始进入"品牌化"发展阶段。然而,在最初的10年间,大多数中国体育用品厂商还只是耐克轻资产运营模式上的重要原始设备制造商(original equipment manufacturer,OEM)伙伴,并因此诞生了一批具有良好制造技能的OEM式工厂。在东南沿海的福建省晋江市,就有近3000家鞋类产品生产企业,从业人员超过30万人,年产6.5亿双鞋。诞生了安踏、361°、喜得龙、德尔惠、乔丹、金莱克等知名品牌,依靠对耐克的模仿而迅速发展为中国本土体育用品市场的重要竞争者。

3. 价值链修补——发现价值链上薄弱环节进行修补

根据价值链理论,利润往往隐藏在价值链的薄弱环节。什么是价值链的薄弱环节呢?如果企业提供的产品和服务不能满足直接客户的需求,这一环节就是价值链的薄弱环节,利润就在其中。企业价值链活动中总存在着薄弱环节,就像一条大河上肯定会有一座限高最低的桥一样,在任何行业,企业价值链上都会有最薄弱的环节,而薄弱环节往往会影响整个企业的发展。企业可以通过流程再造等方式修补价值链上的薄弱环节。

企业流程再造是一种企业活动,内容为从根本上重新而彻底地去分析与设计企业程序,并管理相关的企业变革,以追求绩效并使企业达到创造性的成长。企业再造的重点在于选定对企业经营极为重要的几项企业程序加以重新规划,以求提高营运之效果。目的是为了在成本、品质、对外服务和时效上达到重大改进。流程再造的核心是面向顾客满意度的业务流程,而核心思想是要打破企业按职能设置部门的管理方式,代之以业务流程为中心,重新设计企业管理过程,从整体上确认企业的作业流程,追求全局最优,而不是个别最优。

▎延伸阅读

美国福特汽车公司的流程再造模式

20世纪80年代初,福特汽车公司跟美国的其他许多公司一样,想方设法紧缩人员,减少行政管理费用。福特汽车公司认为能够减少费用的地方之一是其价值链的薄弱环节——应付账款部门。当时,福特汽车公司的北美应付账款部门雇用了500多名人员。该公司的管理层认为通过使用电脑使某些职能自动化,能够使该部门工作人员的人数减少到 400 名，即减少 20%。后来，福特公司参观了日本马自达汽车公司。福特汽车公司的管理人员注意到，马自达汽车公司的规模虽然较小，但它雇用的办理应付账款事务的人员只有 5 名，而福特汽车公司却雇用了 500 名。两者对比，相差过于悬殊，其原因不是用规模大小、企业精神、提倡唱公司之歌及做早操等所能解释的。福特汽车公司通过自动化使其人员减少 20%，但制造汽车的成本显然仍不能同马自达公司相匹敌。于是，福特汽车公司的主管人员不得不对包括应付账款部门在内的全部工作流程进行反思，重新进行业务流程再造，对采购进行了流程重组。重组后的业务流程完全改变了应付账款部的工作和应付账款部本身。流程再造之后应付账款部只有 125 人（仅为原来的 25%），这意味着节约了 75% 的人力资源。相同情况的还有 IBM 信用卡公司（IBM Credit Corporation），通过业务流程重组工程，使信用卡发放周期由原来的 7 天缩小到 4 个小时，即提高生产能力 100 倍。

（资料来源：http://wxphp.com/wxd_26et508ar502ra61xndr_1.html。）

奥的斯公司（Otis）是北美最大的电梯制造商之一。电梯销售利润受积极周期的影响，而售后服务收入则比较稳定，因此，服务市场一直是电梯制造商争夺的热点之一。奥的斯公司的售后服务包括维修和保养。随着业务范围的扩大、组织规模的扩张，组织流程的种类和涉及的部门岗位也日益复杂。单靠人工方式无法解决，必须依靠信息技术，实现部分流程的自动化。计算机技术和现代通信技术使信息采集、存储、传递、处理更精确、快捷、高效，尤其在当今的信息时代，流程型组织要依靠信息技术使流程更通畅。流程型组织与信息技术关系紧密，尤其在信息技术普遍应用的社会中，信息平台为组织内部和外部各种流程的顺利畅通提供了基础。奥的斯公司应用新兴的网络技术等信息平台来优化流程，起到了简化工作环境和提高效率的作用。

4. 价值链整合商业模式——通过价值活动整合设计创造价值

通过对原有的企业内部后勤、生产作业、外部后勤、市场和销售、服务、采购、技术开发、人力资源管理和企业基础设施等价值活动进行整合，让这些互不相同但又相互关联的生产经营活动创造新的或更多的价值。

美国戴尔公司先于其他计算机竞争者认识到进一步细分和分散计算机价值链的机会。戴尔公司是专门从事计算机整机组装和销售的公司。事实上，戴尔公司不是一个计算机制造商，而是一个计算机"组装者"。通过对价值链活动的分拆，戴尔公司开发了一种优越的、低成本的生产模式。首先，其直销模式省去了许多批发的销售环节，节省了成本；其次，戴尔公司从当地供应商那里根据需要购买散件（主板、处理器、存储设备)。由于与这些供应商有着密切的关系,戴尔公司几乎没有必要储存货物。只要提前一周得到散件,且一旦这些散件到达组装厂,戴尔的财产清单上就标记了一个系统。这种"实际盘存"过程,使戴尔公司每年更新它的存货清单52次。相比之下,康柏公司每年只有13.5次,IBM公司则为9.8次。通过及时的制造程序,戴尔公司降低了它的不动产密度和SG&A支出。这种高效产生的直接结果是:戴尔公司的营运支出与销售之比仅为11.4%,比康柏公司低3个百分点,比惠普公司低11个百分点,比IBM公司低16个百分点。戴尔公司不存储运送给批发商的成品,相反,它在收到顾客订单后的36小时内,组装和发运订单的第一台电脑。生产过程自某个买家通过戴尔公司的800客服电话或它的网站下订单时开始。这份订单被发往戴尔的某个工厂——得克萨斯的奥斯汀、马来西亚的核城或爱尔兰的利默里克,通常客户从订购之日起一周之内,便可得到所需的产品。

出色的供货渠道加上直销模式低廉的价格,使戴尔公司以质优价廉的产品击败对手。因为它从不库存过时的散件和成品,所以它能向市场推出比竞争者更新的集成电路板、速度更快的调制解调器和容量更大的硬盘。通过专注于发货快、价格低和面向顾客,戴尔公司吸引了大批有价值、懂技术的顾客,并使他们成为戴尔公司的忠实客户群。通过分拆价值链,戴尔公司选择了一个利润丰厚的顾客群,并极大地降低了向他们提供服务的成本。

4.2.2 基于全球价值链的商业模式设计

经济全球化的背景下,地区比较优势形成了全球价值链对国际劳动分工和竞争资源的重新配置与调整,企业依据资源基础、能力构成形成了自身在国际化经营模式下的全球价值链布局,从而获取高附加值与利润的回报。基于全球价值链的商业模式设计需要放眼全球市场,密切关注生产模式变化与全球价值链布局调整。其商业模式设计主要有以下两种方式。

1. 聚焦于全球价值链中某一个价值增值较高环节,通过创新创造较高价值

(1) 聚焦于"工业4.0"的智能制造。"工业4.0"(Industry 4.0)是指利用物联信息系统(cyber-physical system,CPS)将生产中的供应、制造及销售信息数据化、智慧化,最后达到快速、有效、个人化的产品供应。"工业4.0"概念包含了由集中式控制向分散式增强型控制的基本模式转变,目标是建立一个高度灵活的个性化和数字化的产品与服务的生产模式。在这种模式中,传统的行业界限将消失,并会产生各种新的活动领域和合作形式。创造新价值的过程正在发生改变,全球产业价值链分工将被重组。智能制造使全球生产网络向智能化生产网络转变。智能制造可以说是"工业4.0"的核心，它能够实现产业链分工高度有效精准对接。一方面，智能化生产网络体现在技术的智能化上。与传统的机械化生产相比，智能制造运用的是能够自我控制的智能机器。智能机器能够融合机械、电子、传感器、计算机硬件、软件、人工智能等许多学科的知识，汇集当今许多前沿领域的技术，在生产过程中从事诸如分析、推理、判断、构思和决策等智能活动。但智能制造并非机器取代人，而是智能机器和人共同组成的人机一体化系统。另一方面，智能化生产网络需要先进生产设施的互联互通。网络分布式生产设施在智能制造中得到充分的发展，成为智能工厂的基础。

（2）软性制造与个性化定制商业模式。未来制造企业将不仅仅进行硬件的销售，而是通过提供售后服务和其他后续服务来获取更多的附加价值，这就是软性制造。而带有"信息"功能的系统成为硬件产品新的核心，意味着个性化需求、批量定制制造将成为潮流。制造业的企业家们要在制造过程中尽可能多地增加产品附加价值，拓展更多、更丰富的服务，提出更好、更完善的解决方案，满足消费者的个性化需求，走"软性制造＋个性化定制"道路。

未来服务业也可以通过个性化定制实现价值增值。用户在接受定制服务的过程中，形式上是消费了产品服务，但本质上是通过产品代入而放大、宣扬自己的情感，从博得认同的过程中体验快感。服务的本质归根结底在于"情感"，通过用户使用产品的过程，将自己的情感以定制化作物的形式进行转移或释放。例如，在梦想庄园里，用户利用租下来的田地通过感知中心实现远程操控管理，用户可以根据感知中心反馈的作物及环境信息下达各种指令，如种植作物的品种选择、嫁接、搭架、浇水、采摘等指令，感知农场根据用户的指令信息进行实际操作，并及时反馈至用户，让用户在家就可以种植蔬菜。通过这种方式将感知农场的服务科技化、情感化、多元化集于一体，实现了针对特定用户的定制服务。

2. 聚焦于全球价值链整体，对其进行重新设计，掌握全球价值链中价值增值最大的部分

20世纪早期，可口可乐公司通过向一些地方性企业授予装瓶和销售的独家经营权，以及按固定价格供应浓缩液的承诺，建立了一个全国性的装瓶商网络。在那个时候，可口可乐的企业模型中包含两个客户群：可口可乐饮用者和可口可乐装瓶商。对于第一个客户群，可口可乐通过全国性的广告，向最终消费者宣传其品牌。这种努力使可口可乐品牌得到广泛的认同，但可口可乐的直接客户却是购买浓缩液的独立装瓶商（见图4-6）。

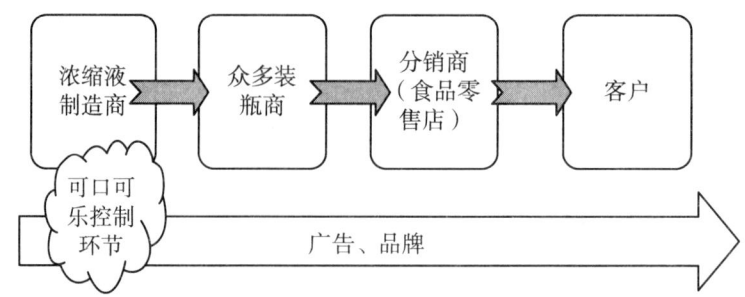

图4-6 可口可乐公司早期价值链定位

20世纪上半叶,由于广告效应和装瓶商的努力,对可口可乐饮料的需求增长很快,可口可乐公司的效益很好。然而,到70年代,可口可乐发现其市场份额的领先地位开始下降。市场份额的损失主要发生在食品店环节。由于特许装瓶商相互独立运作,具有不同的成本结构和利润水平,因此它们常常难以达成统一价格。超市、连锁店不能接受在相邻的市场上对同一产品采取不同的定价,装瓶商将大量合同输给了可口可乐的主要竞争对手——百事可乐。

当可口可乐希望像百事可乐那样,以较低的价格进入大型超市时,可口可乐无法说服它在各地的装瓶商。这些装瓶商常常各自为政、缺乏协调,不愿意向超市低价供货。由于装瓶商不能联合起来,可口可乐难以与百事可乐竞争。百事可乐非常巧妙地利用了可口可乐企业商业模式设计的最薄弱之处,即可口可乐的销售系统不能关注它的重要客户,不能进行价格竞争。当可口可乐试图适应于所有人的时候,百事可乐通过吸引青年人而抓住了未来。可口可乐的差别化体现在品牌,百事可乐的差别化则体现在价格,而这正是抓住年轻消费者的关键所在。

为了抵制百事可乐的进攻,可口可乐公司开始思考客户购买软饮料的方式。可口可乐饮料在食品店、饭店、自动售货机销售。食品店货架上充斥着各种各样的软饮料,利润非常低。而在饭店里,一旦消费者需要软饮料,他就只能购买饭店现有的那种品牌,在饭店不仅吃的东西很贵,捎带着饮料以及整个服务的价格都很高。在自动售货机那里,情况就更是这样。大多数自动售货机是其所在区域的唯一饮料来源。这时,不是消费者选择可口可乐还是百事可乐的问题,而是看谁拥有或控制了自动售货机。关键是自动售货机销售什么品牌,别的都不重要。在高利润区获得领先地位意味着,可口可乐与它的装瓶商之间要建立一种完全不同的关系。装瓶商应当是可口可乐的主要客户。可口可乐公司明白,没有与装瓶商建立有效的战略关系,可口可乐就不能对饭店和自动售货机领域做出重点投资。

第4章 价值链、产业链、供应链与商业模式设计

从20世纪70年代进入可口可乐最高管理层之后，CEO郭思达就开始寻找方式来改变与装瓶商之间的关系。当可口可乐的实验室开发出高糖玉米浓缩液时，郭思达认为，浓缩液成本在装瓶商的整个经营成本中占很大比重，他可以利用新产品节约的20%的成本作为筹码，与装瓶商讨价还价。如果装瓶商希望获得这种利益，它们就必须修改与可口可乐的合同。大多数装瓶商都接受了这些条件。新的合同是一个巨大的改进。郭思达确信，收购装瓶商是建立一个集中、统一、可控的可口可乐系统的新商业模式。对于被收购的装瓶商来说，这也是一种有利的结局，它们找到了一个实力雄厚的新朋友，可口可乐公司愿意帮助它们实现现代化管理和有效的市场营销。现在，不属于可口可乐旗下的装瓶商则处于不利的地位，没有可口可乐在资金和管理资源上的支持，它们在日益严峻的环境下越来越缺乏竞争力。可口可乐的收购战略也存在一个重大缺点，即提高了公司的资产密集度。如果资产密集度提高，投资分析师就会低估公司的价值，从而导致股东利益下降。80年代中期，郭思达又找到了解决方案。他创立了可口可乐装瓶商控股公司，对可口可乐收购的大型装瓶商进行控股。装瓶商控股公司创立之后，可口可乐立即将其51%的股份公开上市。由于持有49%的股权，可口可乐对装瓶商控股公司仍拥有控股权，但在财务上不实行合并报表。这样，虽然可口可乐控制了装瓶商，但其资产负债表上并不包含装瓶商的资产，可口可乐的损益报告也不用反映装瓶商的不良业绩。在寻找新增长机遇的过程中，郭思达为巨大的国外市场所吸引，但他设想的跨国企业设计并不是"全球性装瓶商控股公司"。在美国，郭思达的模式是装瓶商控股公司，这一控股公司控制着众多的小型装瓶商（见图4-7）。而在国际市场，可口可乐将与若干大型的、先进的"骨干"装瓶商进行合作，为所在地区或国家提供可口可乐饮料。通过这种方式，可口可乐公司获得了利润较大的渠道控制权，重新赢得了其饮料全球价值链的最大价值增值环节。

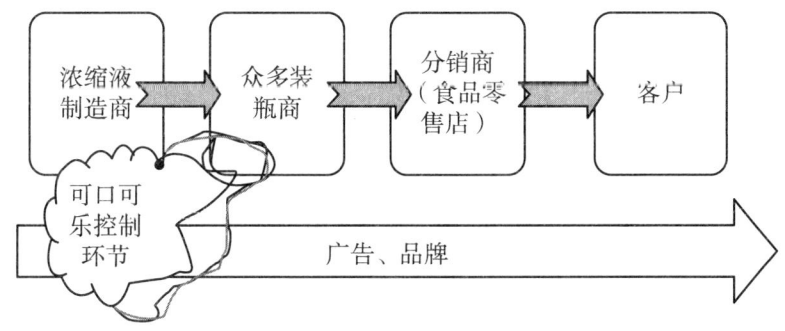

图4-7　整合价值链后的可口可乐价值链定位

4.2.3 基于产业链的商业模式设计

1. 全产业链商业模式

全产业链模式是指以"研、产、销"高度一体化经营理念为主导的商业模式,将整个产业链的上游原材料供应、中游生产加工、下游的市场营销全部纳入企业高度掌控之中。全产业链模式就是过去常说的"一条龙"经营模式。全产业链模式并非每个环节都完全自己做,而是做到每一个重要环节都完全掌控。全产业链模式有利于控制产品品质,降低中间环节交易成本,根据市场需要及时调整产品和产量。全产业链模式实质上是企业通过组织内部的管理协调来替代市场机制进行商品交换和资源配置的方式,这对企业的管控能力要求极高。全产业链商业模式的风险主要有:资金需求大,风险高;管理协调成本高,效率低;不一定能形成对产业链的有效控制;企业资源配置分散,核心竞争力不强。

中粮集团是全产业链模式的代表。作为一家以粮食生产为主导的国有企业,中粮集团从产业链源头做起,将种植与采购、贸易与物流、食品原料和饲料原料加工、养殖屠宰、食品加工、分销及物流、品牌推广、食品销售等每一个环节,都纳入运营体系,实现食品安全可追溯,形成安全、营养、健康的食品供应全过程。例如,中粮集团养猪的项目从饲料生产、配良种、母猪繁育、养殖、屠宰、深加工、冷链配送,直至中粮肉食专卖店、中粮购物网站,都由中粮集团亲自经营管理。中粮集团在大米、食用油、牛奶等多个产业都采用全产业链模式布局。再如,韩国三星公司在电视机、手机、数码相机等领域都采用全产业链模式掌控全局。以三星手机为例,三星不仅只是组装生产销售,而是深度参与到上游零配件的研发生产中,在处理器芯片、存储芯片、液晶屏等核心零部件方面,三星不仅有多项专利技术,而且实现自主生产;从上游环节,三星就掌握了手机关键零部件的生产及定价权,甚至为竞争对手苹果公司供货。又如,芬欧汇川公司是芬兰的一家企业,以森林工业为主,主要产品是木材和纸张。芬欧汇川公司从森林经营到木材加工、纸浆、纸张生产采用全产业链模式。在上游,芬欧汇川公司对于森林的种植和开发有着严格的规划;同时,在生产过程中对树木原料的利用做到了"吃光用光",对于木材的每一寸都用得其所,没有浪费。树木被采伐后,较细的树梢部分直接运往造纸厂制浆造纸,造纸厂木材制浆后的"废料",如树皮、浆渣等,用作能源;而比较粗的部分运往木材加工厂生产锯材和胶合板,木材加工厂和胶合板厂的生产"废料"(散碎木头和木屑),则通过管道和短途运输送到造纸厂,再生产成纸浆。在芬兰国内,芬欧汇川公司的木材加工厂、胶合板与造纸厂、纸浆厂基本是毗邻而居,相互距离都很近，物流成本很低，这是为了适应全产业链模式和最大限度地综合利用木材而设计布局的。这种运营模式有利于规模效应、有利于资源的充分利用、有利于森林的保护和可持续开发利用、有利于环境的保护、有利于在国际化的环境中赢得竞争。

2. 产业链薄弱环节修补商业模式

企业可以将产业链上某些薄弱价值环节进行业务外包，若外包也不能解决企业整体产业链价值的增值，或者是该业务随着市场竞争变得越来越重要，那么企业需要对该产业链进行修补，积极参与产业链薄弱环节进行改造，以提高整体价值。例如，20世纪60年代，正处于快速成长期的麦当劳正在实施其雄心勃勃的品牌计划。这个目标要想实现，前提之一是麦当劳的产品必须达到持久的高质量。但当时食品工业的供应基础远远不能满足麦当劳的要求，比如土豆片，由于美国农场主的原因，致使加工过程影响了最后炸土豆片的质量。对于麦当劳来说，土豆的种植和初加工成为整个价值链中最薄弱的环节。麦当劳需要积极参与到其价值链活动的改造中来降低成本，将所降低成本与合作者分享。举例来说，假设过去1千克土豆卖10元钱，亩产只有3000千克，那么麦当劳的做法是为农场提供土豆种植免费改良技术。当农场拿到免费的土豆种植改良技术后，亩产从3000千克涨到10000千克。过去每亩收入30000元，单价10元、亩产3000千克，现在亩产达到10000千克以后，可以让农民把价格降到每千克4元，这样每亩总收入达到了40000元，比过去的30000元增长了10000元。这样一来，农场企业受益，但最大的受益者是麦当劳公司，因为它的单价从10元变成4元，单位成本大幅度降低。

3. 核心环节控制商业模式

美国孟山都公司（Monsanto）的农用产品位居世界领先地位，主要采用生物技术开拓农作物市场和除草剂产品。这些产品能提高农作物的产量和保护环境，有一半以上在美国以外销售，世界农业市场的状况将决定产品的销售量。孟山都公司通过转基因技术弯道超车先锋种业，成为全球最大的种业公司。尤其是在转基因种子市场上，美国的孟山都公司是一个耀眼的垄断巨头，在玉米、大豆、棉花等多种重要作物的转基因种子市场上，占据70%~100%的份额。全世界超过90%的转基因种子都使用它的专利。孟山都公司利用其在转基因种子技术上的优势，并不谋求控制整个农业产业链，而是控制产业链的上游种子和农药，进而控制整个农业产业链（见图4-8），具体做法是：一方面，如果用上孟山都的种子，以后每年都要向它购买。如果自己留存种子，三代之后，产量就会下降，一代不如一代，甚至不如原来的普通种子。孟山都称之为"技术保护系统"。在销售种子的同时，还以"技术费用"的形式另外收取20%~30%的专利费。同时，购买种子的农户还要书面承诺，每年收获后不私自留存种子用于来年播种。另一方面,买孟山都的种子必须同时买它的草甘膦除草剂——"农达"。孟山都发明了草甘膦,并一直垄断着全球市场。通过以上两种方式,再加上专利技术投入与保护,孟山都公司对农业产业链的控制力与定价权让后来者无法超越。

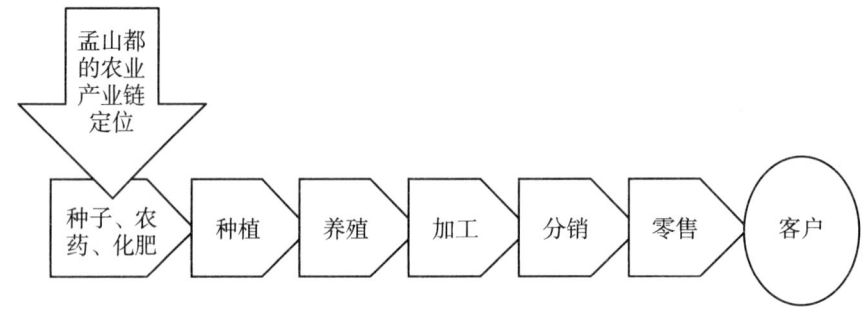

图4-8 孟山都公司的农业产业链定位

4.2.4 基于供应链思维的商业模式设计

供应链是围绕核心企业通过对信息流、物流、资金流的控制,从采购原材料开始,制成中间品以及最终产品,最后由销售商网络把产品送到消费者手中的将供应商、承运人、仓储设施、制造商、分销商、零售商及最终用户连成一个整体的功能网络结构模式。基于供应链设计的商业模式需要达到减少中间环节,有效降低库存的目的。而新供应链商业模式的产生,可以更灵活地宏观调整物流结构,更精准地配置库存,降低企业供应链成本的同时,还可以增加消费者用户体验(见表4-2)。

表4-2 供应链型商业模式画布

合作伙伴: 供应链各环节生产服务商	关键业务: 供应链不同环节价值挖掘	价值主张: 降低特定领域供应链成本 提高特定领域供应链效率 价值挖掘	客户关系: 通过价值挖掘维系客户	客户细分: 特定领域用户
	核心资源: 专业化 价值挖掘能力等		渠道通路: 线上线下	
成本结构: 人工、管理、制造、销售等			收入来源: 产品销售、成本节约等	

基于供应链的商业模式创新趋势主要有：（1）供应链商业模式创新陆续颠覆供应链技术创新；（2）扁平化供应链组织成为创新的主流；（3）企业混合型供应链组织模式正在出现；（4）C2B模式和敏捷制造成为新的亮点；（5）O2O的新供应链模式成为行业发展的重点，供应链平台化服务格局初显。

1. C2B预售＋快速供应链响应＋"零库存"商业模式

小米是一家创业时间不长的公司，2013年8月实现新一轮融资时，被估值100亿美元！意味着小米排在腾讯、阿里、百度后面成为中国第四大互联网公司，其硬件公司排名则仅次于联想集团。在拥有上千个品牌、老手高手强手如林的中国手机市场，在摩托罗拉、诺基亚等世界手机巨无霸都先后被人收购的年代，小米的成功在于其创新的供应链商业模式。

C2B预售＋电商模式交易渠道扁平化＋快速供应链响应＋"零库存"商业模式具体内容如下：C2B预售是指在供应链资金流上得到重要的保障，同时从传统的卖库存模式变革成卖F码，而且还是饥渴营销模式。整个交易过程彻底扁平化，只有线上途径才可以购买。然后通过需求集约来驱动后端的整个供应链，后端的供应链组织在2～3周内满足。这种供应链模式对于小米来说几乎是"零库存"管理，每一个动态的库存都属于顾客。小米作为互联网思维颠覆传统行业供应链模式的革新者，将传统手机这一"重资产供应链组织模式"转变为"轻资产供应链组织模式"。

2. 社会化平台供应链整合商业模式

社会化平台供应链整合商业模式是将各种社会化资源进行有意识的整合，形成一个社会化的开放式供应链平台。例如，阿里巴巴的供应链整合模式完全是利用社会化的平台进行整合。2013年初马云宣布颠覆传统银行，在商流、物流基础上延伸出来提供供应链金融服务。2013年4月，阿里巴巴以5.86亿美元购入新浪微博约18%的股份。阿里巴巴收购新浪微博获得的最大优势在于获取巨大的移动流量入口。阿里巴巴入股新浪微博后会打通新浪微博和淘宝天猫的一些接口，从而更方便地从新浪微博引流到淘宝天猫平台上。因为新浪微博就像是地铁站，从不缺少来去匆匆的行人，但想在微博做大买卖比较困难，包括新浪微博直到如今也没有找到合适的盈利模式；而阿里巴巴就是地铁站附近的大卖场和居民小区，商品上架了，房子建好了，有人购买商家才能落得实惠，而购买的先决条件便是把人流引到这个地方。阿里巴巴收购新浪微博，正是基于这一目的。商流是实现商品价值形式的更替，对于阿里巴巴而言，用交易额体现商流的价值再恰当不过。此外，阿里巴巴积累了海量的数据。从搜索到浏览再到支付，阿里巴巴形成了深度的交易链条，每一个节点都产生了大量的数据。与搜索引擎数据不同，阿里淘宝除了非注册用户浏览商品外，基本都是通过注册用户获取数据的，因此，这种数据得出的最终分析将更加精确。阿里巴巴收购新浪微博，还可以获得其社交及媒体数据，加之其本身从用户需求角度，实现了精准的用户需求数据。2013年5月，阿里巴巴以2.94亿美元投资高德地图28%的股份，阿里巴巴通过与高德地图的合作能够从对方获得大量的信息和数据，一旦这些数据与阿里拥有的商品商家和用户数据打通，能够产生非常有益的化学效应。2013年，阿里巴巴"双11"全面启动O2O战略。银泰集团与天猫达成战略合作，其线下35家实体门店在"双11"期间为天猫提供相关资源支持，天猫通过天猫客户端，将线下门店与线上品牌官方旗舰店打通。高德地图在高德客户端标示出参加天猫"双11"的线下门店位置，并与天猫会员体系打通。消费者通过高德地图能查到身边参与天猫"双11"的线下门店，体验、试穿实体商品后，可用天猫无线客户端扫描商品二维码，添加到天猫购物车，并在"双11"当天以五折优惠在天猫完成购物，随后，由银泰网全面配送。与此同时，阿里巴巴启动菜鸟整合快递企业，同时在全国核心城市"圈地"，年底投资海尔日日顺控制全国2800个县级配送站、26000个乡镇专卖店、19万个村级服务站，这一切都是布局中国电商物流的一张大网。最后用大数据将整个供应链串起来，驾驭整个供应链。

阿里巴巴的整合模式对行业来说是一把"双刃剑"。积极的一面是通过互联网思维来整合传统物流供应链平台，能够带来意想不到的创新，对行业的发展起到重要的推进作用，这也许会成就未来最大的社会化供应链服务平台；消极的一面是一个非专业供应链的主导者，在资本的驱动下整合供应链平台，可能严重缺乏接地气的风险。

3. C2B+DIY定制+扁平化敏捷制造+开放供应链服务平台模式

C2B是以聚合消费者需求为导向的反向电商模式。以销定产、零库存的情况下先销售然后进行高效的供应链的组织，或者说供应链的组织已经完成，必须根据销售的情况来决定生产的排布。C2B预售同时针对用户加入个性化DIY元素。例如，海尔公司利用在海尔商城设立"立刻设计我的家"和"专业设计师"平台实现买家的个性化创意。实现以销定产，2000多个自主经营体的"小海尔"扁平化支撑，打造敏捷供应链。海尔在全国共有83个仓库，定制产品的生产下线到用户家中控制在5~7天，目前海尔日日顺已在全国建立7600多家县级专卖店、26000个乡镇专卖店、19万个村级联络站、2800个县级配送站、3000多条配送专线、6000多个服务网点。其运营策略为：（1）真正的库存在路上；（2）服务整合，送装一体；（3）一张物流网服务线上线下多渠道。

4. 海外电商供应链服务平台的典型模式

2013年海外电商成为一个新爆点。深圳一达通这家基于互联网和IT技术的平台商，

第4章 价值链、产业链、供应链与商业模式设计

作为中小企业完成通关、金融、物流、退税等外贸综合供应链服务平台，2013年服务客户达15000家，平台交易额达40亿美元，海关一般贸易出口统计全国排名第五，发放中小企业贸易融资累计55亿元人民币。通常情况下，银行直接为企业做无抵押担保的贸易融资，由于贷款周期短、手续烦琐，通常单笔超过500万元才可能有收益。而一达通的电子商务与金融的结合模式，使贷款可以批量化、数字化、电子化处理，让无担保无抵押的贷款成为现实。这种模式已支持4000家小企业实现多次融资，融资金额几乎不设下限，累计发放额超过12亿元。由于免除了实物抵质押，融资成本远低于小额贷款。商业模式上，其不是依托传统的物流获取利润，而是从衍生出来的金融及其他增值服务盈利。未来的海外电商物流供应链平台是主流趋势，一达通已经走在了前面。同时，一达通有阿里巴巴的投资背景，未来将成为海外电商供应链平台的标杆。

5. 打造全渠道模式下的O2O供应链服务模式

在新零售时代，以消费者为中心来设计产品和相应供应链物流服务的O2O模式将成为潮流。例如，上品折扣是一家大型品牌折扣连锁卖场，经过13年发展，至2013年上品折扣在北京已经拥有8家实体门店。2014~2015年，随着更多消费者的"屏幕转移"，开始利用碎片化时间在手机等移动设备上进行购物，上品折扣也抓住这一消费行为的变化，启动了对全渠道零售的布局。全渠道最大的挑战就是供应链运营协同，为什么上品折扣能够入围？原因在于上品折扣作为小而美的O2O企业，成功实现了线上、线下的供应链双线协同，其成功模式值得其他O2O企业学习和借鉴。其O2O模式下的供应链模式为：品类上，双线一体化7成货品与门店共享；中央采购体系，集中采购和库存；全面数据化管理，门店库存数据与线上实时同步；不设配送中心，仓储式门店直接给线上用户发货。2017年，百世集团与中粮"福临门"签订了战略合作，旨在通过互联网技术深耕"云动力"以及搭建配送网络和服务能力，来打通传统线下渠道，让品牌商到消费者以及消费者与上游的信息链条更加接近。百世通过互联网信息系统组成的数据传输和处理网络形成"天网"，并自主研发订单、仓储、运输等管理系统让客户完成线上线下全渠道订单的接收和运营执行，可以为品牌商进行供应链诊断，帮助商家进行合理的供应链规划，提供全渠道、全供应链物流解决方案。而"云动力"的支持，则为商家或企业提供商品流转时效分析，并基于单个产品的热力地图，帮助品牌商优化库存布局，提高运营效率，助其精准地投入资源和获得最佳消费者体验。同时，百世旗下百世云仓的仓储网络、百世快运的运输网络、百世快递的配送网络形成的"地网"，帮助商家或企业实现门到门的仓配一体化。中粮"福临门"则认为百世为其提供的服务一方面是实现物流管理透明化、库存可视化，并通过大数据分析提高库存转化率，客户通过数据管

理可以看到各地区产品的需求；另一方面，通过百世的"地网"，从厂家到地区的仓库可以直接分发给商超或消费者，大大减少物流成本，实现全国仓库布局优化，效率明显提高。而反向的，也可以把商品数据交给工厂，优化订单生产环节，加强制造商产品研发、保证质量。未来，甚至可以从厂家直达消费者，真正实现零库存。

6. 生鲜、农产品直供供应链商业模式

2013年12月，顺丰速运开通地方特色馆，全面打造农产品电商直供平台。顺丰优选的平台品类定位于高附加值产品，高客单价降低了单位订单物流成本的亏损风险；然后配合季节性的C2B预售+直供模式，如荔枝、大闸蟹等季节性产品的预售直供，逐步形成了一个依托于快物流服务为载体的直供生鲜的电商供应链服务平台。短短一年半的时间，顺丰成为中国冷链电商的标杆。2014年，"双11"期间顺丰优选的销售额增长了2672%、订单量增长了1727%。

7. 餐饮连锁供应链平台化模式

海底捞，一个以"好火锅自己会说话"作为唯一广告词的火锅店，"服务好"，似乎是消费者一致的好评，在此话题下人们可以举出一系列的实例和感动；同时也引起同行或服务类企业的学习与效仿。但"服务好"背后需要一系列的管理体系做支撑，其中海底捞的供应链运营体系功不可没。2013年海底捞的后台供应链真正实现了全国全网平台化服务，集中化采购、集中化中央厨房处理，海底捞的整个供应链成为传统餐饮领域供应链标杆企业。其具体做法是，采购与库存管理方面，海底捞末端门店几乎是零库存（库存仅供当天消费），每天由各个门店报送需求后，后台系统全程可视，汇总后下达采购及生产任务，整个供应链系统实现了快速响应机制；时蔬基地直供方面，海底捞在全国都有自己的直供蔬菜基地，基地的种植计划与前端门店的计划完全协同，基地每种蔬菜的播种、采摘都有严格的时间计划，也就是基地种植的菜什么时候上餐桌都有严格的计划；物流方面，海底捞在全国建立了多个物流中心+中央厨房，集中统一的冷链物流配送是其核心，值得注意的是，为了保障冷链不断链，海底捞的物流配送门店是自己到楼下取货，而不是物流企业送进店，这样可以有效地保障食品安全。海底捞的供应链内涵：尽量向供应链的后端移动，实现规模化管理和效益；将生产与服务剥离，分别实现标准化和人性化管理，从而有可能达到各自的最优。这也许就是海底捞的商业逻辑。餐饮连锁的供应链是最难运营的体系，海底捞的成功不仅仅是前台的贴心服务，如果没有后台供应链的支撑，海底捞不会有今天的成功。集中中央厨房式供应链体系，打造集中采购+直供的供应链商业模式，是餐饮连锁参考学习的标杆。

第4章 价值链、产业链、供应链与商业模式设计

本章小结

本章主要从价值链、产业链、供应链的角度分析了如何进行商业模式设计。第 1 节介绍了价值链、产业链、供应链的有关定义及其特点。第 2 节主要介绍了基于价值链、产业链、供应链思维的商业模式设计。其中，基于价值链的商业模式设计有价值链分拆、价值链挤压、价值链修补和价值链整合模式；基于全球价值的商业模式设计主要有聚焦于全球价值链中某一个价值增值较高环节模式，通过创新创造较高价值聚焦于全球价值链整体，对其进行重新设计，掌握全球价值链中价值增值最大的部分；基于产业链的商业模式设计有全产业链商业模式、产业链薄弱环节修补商业模式、产业链核心环节控制商业模式等；基于供应链思维的商业模式设计有 C2B 预售＋快速供应链响应＋"零库存"商业模式、社会化平台供应链整合商业模式、C2B＋DIY 定制＋扁平化敏捷制造＋开放供应链服务平台模式、海外电商供应链服务平台的典型模式、全渠道模式下的 O2O 供应链服务模式、生鲜、农产品直供供应链商业模式和餐饮连锁供应链平台化模式等。

本章关键词

价值链　　全球价值链　　产业链　　供应链　　全球价值链　　微笑曲线
价值链分拆　　价值链挤压　　价值链修补　　价值链整合　　业务外包
隐形冠军　　流程再造　　"工业4.0"　　软性制造　　个性化定制
全产业链　　快速供应链响应　　零库存　　社会化平台供应链整合
扁平化敏捷制造

思考题

1. 基于价值链的商业模式设计有哪些类型？各有何优缺点？
2. 基于产业链的商业模式设计有哪些类型？各有何优缺点？
3. 基于供应链的商业模式设计有哪些类型？各有何优缺点？
4. 基于全球价值链的商业模式设计有哪些类型？各有何优缺点？

产品型商业模式设计

学习目标

1. 掌握产品差异化的途径与方式。
2. 理解产品品牌商业模式的内涵及其类型。
3. 掌握核心零部件产品与整体产品的商业模式设计。
4. 掌握产品区域领先与售后利润商业模式设计。
5. 掌握微型分割、产品金字塔模式与再定位商业模式设计。

---- **案例导读** ----

"万宝路"的定位之变

20世纪20年代的美国,被称为"迷惘的时代"。经过第一次世界大战的冲击,许多青年都自认为受到了战争的创伤,并且认为只有拼命享乐才能将这种创伤冲淡。他们或在爵士乐的包围中尖声大叫,或沉浸在香烟的烟雾缭绕当中。无论男女,他(她)们嘴上都会异常悠闲雅致地衔着一支香烟。妇女们愈加关注自己的红唇,她们精心化妆,她们挑剔衣饰颜色,感慨红颜易老,时光匆匆。妇女是爱美的天使、社会的宠儿,她们抱怨白色的香烟嘴常沾染了她们的唇膏,于是"万宝路"问世了。"万宝路"这个名字也是针对当时的社会风气而定的。"MARLBORO"其实是"Man Always Remember Love Because Of Romantic Only"的缩写,意为"男人只因浪漫而牢记爱情"。其广告口号是"像五月的天气一样温和",用意在于争当女性烟民的"红颜知己"。

为了表示对女烟民的关怀，莫里斯公司把"Marlboro"香烟的烟嘴染成红色，以期广大爱靓女士为这种无微不至的关怀所感动，从而打开销路。然而，几个星期过去，几个月过去，几年过去了，莫里斯心中期待的销售热潮始终没有出现。热烈的期待不得不面对现实中尴尬的冷场。

抱着心存不甘的心情，菲利普·莫里斯公司开始考虑重塑形象。公司派专人请利奥—伯内特广告公司为"万宝路"作广告策划，以期打出"万宝路"的名气销路。"让我们忘掉那个脂粉香艳的女子香烟，重新创造一个富有男子汉气概的举世闻名的'万宝路'香烟"，利奥—伯内特广告公司的创始人对一筹莫展的求援者说。一个崭新大胆的改造"万宝路"香烟形象的计划产生了。产品品质不变，包装采用当时首创的平开式盒盖技术，并将名称的标准字（MARLBORO）尖角化，使之更富有男性的刚强，并以红色作为外盒主要色彩。

广告的重大变化是："'万宝路'的广告不再以妇女为主要对象，而是用硬铮铮的男子汉"。在广告中强调"万宝路"的男子气概，以吸引所有爱好追求这种气概的顾客。菲利普公司开始用马车夫、潜水员、农夫等做具有男子汉气概的广告男主角。但这个理想中的男子汉最后还是集中到美国牛仔这个形象上：一个目光深沉、皮肤粗糙，浑身散发着粗犷、豪气的英雄男子汉，在广告中袖管高高卷起，露出多毛的手臂，手指总是夹着一支冉冉冒烟的"万宝路"香烟。这种洗尽女人脂粉味的广告于1954年问世，它给"万宝路"带来巨大的财富。仅1954～1955年，"万宝路"销售量提高了3倍，一跃成为全美第10大香烟品牌，1968年其市场占有率上升到全美同行第二位。现在，"万宝路"每年在世界上销售香烟3000亿支，用5000架波音707飞机才能装完。世界上每抽掉4支烟，其中就有一支是"万宝路"。

从"万宝路"两种风格的广告戏剧性的效果转变中，我们可以看到广告的魔力。正是广告塑造产品形象，增添了产品的价值。采用"集中"的策略，定位目标市场，使"万宝路"成长为当今世界第一品牌。

（资料来源：http：//www.docin.com/p-1567261005.html，有删减。）

产品是指能够供给市场，被人们使用和消费，并能满足人们某种需求的任何有形的物品、无形的服务或它们的组合。产品一般可以分为五个层次，即核心产品、基本产品、期望产品、附件产品、潜在产品。产品型商业模式是指围绕产品或服务本身来创造价值，满足客户需求，积累和培养企业的核心资源和能力，从而实现盈利。

5.1 产品差异化商业模式设计

产品差异化是指企业以某种方式改变那些基本相同的产品,以使消费者相信这些产品存在差异而产生不同的偏好从而付出溢价。企业的产品独特而且满足了顾客的特定需要,为顾客创造了额外的价值(见表5-1)。这种价值必须得到顾客的认同,是顾客真正需要的反映;这种价值归根到底是顾客的一种主观感受,是一种知觉价值。一种产品即使非常独特,但如果顾客没有感觉到这种独特性,这种产品与其他产品的区别在顾客心目中就是不存在的。反之,一种产品并没有什么真正与众不同的地方,但如果企业通过营销等手段让顾客相信该产品确有过人之处,则这种产品就有差异性。产品差异化分为垂直差异化(vertical differentiation)和水平差异化(horizontal differentiation)。垂直差异化是指生产出比竞争对手更好的产品;水平差异化是指生产出与竞争对手具有不同特性的产品。通常产品差异是普遍存在的。企业对于那些与其他产品存在差异的产品拥有绝对的垄断权,这种垄断权构筑了其他企业进入该市场或行业的壁垒,形成竞争优势。企业的产品和服务中能够对客户所获得的价值产生影响的所有方面,都是可以用来差异化的。这也就意味着,企业和客户"发生关系"的方式中的每个方面,都可以包含在差异化中。一杯咖啡就是一杯咖啡,但星巴克给予这杯咖啡与众不同的销售环境、呈现形式以及社区氛围,所以这杯咖啡卖到了令人咂舌的价格。由此可见,产品差异化旨在开创无人竞争的市场空间,超越竞争的思想范围,开创新的市场需求,开创新的市场空间,经由价值创新来获得新的空间。

表5-1 产品差异化商业模式画布

合作伙伴: 物流服务提供商 价值链各环节生产服务商	关键业务: 产品差异化	价值主张: 通过差异化提供新价值	客户关系: 通过产品差异化维系客户	客户细分: 特定领域用户
	核心资源: 专业化 专利技术等		渠道通路: 线上线下	
成本结构: 人工、管理、制造、销售等			收入来源: 产品销售溢价等	

5.1.1 产品差异化商业模式设计的途径

产品差异化商业模式设计的重点和关键是塑造产品特色,为顾客创造价值,从而建立起相对于竞争对手的差异化优势。企业要创造有效的差异化优势和有效地创造差异化优势,必须解决好以下两个基本问题。

1. 建立何种产品差异

差异化的第一步是理解消费者,对其要求和偏好有足够的洞察力。产品差异的核心是创造消费者所需要的价值。因此,需要解决以下三个问题。

(1) 目标顾客的确定问题。所有的产品差异化都是为特定的顾客创造特定的价值,能满足这些顾客的需求,在产品差异化设计及实施之前都需要考虑细分市场和目标顾客的问题。

(2) 顾客核心价值的确定问题。要确认顾客核心价值的主要属性和利益,把握顾客价值,企业必须分析目标顾客价值构成要素及其相对重要性程度,进而明确目标顾客的核心价值需求。

$$顾客价值 = 顾客认识利益 - 顾客认知价值$$

真正的顾客利益是从顾客角度而不是从企业角度出发去描述的。对于顾客利益的描述需跨越产品或服务本身的特点,去发现产品或服务所能带给顾客的价值。一般而言,顾客价值可能由设计、质量、配套、价格、形象、服务、速度、创新等各种要素构成,但其中的每种要素对顾客所起的作用是不同的,顾客的重视程度也不一样。顾客最需要和最重视的要素就是顾客的核心价值。把握顾客需求,进行顾客价值创新,可以采用价值图分析法。

(3) 顾客核心价值传达问题。要通过广告宣传、品牌形象等向目标顾客传递公司产品的核心价值,引发顾客的共鸣。提升他们对于企业产品或服务的认识利益,创造出优于对手的顾客认知,才会产生现实的差异化。由于顾客知识的不完全,实际价值与认识价值会产生偏差。他们对于某种产品的判断往往基于某些信号的基础之上,如价格、吸引人的包装、广告宣传、现场演示、卖场设施、厂家客户群等。

2. 在何处建立产品差异

产品差异化可以从产品自身来实现产品的差异化(见图 5-1)。

产品差异化需要考虑五个产品层次,每个层次都增加了更多的顾客价值,共同构成顾客价值层级(customer value hierarchy)。

(1) 核心产品差异化。核心产品差异化是指在产品能够提供给消费者的基本效用或益处方面差异化。如消费者购买凉茶是为了"去火";购买智能手机主要是作为上网工具而非打电话;购买笔记本电脑是为了携带方便能够移动办公等。企业在设计和开发产品核心利益差异化时要从顾客的核心价值角度出发,这样方能做到有的放矢。

（2）有形产品差异化。有形产品差异化是指产品在市场上出现时的具体物质形态的差异化。对于物质产品来说,首先,

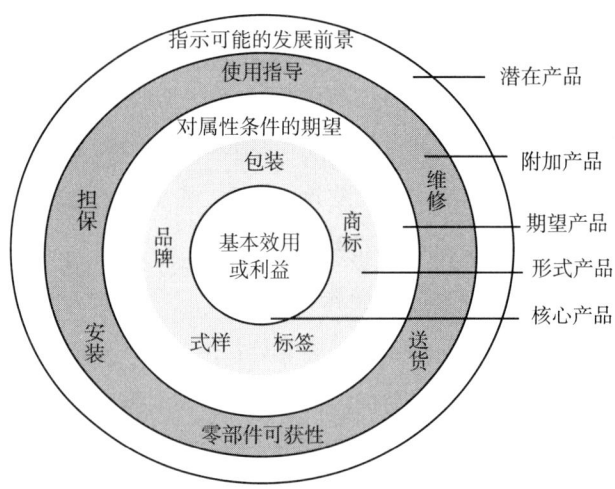

图 5-1　企业产品的层次

资料来源：万后芬、汤定娜、杨智,《市场营销教程》,高等教育出版社 2003 年版,第 296 页。

必须保障产品的品质;其次,必须注重产品的品牌差异化;再其次,注意产品的包装差异化;最后,在式样和特征方面要根据不同地区的亚文化来进行有差异的针对性加工。除此之外,有形产品的差异化需要考虑如何脱实向虚:实现实体产品向虚拟产品数字化转化的差异化。例如,音乐产品、书籍杂志类产品在互联网化的今天,数字化、虚拟化的产品形式已越来越成为市场主流。

（3）期望产品差异化。在市场中,顾客处于主导地位,消费呈现出个性化的特征,不同的消费者可能对产品的要求不一样,因此,产品的设计和开发必须满足顾客这种个性化的消费需求,使顾客在购买产品前对所购产品的质量、使用方便程度、特点等方面的期望值差异化。为满足这种需求,对于物质产品,要求企业的设计、生产和供应等环节必须实行柔性化的生产和管理;对于无形产品,如服务、软件等,要求企业能根据顾客的需要来提供差异化服务。

（4）延伸产品差异化。延伸产品差异化是指由产品的生产者或经营者提供的帮助用户更好地使用核心利益的差异化服务。对于物质产品来说,延伸产品层次要注意提供满意的售后服务、送货、质量保证等。例如,海尔著名的服务规范等。

延伸阅读

海尔服务规范

1. "1+5" 成套增值服务

"1"指一次就好的安装服务。

"5"项组合服务指：

(1) 安全测电服务。服务前为用户安全测电并提醒讲解到位。

(2) 讲解指导使用。向用户讲解产品使用、保养常识，指导用户正确使用，延长产品寿命，降低能耗。

(3) 产品维护保养。在产品安装或维修完成后，对产品进行维护保养，以延长产品使用寿命，节约能源，健康使用。

(4) "一站式"服务营销。如用户有新的购买需求，向用户提供上门设计、送货、安装、维保"一条龙"服务。

(5) 现场清理服务：服务完毕将服务现场清理干净。

2. "1+1"讲解服务

第一个"1"是指，服务人员在向用户讲解产品使用知识时，将产品使用方法和维护保养常识向用户演示讲解一遍。

第二个"1"是指，服务人员关机后请用户将产品现场演示操作一遍，对于用户不明白或者操作错误的地方及时给予讲解，确认用户会使用后，才视为讲解完成。

3. 服务方面

(1) 服务理念：用户永远是对的。

(2) 服务标准：准时上门；限时完成；一次就好。

(3) 服务规范：一出示、二公开、三到位、四不准、五个一。一出示：上门服务出示"星级服务资格证"。二公开：公开出示海尔"统一收费标准"、公开一票到底服务记录单，服务完毕后请用户签署意见。三到位：服务前进行"安全测电"并提醒讲解到位、服务中通电试机并向用户讲解使用知识到位、服务后清理现场到位。四不准：不喝用户的水、不抽用户的烟、不吃用户的饭、不要用户的礼品。五个一：递上一张名片、穿上一副鞋套、配备一块垫布、自带一块抹布、提供"一站式"通检服务。

(资料来源：http：//3y.uu456.com/bp_3ax8187oq33uh255bmpl_2.html。)

(5) 潜在产品差异化。潜在产品差异化是指在延伸产品层次之外，由企业提供的能满足顾客潜在需求的产品差异化，主要是产品的一种增值服务差异化。其与延伸产品的主要区别是，顾客没有意识到潜在产品层次的需求，但仍然可以很好地为顾客提供现在需要的产品的核心利益和服务，例如，软件升级等。在高新技术发展日益迅猛的时代，有许多潜在需求和利益还没有被顾客认识到，这需要企业通过引导和支持更好地满足顾客的潜在需求。例如，可以进行人脸识别技术兼容的安保系统产品等。

5.1.2 产品差异化的方式

产品差异化事关顾客价值,企业能够采取许多行动来创造顾客的实际利益和知觉价值,并影响顾客的知觉价值。产品差异化的基础和方式具体见表5-2。

表5-2　　　　　　　　　产品差异化的基础和方式

产品特性	外观;性能;质量;可靠性和耐用性;安装、操作难度;产品复杂性;产品组合;产品定制
服务与支持	咨询;培训;二次开发;备件供应;维修
产品销售	分销渠道;交货速度与及时性;消费信用
产品识别与认知	营销与品牌塑造;声誉
组织管理	企业内部职能部门间的联系;与其他企业的联系
其他	时机;地理位置;体验等

资料来源:作者根据相关资料整理而成。

1. 产品特性

影响顾客知觉最直接、最直观的方式是凸显或改变产品的客观特性。主要包括:外观;性能;可靠性和耐用性;安装、操作难度;产品复杂性;产品组合;产品定制。外观是产品给人的第一印象,最能吸引观众眼球,特别是能引发感性的消费者购买。性能是竞争的另一个重要方面,通常与技术领先联系在一起。质量的重要性至关重要,如日本、德国等众多厂家都对品质精益求精。多数消费者都不是某一产品的专家,他们非常在乎购买的产品是否易于安装、调试和使用,如宜家的产品、全自动洗衣机、傻瓜相机等。结构复杂、功能繁多的产品给人一种高档、先进的感觉,如智能手机的功能等。有时,产品本身无过人之处,但产品组合起来却可以产生更大的顾客价值和产品差异,如微软将Windows、Office、IE捆绑在一起销售给顾客等。

2. 服务与技术支持

服务与技术支持水平是产品差异化的一个重要来源,特别是当产品处于成熟期,产品改进的余地不大,或者产品在技术上特别复杂时,服务与技术支持的重要性特别突出。服务水平体现在售前、售中、售后各个阶段。主要体现在,客户咨询时为客户介绍产品、技术、解答疑问等;对高水平客户进行培训,协助客户进行二次应用开发,保证产品正常运行。例如,汽车行业中新车辈出的时代,桑塔纳销量仍很好,主要是因为其日常维修很方便且廉价。

3. 产品销售

与众不同的销售渠道可以成为产品差异化的方式，如戴尔电脑的崛起；交货速度与及时性是厂家选择供应商最重要的考虑因素之一。在耐用消费品销售中，信用销售的可得行与优惠程度有时甚至比价格本身还重要，如购房按揭。

4. 产品识别与认知

很多时候顾客对产品的感性认知和主观感觉也能带来产品的差异化。即使产品本身并没有实质性差别，大量的广告宣传等营销手段也能塑造出不同的品牌形象，如可口可乐、百事可乐等。声誉是产品差异最有力的基础之一。声誉很难建立，但建立起来就能产生持续的顾客影响力。如瑞士的钟表、法国的香水、意大利的时装、日本的汽车、德国的光学镜头等。

5. 其他

以产品体验差异化为例，经济学家传统上把商品分为寻找型的商品和体验型的商品。寻找型的商品，消费者拿在手里，通过检查是可以甄别它的品质和特性的，那么这类产品的差异化就可以比较容易地说明和实证。然而，体验型的商品却不同，消费者只有在用过之后才能确定它的品质和性能，因此，消费者担心买错东西，追悔莫及。例如，教育就是这样一种商品，等家长发现孩子学了3年的英语培训课效果很差时，已经来不及了，孩子学习语言的最佳年龄段已经一去不返了。又如减肥产品，买家事先很难评估它的效果，买回来也要过很长一段时间才能做出评估。其他比如以耐用性为主要卖点的商品，也有同样的问题。更有甚者，有些东西买家买回去，消费之后、体验之余，还是无法对它的品质进行评估。关于体验型商品，企业如何向消费者发出有效的、可信的信号是问题的关键。

5.2 产品品牌型商业模式设计

产品品牌型商业模式是把品牌当作一种独立的"虚拟资产"进行经营并获得长期收益的一种网络化、虚拟化、知识化、资本化的经营模式。

5.2.1 产品品牌商业模式内涵

品牌是销售者向购买者长期提供的一组特定的特点、利益和服务的组合。品牌是指消费者对产品及产品系列的认知程度。品牌由名称、名词、符号、象征、设计或它们的组合构成，一般包括两个部分：品牌名称和品牌标志。品牌注册后形成商标，企业即获得法律保护拥有其专用权。品牌是企业长期努力经营的结果，是企业的无形载体。品牌的价值包括用户价值和自我价值两部分。品牌的功能、质量和价值是品牌的用户价值要素，即品牌的内在三要素；品牌的知名度、美誉度和普及度是品牌的自我价值要素，即品牌的外在三要素。

产品品牌型商业模式以品牌为中心，以盈利模式和产品价值创新模式为基本点（见表 5-3）。产品品牌经营模式是在对企业核心能力与核心资源、市场环境和消费者趋势进行分析的基础上建立的一套品牌经营系统。通过品牌经营系统，整合有形资产、金融资产和其他无形资产，从而快速进入新市场、新领域并取得长期收益。西方发达国家在多年的商业实践中，已经形成了不同形态的品牌经营商业模式，包括麦当劳品牌连锁经营商业模式、迪士尼品牌利润乘数商业模式、好莱坞品牌大片商业模式、Google 品牌生态圈商业模式等。除此之外，产品无品牌商业模式、发现产品价值建立产品品牌商业模式也是企业常用的商业模式。

表 5-3　　　　　　　　产品品牌型商业模式画布

合作伙伴： 物流服务提供商 价值链各环节生产服务商	关键业务： 产品差异化	价值主张： 通过品牌差异化提供新价值	客户关系： 通过品牌维系客户	客户细分： 特定领域用户
	核心资源： 专业化 专利技术等		渠道通路： 线上线下	
成本结构： 人工、管理、制造、销售等		收入来源： 品牌溢价等		

5.2.2　产品品牌连锁经营商业模式设计

产品品牌连锁经营是指经营同一品牌的产品或服务的若干个企业或个体，以一定的形式组成一个联合体，在整体规划下进行专业化分工，并在分工基础上实施集中化管理，把单一独立的经营活动组合成整体的规模经营，从而实现规模经济效益的商业模式。产品品牌连锁经营商业模式设计途径主要有以下三种。

1. 直营连锁商业模式设计

直营连锁是指连锁的门店由连锁公司全资或控股开设，在总部的直接控制下，开展统一经营、利益独享、风险独担的一种高度统一的商业经营形式。例如，屈臣氏集团在多地出资设店，各分店的所有权都由总公司所有。屈臣氏集团总部负责连锁公司在人事、财务、投资、分配、采购、定价、促销、物流、商流、信息等方面的高度集中统一管理经营，而店铺只负责销售业务。屈臣氏集团采取直营形式是因为容易控制各店，统一经营管理有利于发挥整体优势，占有市场；整体实力雄厚，有利于同金融界和生产商打交道；集中采购的方式使集团从整体上获得成本上的优势；集团的政策也具有较大的自主性、灵活性和方便性。屈臣氏集团发展迅速，现在已具有庞大的资产。直营连锁模式存在较高的经营风险：各分店没有自主权，各分店的积极性、创造性和主动性受到限制；集团管理系统庞大，导致管理成本高；总部远离市场，而处于市场第一线的分店权力受限，不能灵活应对市场变化。

2. 特许连锁商业模式设计

特许连锁是指连锁者将自己拥有的商标（包括服务商标）、商号、产品、专利或专有技术、经营模式等，以特许经营合同的形式授予被特许者使用，被特许者按照合同规定，在特许者统一的业务模式下从事经营活动，并向特许者支付相应费用的一种商业经营形式。例如，北京全聚德通过加盟条件和加盟者签订合同，加盟者要符合相关条件和遵守全聚德的制度，接受全聚德的统一配送，统一使用全聚德的微电脑烤鸭炉，统一使用全聚德的餐饮计算机管理系统，缴纳相关特许经营费用。加盟店没有自己的经营权，但加盟者对自己的店拥有所有权。

特许经营的最大好处是能实现低成本扩张，没有资金上的投资风险。但是，特许经营对于品牌、声誉等无形资产可能带来的损失不可低估。尽管特许经营会对加盟店进行技术、服务、管理等方面的指导和培训，但加盟店的经营水平最终还是取决于该店自身的管理水平。技术流失也是特许经营的一大弊病，有一些加盟店在掌握了技术之后，改头换面、另起炉灶。因此，需要从制度、法规上逐步完善对技术的保护。

3. 自由连锁商业模式设计

自由连锁是企业之间为共同利益而结成的一种合作关系，是现有的独立零售商、批发商或制造商之间的横向或纵向的经济联合形式。例如，奥地利SPAR的前身是奥地利的11家批发商在20世纪50年代分别加入SPAR国际，经过20年的发展与合作，这11家批发商建立了充分合作和信任的关系，统一品牌、统一理念、统一规则，并最终合为一体，组建了一家股份制公司。奥地利SPAR拥有1000多家独立的零售商，占到了该国

30%以上的市场份额，牢牢占据了第一的份额。来自国际SPAR的强大压力，使原来进入奥地利的家乐福也不得不撤出奥地利市场。SPAR还在日本市场长驱直入，拥有1200多家店铺。国际SPAR于2004年正式进入中国，在中国以省区为基本单位接纳成员。

5.2.3 产品品牌利润乘数商业模式设计

产品品牌利润乘数商业模式就是公司利用自己的产品或服务的形象、品牌，在不同的细分领域中重复地获取利润的方式。利润乘数模式成功的核心是基于公司的一个强大的消费品牌。公司强有力的品牌具有非凡的影响力，拥有持久的客户忠诚度，爱屋及乌，客户会对公司的系列产品、服务都加以关注、认同、购买。产品品牌利润乘数模式主要有以下两种。

1. 产品品牌延伸商业模式设计

产品品牌延伸是指企业将某一知名品牌或某一具有市场影响力的成功品牌扩展到与成名产品或原产品不尽相同的产品上，以凭借现有成功品牌推出新产品的过程。品牌延伸并非只是简单借用表面上已经存在的品牌名称，而是对整个品牌资产的策略性使用。品牌延伸策略可以使新产品借助成功品牌的市场信誉在节省促销费用的情况下顺利地进占市场。当一个企业的品牌在市场上取得成功后，该品牌就具有了市场影响力，会给企业创造超值利润。随着企业发展，企业在推出新产品时，自然要利用该品牌的市场影响力，品牌延伸就成为自然的选择。这样不但可以省去许多新品牌推出的费用和各种投入，还通过借助已有品牌的市场影响力，将人们对品牌的认识和评价扩展到品牌所要涵盖的新产品上。例如，登喜路（Dunhill）、都彭（S. T. Dupont）、华伦天奴（Valentino）等奢侈消费品品牌麾下的产品一般都有西装、衬衫、领带、T恤、皮鞋、皮包、皮带等，有的甚至还有眼镜、手表、打火机、钢笔、香烟等行业跨度很大、关联度很低的产品，但也能共用一个品牌。因为这些产品虽然物理属性、原始用途相差甚远，但都能提供一种共同的效用，即身份的象征、达官贵人的标志，能让人获得高度的自尊和满足感。购买都彭打火机者所追求的不是点火的效用，而是感受顶级品牌带来的无上荣耀，买都彭皮包、领带也是为了这份"感觉"而不是追求皮包、领带的原始功能。此类品牌的核心价值是文化与象征意义，主要由情感型与自我表现型利益构成。再如，海尔公司在冰箱行业拥有强大的品牌，从而把它复制到彩电、洗衣机、小家电、手机等行业，并且获得了成功，这就是充分利用公司的品牌在各个细分领域获得突破，利用自己的形象重复地获取利润。

品牌延伸主要包括以下三种延伸方法。

(1) 向上延伸，即在产品线上增加高档次产品生产线，使商品进入高档市场。例如，中国自有汽车品牌制造商现阶段正在进行向中高端汽车市场扩张，便是向上进行品牌延伸。

(2) 向下延伸，即在产品线中增加较低档次的产品。利用高档名牌产品的声誉，吸引购买力水平较低的顾客慕名购买这一品牌中的低档廉价产品。如果原品牌是知名度很高的名牌，这种延伸极易损害名牌的声誉，风险很大。

(3) 双向延伸，即原定位于中档产品市场的企业掌握了市场优势以后，决定向产品线的上下两个方向延伸。一方面，增加高档产品；另一方面，增加低档产品，扩大市场阵容。

2. 产品或服务品牌中的部分形象延伸商业模式设计——利润乘数模式

利润乘数模式具有可以向不同行业发展的渗透力。这方面的典型代表是美国的迪士尼公司。迪士尼公司将公司同一的卡通形象用不同的方式包装起来，从而在电影业、主题公园、旅游业、饮食业、专卖店、服装、书刊、影视等不同的行业都获得巨大的成功。中国腾讯公司推出了网上即时通信平台 ICQ 的中国版——OICQ（也称 QQ）后，QQ 以迅猛的速度得到发展，独占中国在线即时通信软件市场 95% 以上的份额，几乎所有中国网民都有一个或者几个如电话号码一样的号码——QQ 号。与此同时，QQ 的卡通形象——一只憨态可掬的小企鹅也渐渐被数以千万计的网民所熟知和喜爱。以经营礼品进出口业务起家的广州东利行公司，看准了 QQ 小企鹅形象在商业领域拓展的前景，在 2000 年与 QQ 的所有者腾讯公司签署了为期 7 年的 QQ 形象有偿使用协议。在签署协议前，东利行对 QQ 用户进行了深入调查。东利行发现通过 QQ 进行聊天的大多是年轻人，而他们则构成了对时尚产品购买能力极强的消费大军。于是，东利行提出"Q 人类 Q 生活"的卡通时尚生活概念，把衍生产品消费群定位在 14~26 岁的青少年。随后，东利行相继开发出精品玩具系列、手表系列、服饰系列、包袋系列等 10 个大类 106 个系列约 1000 种产品，获得了极大的成功。腾讯通过与广州东利行企业发展有限公司合作，开发以 QQ 形象为主体的服饰、动漫产品。QQ 已经成为国内最著名的卡通品牌，并逐步向科技领域延伸。QQ 软件、形象已经进入到 PC、DVD、移动硬盘、摄像头等终端产品。东利行在 QQ 上的盈利呈现倍率式增长。

企业利用产品品牌利润乘数模式时需要注意两点：一是企业应该积极地提高公司形象，加强品牌营销，提高品牌的影响力、忠诚度、美誉度、知名度，提升品牌的价值、内涵，创造一个具有持久影响力的著名品牌。二是企业应该控制使用品牌。应严格限制品牌的滥用，利润乘数模式固然可取，但不能以稀释产品品牌价值为代价，一切利润乘数模式行为，必须以能够增加品牌的价值为原则。

5.2.4　产品品牌"卖座大片"商业模式设计

在创新十分重要的行业，掌握速度模式对企业十分必要。在研究和开发上投资巨大、产品推介成本高、产品生命周期有限的行业，主要是制药公司、出版商（书籍、音乐CD）、制片商、软件公司等，则更应侧重于"卖座大片"模式。当产品开发成本固定（通常较高）、开发之后的边际制造成本较低时，获得高利润的最好方式是增加产品的销售数量。这种模式适用于固定成本很高、变动成本低的情况。因为企业所有产品的开发成本都不菲，所以需要力推几个产品成为该行业具有支配地位的领袖，而不是在相当多的产品上维持一般的市场地位。当产品推出后，市场推广方面要不遗余力地关注产品的生命周期，企业的"卖座大片"不要断档，否则，很可能会步沈阳飞龙、广东太阳神等企业的后尘。

延伸阅读

太太药业公司产品品牌"卖座大片"模式

成立于1992年的太太药业公司主要从事保健品及中西药品开发、生产和销售。1993年投入巨资研制出太太口服液，因其定位准确，遂一炮走红，经过长期的品牌形象塑造和改进配方，8年来一直长盛不衰，成为太太药业的当家花旦。2001年太太药业股票成功上市，募集资金17亿元，随后大规模扩建口服液生产线，建成两个通过国家GMP认证的现代化大型制药基地。为了延长口服液的生命期，两度改换提升原产品包装档次，并在中央级媒体上高密度地播出口服液广告新片；与此同时，花费2000万元研制的另一拳头产品"太太静心口服液"开始推向市场。2001年太太药业主营业务收入6.8亿元，主营业务毛利率高达73%，净利润超过2亿元，净利润率高达30%，显示了极强的盈利能力，其综合指标列上市公司医药类企业第一名。取得如此骄人的业绩，源于太太药业成功运用了"卖座大片"模式。2001年，太太药业公司已上市产品30多个，而其主推的两个拳头产品——太太口服液和静心口服液，为公司总收入及利润贡献率接近80%。

（资料来源：http://3y.uu456.com/bp-494b991ea76e58fafab003b6-3.html。）

5.2.5　产品无品牌模式设计

无品牌在美国早在20世纪70年代就已经出现，并被一些企业成功地运用，其中最著名的就是美国的两家大零售商 W-MART 和 K-MART。另外，如今我们只要走进一家大型超市，就会发现数不胜数的"无品牌"商品。其实这些商品并不是没有任何品牌，而是没有生产商的品牌，是零售商的品牌。这些都是"无品牌"的成果。这些商品质量过关，价格低廉，很受中低阶层的消费者欢迎。同样，在中国广大的中低薪阶层和农民是大众化日常消费品的消费主体，他们在进行购买决策时，价格仍然是其首要的考虑因素，因而，能够真正体现物美价廉的大众化无品牌商品具有相当大的市场潜力。

无品牌主要有三种情况：一是定牌生产的产品；二是中性包装的产品；三是无品牌无商标的产品。

（1）定牌加工又称为贴牌（original equipment manufacture，OEM），是指卖方按买方的要求在其出售的商品或包装上标明买方指定的商标和牌号，称为定牌生产。

（2）中性包装，是指商品和内外包装上均无生产国别和生产厂商名称。加工贸易一般采用定牌生产和中性包装，是没有自己的品牌的。

（3）无品牌无商标的产品。无品牌也指国内一些企业生产的无品牌无商标的产品，特别是在计划经济体制下，中国许多企业生产的产品都是这类非品牌产品；无品牌有时也指假冒其他企业品牌的产品。那些为下游企业提供原料或原材料的企业，由于其没有直接面向最终用户，因而一般而言没有创建品牌的必要，只要做好产品品质工作，加强与客户的沟通即可。实行无品牌的营销战略，可以在很大程度上降低成本，有利于形成产品的价格竞争优势。实行无品牌的营销战略后，企业节约了大量的品牌推广与维护费用，甚至连商标的设计、注册费和年费及大部分的包装费都省掉，从而可以集中企业的优势资源，加强产品的质量控制、营销渠道建设和提升企业对市场的敏感度，把企业的优势集中在产品和销路上，为消费者提供物美价廉的产品和方便购买的有用性。

无品牌的优势在于能够获得同类企业无法比拟的价格优势。企业如果不需要为打造自己的品牌投入资金，其成本就会大大降低。有调查发现，无品牌产品比有品牌同类产品的销售价格往往要低出 20%~40%，这样的价格差异带来的就是产品的竞争力。

5.2.6 产品价值发现赋予品牌商业模式设计

品牌更多是通过差异性的价值和关系来体现、证明自己的存在，因此，在一定程度上，品牌内在的驱动力就是企业的核心竞争力。市场上有很多没有品牌的产品在生产与销售，尤其是很多细分市场存在着很多的"隐形冠军"，一旦其市场价值被挖掘出来，赋予品牌的内涵，这些产品就会产生惊人的价值。

> **案例导读**

卫龙辣条的品牌之路

全国有面筋食品（辣条）厂家1000余户，产值至少达到500亿~600亿元的市场中，卫龙将辣条这款5元钱的零食，打造成了一款食品界的"网红"。2003年，辣条品牌"卫龙"正式注册，不再是人们心目中"三无"产品。卫龙创始人刘卫平十分看好这一产品，价值虽然不大，但消费者众多，规模效应惊人，在多年的品牌营销努力之后，2016年卫龙产品销售额高达45亿元，其产品甚至出口美国，成为继"老干妈"之后的又一个国外扬名的中国知名食品品牌。

（资料来源：http：//news.newseed.cn/p/1329506。）

在任何细分市场上做品牌，就要抢做第一品牌。如果不是第一，就要寻找能够做第一的行业或者品类市场。一个行业一个品类只能有一个第一品牌。以农产品为例，哪里的苹果品牌第一？哪里的葡萄品牌第一？哪里的枸杞品牌第一？这些基本上已有定论，但如果问哪里的香瓜第一？恐怕没有多少人能知道，这说明香瓜的品牌价值还没有被发现，这是一个潜在的可以做到第一品牌的细分市场。因此，第一的资源会越来越少，做行业第一，就是要以品牌占位，以传播称王，在这一点上卫龙辣条堪称经典。

5.3 核心零部件产品与整体产品商业模式设计

在很多行业中，许多制造企业只生产产品的核心零部件（硬件）或者产品所需的软件系统，并不生产产品所需的全部零部件；与此同时，一些企业并不生产这些产品的核心零部件，只是将其他企业生产的所有零部件整合起来设计出一个整体产品。这两种商业模式通常被称为零部件产品商业模式和整体产品商业模式。

5.3.1 核心零部件产品商业模式设计

核心零部件产品商业模式是指充分发挥企业在零部件上的核心技术优势和核心加工优势，向客户提供核心零部件而获得价值的商业模式（见表5-4）。企业只要能拥有某个零部件的设计、装配、测试等核心技术或核心工序的加工优势，就可以独立或在其他协作厂商的配合下，向客户提供零部件而获得价值。只要这种零部件在技术上具有领先优势，而且广泛需要，具有规模效应，那么就能占领这一产品市场的相应份额，获得垄断地位。典型的例子是计算机的 CPU，美国英特尔公司利用一个核心零部件获得了整机中最高附加值部分。这一商业模式需要保持零部件制造优势，同时市场具有规模性，企业需要保持核心技术的领先性或核心工序的难以模仿性，才能垄断该零部件的市场，从而长期保持市场的高端。在替代产品出现以前，产品的核心零部件市场价格由供方确定，以保证高端利润。零部件的非核心工序通过外包方式由激烈竞争中的厂商来提供，最好运用闲置设备资源来完成，以保持低成本，获取高额利润。核心零部件产品商业模式需要具备的条件主要包括以下三个。

表 5-4　　　　　　　　产品核心零部件商业模式画布

合作伙伴： 物流服务提供商 价值链各环节生产服务商	关键业务： 专业化聚焦	价值主张： 通过专业化聚焦提供新价值	客户关系： 通过专业化聚焦维系客户	客户细分： 特定领域用户
	核心资源： 专业化 专利技术等		渠道通路： 线上线下	
成本结构： 人工、管理、制造、销售等		收入来源： 产品核心零部件销售溢价等		

1. 企业具有某个领域的核心专长

核心专长又被称为核心竞争力和核心能力，是指企业获取战略型资源并运用战略性资源和一般资源向顾客提供比竞争对手更具价值的产品和服务，创造竞争优势的能力。核心专长最早是由美国战略管理学家普拉哈拉德和哈默尔于 1990 年提出的。世界上寿命最长的公司是一家日本建筑公司，成立于公元 578 年，其成立之初的业务是在大阪建筑神庙，现在的主要业务仍然集中于民用建筑。欧洲最长寿的公司是法国的古拉尼公司，创建于公元 1000 年（迄今已经一千多年），最初主要是经营葡萄园，现在仍在经营着自己的农场。两家公司都有一个共同的特点：对核心专长的专注。企业如果实施核心零部件产品商业模式，需要在零部件的专业领域具有核心专长。例如，在计算机行业、智能手机行业、饮料行业，微软公司在计算机操作系统软件上拥有核心专长，高通公司在移动芯片上拥有核心专长，利乐公司在包装材料上拥有核心专长，因此，大部分计算机产品需要微软 Windows 系统,大部分智能手机产品应用了高通的手机芯片,大部分饮料产品用到了利乐的真空包装,这些公司通过提供核心零部件产品,将定价权牢牢掌握在自己手里,攫取了巨额利润。

2. 产品市场具有规模经济效应

企业如果实施核心零部件产品商业模式,那么应用了该核心零部件而形成的整体产品一定是一个具有很大市场规模的市场,这样企业就能够专心地在自己擅长的领域里研发和设计产品,投入巨额的资金进行技术研发,通过庞大的市场摊销成本,以求获得规模经济效应。例如,智能手机领域 2016 年全球智能手机总销量为 147060 万部,市场极为巨大,高通公司以 50% 的份额位居移动芯片市场榜首。

3. 产品的生命周期较长

产品生命周期是指产品从进入市场开始,直到最终退出市场为止所经历的市场生命循环过程。产品只有经过研究开发、试销,然后进入市场,它的市场生命周期才算开始。产品退出市场,则标志着生命周期的结束。一种产品进入市场后,它的销售量和利润都会随时间推移而改变,呈现一个由少到多由多到少的过程,就如同人的生命一样,由诞生、成长到成熟,最终走向衰亡,这就是产品的生命周期现象。能够实施核心零部件产品商业模式的企业往往在这些核心零部件所涉及的领域拥有特定技术专长,而这些技术专长是经过长时间的积累所形成的,如果产品的生命周期较短,那么这些投资的核心技术专长难以回收成本,更不用说实现长期稳定的利润来源。

核心零部件产品商业模式也存在着巨大的商业风险,典型的风险是因为技术变革导致消费者的需求偏好发生了改变,例如,在互联网时代,微软公司凭借 Windows 和 Office 软件产品取得了巨大的成功,其中企业用户和 OEM 原始设备制造商占据了将近 85% 的份额。而在移动互联网时代,个人电脑市场在萎缩,触摸屏技术的盛行要求微软的产品适应消费者的新需求,因为 Windows 和 Office 是为键盘设计的,不是为触控笔和手指设计的,一般消费者已经不再习惯正襟危坐在电脑桌上使用互联网服务,而是更乐于使用智能手机、平板电脑。由于商务市场对传统计算机的依赖,PC 短时间内并不会真正消失,但显然它们不再是电子消费领域的重点。智能手机、平板电脑的操作系统软件市场上,微软产品的市场份额没有超过 3%,而谷歌的安卓系统和苹果的 IOS 系统占据了 90% 左右的市场份额,这一数据说明在移动互联网时代,微软公司正在面临危机。

5.3.2 整体产品商业模式设计

整体产品商业模式是指充分发挥整体产品设计、非核心零部件加工、装配与测试优势，向客户提供整体产品而获得价值的商业模式（见表5-5）。这种商业模式在自有优势的基础上，运用社会上的零部件协作资源，就可以占领市场的部分细分市场。在该商业模式中，核心零部件外购，其他零部件也都是社会上许多厂商可以提供的通用零部件，装配测试好的整体产品在社会上冠以品牌独家供应，企业占领市场的某一细分市场，保持整体产品制造商的形象。以小米手机为例，短短的五年时间，小米手机成长为一个世界级公司的规模，2014年销量超过6200万台，2015年的销量为7100万台。小米做产品的战略就是做爆品（畅销产品），单机绝杀市场，靠的是过硬的品质、低价高配和良好的口碑。爆品战略可以把营销更多地凝结在产品中，产品本身就是广告，不需要打广告，这种模式也为复制提供了可能。但是，纵观小米整体产品，其实缺乏自有的技术与生产能力，在终端机的制造环节上，也没有具备完善的研发、采购与生产能力。小米手机没有太多的原始创新，更多的是集成和整合创新。小米手机专注于安卓（Android）等新一代智能手机软件开发，自主研发出MIUI手机操作系统，但是MIUI系统也不过是稍微优化了的安卓系统。从小米手机的CPU、内存、原始操作系统、芯片等，均为拿来主义，面临着专利许可费、入门费、技术使用费等高额的费用以及可能带来的专利侵权诉讼风险。整体产品商业模式如果没有核心专长支撑，很容易丧失低成本、高效率、整合速度快和双向推动作用的优势，这一点从小米2016年的销量中可以看出。当市场发展放缓时，小米在2016年被竞争对手全面赶超，销量同比下滑36%，仅卖出了4150万部手机，小米也由2015年的销量冠军跌至2016年的第五位。

表5-5　　　　　　　　　　整体产品型商业模式画布

合作伙伴： 物流服务提供商 价值链各环节生产服务商	关键业务： 资源整合	价值主张： 通过资源整合形成整体产品提供新价值	客户关系： 通过产品差异化维系客户	客户细分： 特定领域用户
	核心资源： 专业化管理团队 资源协调能力等		渠道通路： 线上线下	
成本结构： 人工、管理、制造、销售等		收入来源： 产品整体销售溢价等		

整体产品商业模式需要具备的条件主要有：

1. 极具前瞻的市场预见能力——发现市场"风口"

一般而言，没有产品核心专长却能做出整体产品在市场上冠以品牌进行销售，首要的条件一定是这种整体产品刚出现在市场上，价格昂贵，主要目标市场是高端消费者，市场需求巨大，市场发展处于"井喷"的前夜。因此，需要企业具有前瞻的市场预见能力。"站在台风口，猪都能飞上天"，这句话说的是在互联网潮流下，人们生活的各个方面会因此改变，善于预见这一变化的创业者会应对市场"风口"创办企业，生产产品满足消费需求，从而迅速积累财富。2007年1月，苹果公司发布了iPhone一代，2007年6月产品正式上市，小米创始人雷军第一时间就买回来使用。体验后雷军觉得iPhone做得太超前了，很多细节没做好，不好用，但苹果的iPhone打开了雷军的思路，雷军发现未来的移动互联网将会是软、硬件一体化的体验，软件将帮助硬件发挥更大的作用。而单独做软件，将会受到很大的局限。他看好的就是手机会替代PC和手机工业的进一步互联网化。于是，2010年雷军决定进军智能手机领域并最终获得成功。随着"互联网+"对各个传统行业的快速渗透，越来越多的市场"风口"会出现，将会出现越来越多类似小米这样的公司。

2. 企业家或管理团队具有高超的资源整合能力

资源整合是将一些看起来彼此不相关的事物加以组合，创造出一种新生事物，使各种资源自身的价值得到增值的过程。在如今的经济环境中，企业的竞争优势不仅来源于独特的资源，还来源于配置这些资源的方式。动态能力的产生不仅需要企业本身已经拥有一个较强的资源和能力基础，还要求企业能够有效地配置现有资源，并能够不断地创造新的资源和新的知识。企业资源整合能力定义为在企业生产经营活动过程中所具有的选择、汲取、置换与配置、激活与融合企业不同种类型资源的能力，既包括从外部获取资源的宏观战略层次，又包括企业内部资源的置换与配置、激活与融合的微观战术层次，资源整合能力决定着企业资源的效能能否得到充分、有效的发挥，也影响着企业竞争优势。以小米公司为例，其创始人雷军是做计算机软件产品的，从未涉足智能手机行业，为了做智能手机，他整合了一个完整的智能手机团队：雷军是金山软件的董事长和著名的天使投资人；林斌是谷歌研究院的副院长；洪锋是Google高级工程师；黄江吉是微软工程院首席工程师；黎万强是金山软件人机交互设计总监、金山词霸总经理；周光平是摩托罗拉北京研发中心总工程师；而刘德是一位自世界上顶级设计院校Art Center毕业的工业设计师。这个堪称超豪华的联合创始人团队基本囊括了智能手机设计的各个方面。有了人才和团队，再加上智能手机行业完整的供应链，将这些资源整合在一起就形成了小米公司整体产品的核心竞争能力。

3. 供应链完整

整体产品商业模式并不需要企业生产出全部的零部件，甚至核心零部件也无须生产，但整体产品所有的零部件在市场上一定要能够采购到，具有完整的供应链。例如，以智能手机为例，零部件主要有屏幕、摄像头模组、处理器、DRAM 内存、NAND Flash 内存、基带芯片为核心的各种集成电路、各种被动元件（电容、电阻、电感）、各种机械和电子元件（扬声器、马达、NFC、电子罗盘、射频、天线、麦克风），以及主要结构件（玻璃盖板、触控屏、PCB、FPC、金属壳、连接器）。除这些硬件外，手机软件操作系统主要是来自谷歌公司的安卓系统等。所有这些手机硬件零部件和软件均能够从市场获得，同时智能手机的组装生产也能较为容易地获得。

4. 创新的营销思维

有了整体产品，如何对产品进行营销宣传推广，如何组建销售渠道等至关重要，这些需要企业具有创新的营销思维。从市场营销的角度而言，想别人想不到的，是一种创新的战略，是一种动态的市场过程，并在各种营销策略中表现出它的威力所在。挑战市场空缺，必须要解放思想，让伟大的创意在思维空缺地带落地。在移动互联网时代，营销应具有"互联网＋"的意识。借助互联网来宣传推广产品是诸多企业的创新营销之路。同样以小米为例，借助小米论坛的互动来带动忠实粉丝帮助口碑宣传；借助饥饿营销造成一种物以稀为贵的假象；批量销售有利于厂家控制产品的质量，即使出了问题也可以控制在一定范围之内，后一批产品在销售前可杜绝同类问题的发生，同时也能够人为造成供不应求的热销假象；借助产品体验让消费者领会小米产品的高配置、低价格和美外观的物有所值。

5.4 产品区域领先与售后利润商业模式设计

产品区域领先模式是指产品首先成为某个地区领导者，然后地毯式轰炸，实行点对点战术，向全国和世界各地扩散复制，最终会聚各地领先优势而累积成全国和全球的领先优势，做到大而强，获得巨大的竞争优势。产品售后利润模式是指企业销售产品并不能实现盈利，而是通过提供售后服务来持续稳定地获取利润。

5.4.1 产品区域领先商业模式设计

产品区域领先商业模式设计关注的是企业在本地区市场做强，构建本区域市场产品销售的绝对优势，然后才是做大（见表 5-6）。区域领先模式的企业往往拥有行业的区域文化和低成本竞争优势，领导者具有地域文化优势和规模经济性，因此在企业认同感、用人成本、物流成本和广告成本方面比竞争对手具有成本优势。一般情况下，达到 15% 的市场占有率就应该是该市场的领先品牌。区域性企业应首先在自己的地理区域上达到这一份额指标。区域模式比较适合酒店、零售、地产、烟草及酒类等行业。

表 5-6　　　　　　　　　　产品区域领先型商业模式画布

合作伙伴： 物流服务提供商 价值链各环节生产服务商	关键业务： 区域差异化	价值主张： 通过产品区域领先提供新价值	客户关系： 通过区域产品领先差异化维系客户	客户细分： 特定领域用户
	核心资源： 专业化 专利技术等		渠道通路： 线上线下	
成本结构： 人工、管理、制造、销售等		收入来源： 产品销售区域领先溢价等		

1. 产品区域文化领先商业模式设计

在市场实践中，我们发现很多产品的销售具有浓厚的区域特点，例如，广东气候炎热，啤酒有丰足的销售旺季，啤酒产销量位居全国之冠。珠江啤酒借天时地利人和之优势，并不急于开拓省外市场，而是在省内兴建 6 家珠江啤酒分装厂；织密省内销售网络；采用高技术生产的纯生啤酒，以其独特的口感成为广东高档啤酒市场的宠儿。苦心经营多年，珠江啤酒成为当之无愧的"广东王"。而广东本地人也特别喜欢珠江啤酒。同样地，武汉人喜欢喝本地的行吟阁啤酒；长沙人喜欢喝白沙啤酒。在香烟市场上也具有这一特点，例如，浙江人喜欢抽利群香烟；武汉人喜欢黄鹤楼香烟；江西人喜欢金圣香烟等。很多区域领先的产品具有区域特色，很多是地方上的土特产品，在当地消费者心目中具有强烈的心理归属感，区域文化色彩浓厚。因此，企业可以充分利用这一先天有利的优势，在特定的区域市场上做强、做出品牌，然后再以此为中心向外拓展市场。

2. 产品区域成本领先商业模式设计

区域领先模式的企业往往拥有行业的区域低成本竞争优势，领导者具有规模经济性,因此,在用人成本、物流成本和广告成本方面与竞争对手相比具有成本优势。例如,苏宁电器首先在自己的区域市场做大做强,成为行业的领先者,获取丰厚利润,然后将此盈利模式全国复制,实行地毯式轰炸,逐步突破,争取在每个区域都成为领先者,当全国拼图完成时,苏宁电器顺理成章地成为家电连锁的全国领先者。无疑,苏宁电器的区域模式利用是成功的,同时也获得了丰厚的回报。

5.4.2 产品售后利润商业模式设计

很多企业在销售产品时将产品定一个很低的价格甚至是免费相送,表面上是一桩亏损的交易,但当消费者购买产品后发现自己几乎被锁定了。例如,"买墨盒送打印机""承诺用原装耗材便送打印机"等的宣传曾经吸引了众多的消费者,当消费者使用这些产品后发现,打印机能否工作与墨盒、喷头、打印纸这三大耗材有直接的关系。买了打印机只是第一步,更重要的是,如果要继续使用,就得一直购买价格不菲的耗材。自从1984年惠普的ThinkJet打印机横空出世以来,其打印机及其衍生的耗材业务就像一只下金蛋的母鸡,在惠普经营最为惨淡的时候,惠普打印机业务曾以不到总产值30%的比例支撑起惠普总利润的90%。惠普已经在全球喷墨和激光打印机市场保持了20多年的领先地位,每年的研发投入高达数十亿美元,其在全球拥有的9000多项专利中,接近半数为耗材专利。打印耗材继软件、整机、外设、网络、服务之后,一度成为IT产业的第六大利润增长点。

------- 延伸阅读 -------

利乐公司的产品售后利润商业模式

在我国,很多牛奶品牌,包括蒙牛、伊利等,都采用的是利乐包装。利乐公司是一间来自北欧瑞典的跨国企业,最先为液态牛奶提供包装的公司之一。后来成为世界上牛奶、果汁、饮料和许多其他产品包装系统的大型供货商之一。利乐公司所生产的利乐枕、利乐包、利乐砖成了中国几乎所有主流乳业公司的首选包装材料,凉茶公司、果汁公司也都在使用利乐的包装材料。利乐早年是一个靠卖包装设备盈利的公司,如今它的商业模式不再依靠卖设备盈利,它把设备送给乳业、果汁、凉茶等需要包装设备和包装材料的公司,让这些企业免费使用,然后,利乐公司通过向这些企业销售包装材料、靠耗材盈利。

(资料来源: http://www.gmw.cn/01ds/2009-11/11/content_1008534.htm。)

吉列剃须刀是比较知名的品牌，但它赚钱的主要来源不是靠卖剃须刀架，而主要是靠卖刀片。即使剃刀架卖得很便宜，但是刀片使用量很大，这样获取利润就非常大。这三家公司的共同特点是，以一种产品作为牺牲或代价，换取更大的胜利。无论是惠普打印机，还是利乐包装、吉列剃须刀，都只是以一种牺牲品来换取市场规模，然后再通过与之密切相关的后期产品来获取更多的价值（见表5-7）。等这些产品的使用人数基数足够庞大时，就能获取稳定的收入来源。

表5-7　　　　　　　　产品售后利润型商业模式画布

合作伙伴： 物流服务提供商 价值链各环节生产服务商	关键业务： 无利润产品（或服务）与盈利产品（或服务）组合设计	价值主张： 通过后期产品服务或消耗品提供新价值	客户关系： 通过后期产品服务或消耗品维系客户	客户细分： 特定领域用户
	核心资源： 专业化 专利技术等		渠道通路： 线上线下	
成本结构： 人工、管理、制造、销售等			收入来源： 产品服务提供或消耗品销售溢价等	

麦当劳、肯德基的商业模式也或多或少具有这些特征。麦当劳、肯德基的汉堡包几乎盈利很少，但薯条、可乐的销售能带来更多的利润，再加上商业地产的升值，其盈利更是惊人。

产品售后利润商业模式的关键点是，作为牺牲品或代价的产品需要具有以下特征：

（1）它本身一定要有消费价值，无论是惠普打印机，还是利乐包装、吉列剃须刀，其产品本身是有巨大的消费价值的。免费不等于没有价值。

（2）它的利用率或者使用率要高。这包括产品本身的使用场合和使用频次。惠普打印机是办公必备产品，无论哪个办公室都要配备的办公装备，它具备了使用场合广的特点。吉列剃须刀也是如此，男人都要用到它，所以它的使用频次很高。利用率或者使用率高为后续赚取更大利润做了铺垫。只有频繁地使用，才能有频繁的更新，才能带来源源不断的打印机耗材、剃须刀刀片的销售。

（3）作为牺牲品或代价的产品，一定要和后续的产品紧密相关。

（4）在使用过程中，真正消耗或者损耗的不是作为牺牲品或代价的产品，而是后续的产品。

（5）作为牺牲品或代价的产品，消费者代价不能太高。就是让一般消费者都能承担得起一台惠普打印机的价钱，普通消费者也都能接受一个吉列剃须刀架的价钱。最好是让消费者觉得它有超高的性价比，愿意为它掏钱。

（6）作为牺牲品或代价的产品，最好是品牌产品，品牌越大越好。无论是惠普打印机，还是吉列剃须刀，都通过铺天盖地的电视广告建立起强大的品牌，因此，它们深受全世界消费者的喜欢和信赖。它们的消费者是全球范围的，这就保证了它们拥有巨大的消费者基数，从而为接下来的真正赚取利润奠定了坚实的基础。

5.5 微型分割、产品金字塔和产品再定位商业模式设计

微型分割商业模式是指企业在明确的战略业务模式和特定的市场中，根据客户的属性、行为、需求、偏好以及价值等因素对客户进行分类，并提供有针对性的产品、服务和销售模式。产品金字塔商业模式，顾名思义是公司产品系列呈金字塔结构排列。产品再定位商业模式是指企业为已在某市场销售的产品重新确定某种形象，以改变消费者原有的认识，争取有利的市场地位的活动。

5.5.1 微型分割商业模式设计

从客户需求的角度来看，不同类型的客户需求是不同的，想让不同的客户对同一企业都感到满意，就要求企业提供有针对性的、符合特定客户需求的产品和服务（见表5-8），而为了满足这种多样化的异质性的需求，就需要对客户群体按照不同的标准进行客户细分。从客户价值的方面来看，不同的客户能够为企业带来的价值是不同的。企业要想知道哪些是企业最有价值的客户、哪些是企业的忠诚客户、哪些是企业的潜在客户、哪些客户的成长性最好、哪些客户最容易流失，就需要对自己的客户进行细分。从企业资源和能力的角度来看，如何对不同的客户进行有限资源的优化应用是每个企业都需要考虑的，所以在进行客户管理时非常有必要对客户进行统计、分析和细分。只有这样，企业才能根据客户的不同特点进行有针对性的营销，赢得、扩大和保持高价值的客户群，吸引和培养潜力较大的客户群。客户细分能使企业所拥有的高价值的客户资源显性化，并能够就相应的客户关系对企业未来盈利的影响进行量化分析，为企业决策提供依据。

表 5-8　　　　　　　　　微型分割商业模式画布

合作伙伴： 物流服务提供商 价值链各环节生产服务商	关键业务： 市场细分	价值主张： 为特定客户提供价值	客户关系： 通过产品或服务差异化维系客户	客户细分： 特定领域用户
	核心资源： 专业化 专利技术等		渠道通路： 线上线下	
成本结构： 人工、管理、制造、销售等			收入来源： 产品销售溢价等	

> **延伸阅读**

保险业的微型分割商业模式

保险业可以说是运用微型分割模式最成功的行业，即根据客户的差别提供相应的服务。

人的一生，从出生到死亡，随着年龄的增长，在家庭、社会中扮演的角色发生变化，对投保的需求也会不一样。保险公司看准了不同人群之间的差别，制定出各种保险业务。比如，根据一个人的年龄，可以划分为单身贵族、结婚之后、为人父母、养老计划这样几个阶段。

第一阶段：单身贵族。一般年龄集中在 20~30 岁。此时是一个人身体状况的黄金时期，同时经济独立，所需承担的经济责任相对较少。作为年轻人，主要的风险来自意外伤害，尤其是开车族。因此，可以选择一些意外伤害保险，在发生意外事故或因疾病身故后，可以为家人提供一笔资金或基本的生活费用。

各保险公司都有具备自身特色的意外伤害保险。如新华人寿保险公司的"关爱相随"，每份一年只需缴纳 100 元，而当意外发生时，保户可获得 2000 元的意外伤害医疗保险和最高 5 万元的意外伤害保险。

第二阶段：结婚之后。人生的一个重大转折，此时，保险和合理理财的需求也随之增加。比如，从整个家庭的风险角度出发选择保险产品，包括万一身故或失去工作能力时如何保障亲属的生活；考虑未来的养老金以及子女教育经费、医疗资金、房屋贷款等。这一时期的保险设计，一般以家庭的主要经济支柱为主。夫妻双方都可以选择保障性比较高的终身寿险，并附加一定的医疗险和意外险。在经济条件允许的前提下，还可以选择投资分红类产品。目前，很多公司都推出了分红类产品，可以选择的余地还是很大的，如"红双喜""国泰鸿寿""千禧红"等分红型保险。客户可以根据整个家庭的风险承受能力做出选择。

第三阶段：为人父母。孩子的出生，对于一个家庭来说可以称为"划时代"的变化。此时，对下一代的培育和培养成为整个家庭最最重要的事情。夫妻双方，任何一方发生意外，对整个家庭以及孩子人生的影响都是很大的。所以，这个阶段，也是人生责任最重、保险需求最高的时期。

为了保证孩子的健康成长，首先，作为父母要有相应的保障，因为在人生的最初阶段，父母是最好的安全屏障。其次，可以选择为孩子投保，为孩子购买的保险可以以教育基金为主。现在保险公司对少儿险的设计都包含了为孩子未来各阶段提供发展资金的内容，可谓独具匠心。

第四阶段：养老计划。随着现代人平均寿命的延长，退休后的生活保障问题也就显得越来越重要。按一般人60岁退休计算，退休后约有15~20年的经济衰退期。此时一个人的收入不断减少甚至没有什么收入。到老了才防老就太晚了。因此，应该在青、中年的时候为自己积累一笔足以支付老年生活的基金。对于那些即将迈入退休期的中年夫妇，尤其不要忘记为退休后的老年生活费用和医疗费做准备。买养老保险应该是一个不错的选择，及时投保，及时受益。一般来说，还本型养老保险可以使客户有充分的资金安排晚年生活，而健康医疗险可以帮客户解除年老体弱带来的烦恼。

（资料来源：http：//read.dangdang.com/content_976328。）

5.5.2 产品金字塔商业模式设计

产品金字塔商业模式是指为了满足不同客户对产品风格、颜色等方面的喜好，以及个人收入上的差异化因素，从而达到客户群和市场拥有量的最大化，一些企业不断推出高、中、低各个档次的系列产品，从而形成产品金字塔。在产品金字塔上，底部是低价位、大批量的产品，靠薄利多销赚取利润；顶部是高价位、小批量的产品，靠精益求精和高价格获取超额利润。公司确定盈利模式必须先考察、研究客户的偏好。比如，产品的款式是否多样化、颜色是否多样化、价格是否系列化，公司必须制定灵活的产品策略来满足客户的偏好。

金字塔塔尖是公司的高端产品，销售数量少但利润丰厚，是公司主要的利润来源。金字塔的中间部分是公司的中端产品，数量大，价格适中，能够维持稳定的利润率，为公司获取稳定的利润。金字塔的底部是公司的低端产品，销售数量巨大，价格低廉，盈利水平差，但却是公司的防火墙产品。它的作用是封堵竞争对手，防止其进入。例如，欧莱雅的化妆品种类很多，根据价格不同，分为小护士、美宝莲、羽西、薇姿、兰蔻、阿玛尼、碧欧泉、赫莲娜等品牌，赫莲娜是欧莱雅的顶尖级化妆品（见图5-2）。

瑞士手表为了应对日本手表的竞争，推出了斯沃琪手表品牌。在斯沃琪手表出现之前，多数人都是买一块表用一辈子。

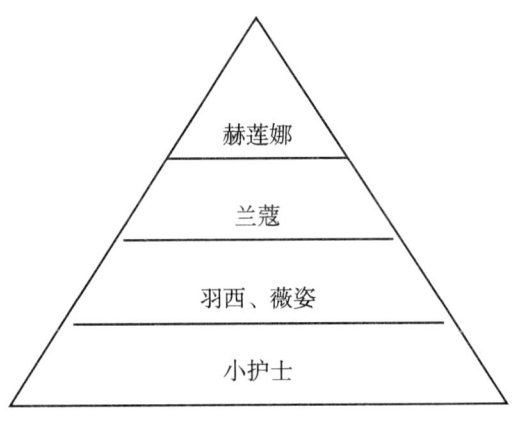

图 5-2　欧莱雅品牌金字塔

斯沃琪为了扩大客户群，满足不同客户对产品风格、颜色等方面的偏好，根据不同的消费差异，推出高、中、低各个档次的产品，形成产品金字塔。在塔的底部，是低价位、大批量的产品；在塔的顶部，是高价位、小批量的产品。最普通的是斯沃琪手表，往上走依次是天梭表、欧米茄、浪琴、雷达、宝玑。斯沃琪取得成功的原因有三个：第一，通过并购的方式建立产品金字塔，从低端到高端形成一个完整的产品线，不管收入多少，在斯沃琪总可以买到适合价位的手表。第二，通过并购的方式控制机芯等关键部件75%的市场，再通过停止供货和要求注明机芯品牌等方式打压竞争对手。第三，通过参股的方式进入下游钟表零售商。

公司的金字塔盈利模式的原理就是，通过针对不同客户提供差异化服务大小高低通吃（见表5-9）。通过高中端产品的适量销售获得丰厚的利润，通过大量廉价的低端产品的销售占据市场空间，虽然只能获取微薄的利润，但能有效地防止竞争对手的进入。

表 5-9　　　　　　　　　　金字塔型商业模式画布

合作伙伴： 物流服务提供商 价值链各环节生产服务商	关键业务： 产品差异化 顾客类型全覆盖	价值主张： 通过差异化为不同客户提供新价值	客户关系： 通过产品差异化维系客户	客户细分： 特定领域用户
	核心资源： 专业化 专利技术等		渠道通路： 线上线下	
成本结构： 人工、管理、制造、销售等			收入来源： 产品销售溢价等	

1. 金字塔商业模式使用的条件

使用金字塔商业模式的条件有三个：第一，必须在一个成系统的产品或者领域中运用；第二，必须与客户的市场定位紧密联系；第三，高、中、低档商品的客户群之间都必须拥有一定的联系因素。

2. 金字塔商业模式各部分的功能

金字塔由不同价格、品牌、风格、设计、功能产品组成。有的是同一品牌的产品线扩张，有的是不同品牌构成。例如，资生堂在中国有超过 25 个品牌的产品，但是很多产品上并没有资生堂的标签，而一般是由销售人员告诉顾客。另外，这 25 个产品从高端到低端都有分布，可以满足不同收入的消费者的需求。大多数利润集中在金字塔的顶部，当然塔底部的产品也具有重要的"防火墙"作用，可以有效阻碍竞争者的进入，保护顶部产品的丰厚利润。例如，2008 年卖得最火的电脑不是联想，也不是 Apple，而是上网本，买得最多的不是富翁，而是收入一般的人。当这些产品的购买量达到一定数值时，公司可以积累足够多的资源、品牌、资金、供应商资源、渠道资源和市场资源信息，会针对不同收入的人群，逐渐生产出高端产品。

5.5.3　产品再定位模式设计

产品再定位是美国的瑞恩和特鲁特于 1972 年首先提出来的。产品再定位与初次投放新产品有截然不同的内涵。产品再定位是赋予产品崭新生命的境界和提供给客户新的价值（见表 5－10）。产品再定位不仅要找出产品初次定位失误的原因，还应该在初次产品定位中寻找合理因素。挖掘这些合理因素，对于产品再定位同样有很大益处。例如，万宝路刚进入市场时是以女性作为目标市场，它的口味也特意为女性消费者而设计：淡而柔和。它推出的口号是：像五月的天气一样温和。从产品的包装设计到广告宣传，万宝路都致力于目标消费者——女性烟民。然而，尽管当时美国吸烟人数年年都在上升，万宝路的销路却始终平平。20 世纪 40 年代初，莫里斯公司被迫停止生产万宝路香烟。后来，广告大师李奥贝纳为其做广告策划时，做出一个重大的决定，万宝路的命运也发生了转折。李奥贝纳决定沿用万宝路品牌名对其进行重新定位。他将万宝路重新定位为男子汉香烟，并将它与最具男子汉气概的西部牛仔形象联系起来，吸引所有喜爱、欣赏和追求这种气概的消费者。通过这一重新定位，万宝路树立了自由、野性与冒险的形象。在众多的香烟品牌中脱颖而出。从 80 年代中期到现在，万宝路一直居于世界各品牌香烟销量首位，成为全球香烟市场的领导品牌。

表 5-10　　　　　　　　　产品再定位商业模式画布

合作伙伴： 物流服务提供商 价值链各环节生产服务商	关键业务： 产品重新定位	价值主张： 通过改变定位提供新价值	客户关系： 通过产品差异化维系客户	客户细分： 特定领域用户
	核心资源： 专业化 专利技术等		渠道通路： 线上线下	
成本结构： 人工、管理、制造、销售等		收入来源： 产品销售溢价等		

再如中国的凉茶品牌王老吉，在消费者观念中，王老吉这个具有上百年历史的品牌就是凉茶的代称，是一种有药效的饮用品。传统凉茶（如颗粒冲剂、自家煲制、凉茶铺煲制等）因"下火"功效显著，普遍被消费者当成"药"服用，无须也不能经常饮用。在广东、广西以外，人们并没有凉茶的概念。在市场调查中，北方消费者甚至认为"凉茶就是凉白开吧""我们不喝凉的茶水，泡热茶"，如此看来，凉茶概念的教育费用是很大的。而且，消费者的"降火"需求已经被牛黄解毒片之类的药物填补，市场进入的难度不小。这种"药"的观念直接决定了其一直没有明确的市场操作模式，品牌外延没有得到有效扩张和提升。王老吉凉茶85%的市场在广东、广西地区，市场份额有限。当消费者对红色王老吉认知混乱时，企业必须明确红色王老吉的核心价值，并与竞争对手区别开来。经过重新定位后的王老吉明确了其产品定位为饮料，在"饮料"行业中竞争，在品牌定位上是"预防'上火'的饮料"，其给消费者带来的独特的价值是喝王老吉能预防"上火"，让消费者无忧地尽情享受生活：煎炸、香辣美食、烧烤、通宵达旦看足球。重新定位让消费者发现了王老吉自身产品的特性，从而成功地完成了王老吉的品牌定位；疾风暴雨似的广告攻势，保证了王老吉在短期内迅速给人们留下了深刻印象，使王老吉一举成为一个全国性的快消产品。其市场销售额由原来不足 10 亿元急剧增加到超过 100 亿元，成为产品重新定位的一个经典案例。

市场重新定位对于企业适应市场环境，调整市场营销战略是必不可少的。企业产品在市场上的定位即使很恰当，但在出现下列情况时也需考虑重新定位：一是竞争者推出的市场定位在本企业产品的附近，侵占了本企业品牌的部分市场，使本企业品牌的市场占有率有所下降。二是消费者偏好发生变化,从喜爱本企业某品牌转移到喜爱竞争对手的某品牌。

企业在重新定位前,尚需考虑以下两个主要因素:一是企业将自己的品牌定位从一个子市场转移到另一个子市场时的全部费用。二是企业将自己的品牌定在新位置上的收入有多少,而收入多少又取决于该子市场上的购买者和竞争者情况,取决于在该子市场上销售价格能定多高等。

企业推出的每种产品,都需要选定其特色和形象。现有产品在其原有定位已经不再具有生命力时,亦需要重新做出定位。对产品的市场定位可以应用多种方法,归纳起来有以下五种。

1. 根据产品的特色定位

例如,中国闽东电机公司以东南亚别墅用户为目标市场,设计推出 ST 系列三相发电机。这种发电机电力负荷较大,符合当地用户习惯与汽车发动机配套的特殊要求,表面光洁度高,外表漆上玫瑰红、翡翠绿、孔雀蓝等鲜艳颜色,深受别墅用户喜欢。公司对产品的这些特色广为宣传,在目标顾客中建立了突出的形象,结果在香港市场获得极高的占有率。

2. 根据为顾客带来的利益,解决问题的方式定位

产品本身的属性及由此获得的利益、解决问题的方法及需求满足的程度,能使顾客感受到它的定位。例如,在汽车市场,德国的大众汽车享有"货币的坐标"之美誉;日本的丰田汽车侧重于"经济可靠";瑞典的沃尔沃汽车讲究"耐用"。在有些情况下,新产品更应强调某一种属性。如果这种属性是竞争者无暇顾及的,这种策略就很容易见效。

3. 根据产品的专门用途定位

为老产品找到一种新用途,是为该产品创造新的市场定位的好方法。

4. 按用户种类定位

法国有一个制药厂,生产一种具有松弛肌肉和解热镇痛效能的药品。药厂针对不同用户作不同内容的宣传。法国人饮酒过量者较多,便宣传这种药品可以帮助酒后恢复体力;英国人、美国人最怕感冒,便说明此药可以治疗头疼感冒;芬兰滑雪运动盛行,便强调该药品有助于消除疲劳;在意大利胃病较多,便又再三解释药品的止疼功能。因此,这种本来并不复杂的药品在不同市场上获得了最适宜的形象,广销许多国家。

5. 与竞争对手同类产品对比定位

这是与竞争对手产品相比较后而进行的市场定位,有两种方式:一是迎头定位,即与竞争对手对着干。如百事可乐的市场定位是对着可口可乐而言的。二是避强定位，即避开竞争锋芒，另辟蹊径，占领被竞争者忽略的某一市场空隙，突出宣传本产品在某一方面的特色。

本章小结

本章主要介绍了基于产品的商业模式设计。第 1 节主要分析了产品差异化商业模式的实现途径及其实现方式；第 2 节介绍了产品品牌商业模式的内涵及其典型的几种商业模式：产品品牌连锁经营商业模式，产品品牌利润乘数商业模式，产品品牌"卖座大片"模式，产品无品牌商业模式，产品价值发现赋予品牌商业模式；第 3 节分析、阐述了核心零部件产品与整体产品商业模式两种商业模式；第 4 节介绍了产品区域领先与售后利润两种商业模式；第 5 节主要介绍了微型分割、产品金字塔模式和产品再定位模式三种商业模式。

本章关键词

产品差异化　　产品品牌连锁经营商业模式　　产品品牌利润乘数商业模式

产品品牌"卖座大片"模式　　产品无品牌商业模式

产品价值发现赋予品牌商业模式　　核心零部件产品商业模式

整体产品商业模式　　产品区域领先商业模式　　产品售后利润商业模式

微型分割商业模式　　产品金字塔商业模式　　产品再定位商业模式

思考题

1. 产品差异化的途径有哪些？
2. 产品品牌利润乘数商业模式适用的条件是什么？
3. 核心零部件产品与整体产品商业模式各有何优缺点？
4. 实施产品区域领先与售后利润两种商业模式各需要满足哪些前提条件？
5. 企业为什么需要建立产品金字塔模式？
6. 请对龟苓膏产品进行市场再定位。

客户型商业模式设计

学习目标

1. 理解客户利润转移与商业模式设计。
2. 掌握场景思维下的客户需求系统解决方案商业模式。
3. 掌握大客户管理商业模式。
4. 理解创造客户需求的商业模式设计。

----- 案例导读 -----

戴比尔斯创造的钻石需求

20 世纪 30 年代,由于经济不景气,钻石需求量大幅下降,戴比尔斯曾经削减了其 90% 的生产量。正是在这种情况下,公司当时的主席欧内斯特爵士决定成立钻石贸易公司,专门负责树立钻石品牌形象,拉动钻石消费。欧内斯特爵士的儿子哈里·欧内斯特奉命前往美国调查市场状况。他发现,在个人消费市场,钻石产品仅仅是非常富有的一部分人的专利,大众市场根本就没有启动。当时,哈里·欧内斯特认为"时尚"可能成为钻石产品的一个主要定位,于是与香奈尔品牌合作推出了一些钻石首饰,但是市场反应非常不理想,计划失败了。反思之后,欧内斯特认为"时尚"虽然是钻石饰品的主要特征,但是钻石的坚硬不变质的特征正好和人们对于爱情的向往不谋而合,于是他重新将钻石饰品定位为"忠贞爱情的象征"。这个定位一直沿用到现在。经过戴比尔斯公司的努力,60 年代,80% 的美国人订婚时都赠送钻石戒指作为信物。戴比尔斯在中国推广钻石结婚戒指的效果也非常理想。调查显示,在上海有 1/3 的结婚戒指用钻石镶制,选购率比法国、德国等欧洲市场还要高。在上海新售婚戒中有33%是镶钻石的，而北京的选购率是24%，广州则是15%。戴比尔斯并非只将注意力放在女性消费者身上。根据公司对中国30~44岁的男性抽样调查来看，67%的男士对拥有钻石的渴望要大于拥有其他任何宝石；69%的男士认为钻石虽然昂贵但是值得拥有；63%的男士认为钻石是个人品位的最好表达；43%的男士认为钻石是成就的象征。除此之外，51%的男士希望购买钻石，而且有许多男士已经进入了购买过程。钻石不再是女人的专利。

（资料来源：http：//3y.uu456.com/bp-80834c2s4b3seefdc8d333s6-1.html。）

在互联网思维被赋予多重定义的时代，现代商业模式和传统商业模式最大的区别在于：不再是关于成本和规模的讨论，而是关于重新定义客户价值的讨论。客户型商业模式就是如何创造和传递客户价值与公司价值的系统。可见，客户价值以及客户价值主张的重要性非同一般。客户价值最大化是商业模式的出发点和归宿。要么是让客户以较小的成本获得同等或者更多的价值，如如家、格兰仕和利乐、施乐等，网上购物也属于此类；要么是使客户在同等的成本付出下获得更多的价值，如Zara、H&M和宜家家居。

6.1 客户利润转移商业模式设计

利润转移是指在整个行业所属企业的利润总和持续稳定或不断增长的条件下，利润在产业内不同环节之间分布的变化、利润在相同环节下不同经营模式企业之间分布的变化，以及利润在同一环节和同一经营模式下不同企业之间分布的变化等情形的总称。

6.1.1 利润转移的特点

利润在产业链和价值链内不同环节、同环节内不同企业之间的转移具有以下特点：（1）无论是在哪种模式下，利润转移的方向都是以客户为导向的，朝着客户价值要素所在地移动；（2）随着时代的进步、科技的发展、人们生活水平的提高及产业发展水平的提升，客户的需求不是一成不变的，当他们的需求受到时代的影响发生改变后，产业中价值链从形式到内容必然随之而变，这将会带来新一轮的利润转移；（3）如果说顾客需求的改变是导致利润转移的外部原因，那么当把视角放到产业内部各个环节或某个环节中的各个企业时，它们所创造出的具有技术差异化、经营模式或业务流程差异化、服务差异化等某一具有长期竞争力的独特特征，就构成了引起产业利润转移的内部动力；（4）利润转移是通过产业中的所有企业间的竞争这种形式来实现的，转移的成效和结果伴随着竞争而消失，但同时又会激发新一轮的企业竞争和利润转移；（5）时代不断前进，客户需求不断变化，产业内部的竞争永无止境，所以利润转移将永远不是一个一劳永逸的过程，而是一个永远不会停止的反复动态发展过程。

6.1.2 围绕利润转移设计商业模式的具体方法

一个企业要想在长期经营中获取足够的利润，促进自身发展，保证投资人满意，保持基业长青，就必须时刻关注顾客需求和市场状况的变化，把握利润转移的模式和特点，适时设计合适的商业模式（见表6-1）。

表6-1　利润转移型商业模式画布

合作伙伴： 物流服务提供商 价值链特定环节 生产服务商	关键业务： 关注顾客需求变化 产品（服务）差异化	价值主张： 通过技术或服务转移原有价值链环节中的高利润，为客户提供新价值	客户关系： 通过产品差异化维系客户	客户细分： 所有用户
	核心资源： 专业化 专利技术等		渠道通路： 线上线下	
成本结构： 人工、管理、制造、销售等		收入来源： 产品销售溢价等		

1. 通过业务流程效率提高、对顾客需求响应能力加强、整体运营成本领先的方式来实现客户利润转移

利润向业务流程效率高、对顾客需求响应能力强、整体运营成本领先的企业转移，是指利润从同一产业链中经营相同业务领域的老企业，向率先采用高效简捷的业务经营模式及经营流程，能够更好地响应顾客需求并给顾客有效传递价值的企业转移。这种转移模式导致利润在产业链中处于相同经营环节和领域，但采用不同经营模式和业务流程的企业之间分布的持续变化，越来越多的利润将转移到那些率先采用业务流程简捷、生产经营活动高效、能够快速响应顾客需求的新兴经营模式的企业中。

这种利润转移模式的机理是：在同一产业链中相同业务领域从事经营的一部分企业，在增加向顾客传递价值并使顾客更为满意的前提下，通过更深层次地挖掘顾客的价值要素,梳理、调整和改变传统的业务流程,减少经营活动过程对资源的消耗,降低生产经营成本,从而提高价值传递效率。业务流程简捷、经营活动效率提高及成本降低,为企业适当降价赢得了条件。在保证顾客价值和产品与服务品质的前提下,那些率先采用新型经营模式和业务流程、具有长期降价能力并采取降价行动的企业,一般会获得丰厚的利润。其一,降价活动会使消费者形成对本领域产品和服务更多的需求和购买,促成企业拥有"薄利多销"的竞争优势,在单品和单个服务单位盈利降低,甚至降低的条件下,企业通过"长期的多销能力"获得了更多的利润总额;其二,价格下降还会使率先采用新型经营模式和业务流程的企业,在低价优势下挤占同环节中其他企业的市场份额,导致利润向具有成本领先优势的企业转移;其三,由于业务流程改善、经营效率提高、资源消耗减少及成本费用降低,在"收入-成本和费用=利润"机制的作用下,成本和费用的下降本身就在创造利润。

> **延伸阅读**

廉价航空公司的商业模式

廉价航空公司的成功依赖于高效的业务流程、快速的顾客响应和低成本三个方面。为了维持高效的业务流程,廉价航空公司一直实施单一机型,这样做的好处是简化维修、运营和训练,提高业务效率;除此之外,公司专心致志地实施点对点市场战略,廉价航空公司实施的点对点航线网络,全力以赴关注始发到达客源,而不是中转联程客源,直达航班减少了经停点和联程点,从而减少了航班延误和整个旅行时间。飞机的过站时间通常只有25分钟,甚至更少,这相当于提高了飞机利用效率。为了节约成本,公司飞行员、签派员、地面操作人员和燃油管理人员共同努力想方设法将燃油消耗最小化,采取单一客舱布局、运营短途航线的策略,几乎很少提供乘机的空中服务;而且大多是采用单一机型,基本上是以B737起家,减少飞机维护成本。雇佣、培训和保留那些聪慧的员工,向员工队伍提供极佳的福利待遇;同时注重培养一种合作、信任和团队精神的工作氛围,鼓励员工具有创新性和工作热情,鼓励员工对所从事工作心怀喜悦,能热情服务于乘客,对乘客予以关心照料,让廉价航空的乘客拥有一段令人愉悦和令人回想的旅行经历。在顾客响应方面,面对顾客的投诉,顾客只要在社交媒体平台上提出抱怨,就立刻会有官方账号的客服人员回复并且提出解决方案。通过以上方式,廉价航空公司的代表型企业美国西南航空公司创造了连续33年盈利的世界纪录。

(资料来源:http://www.ccaonline.cn/news/hqtx/121588.html。)

2. 通过拥有核心技术能力、能提供差异化产品，或拥有核心研发与设计能力并能提供具有技术领先水平的关键部件来转移客户利润

利润向具有核心技术能力、能提供差异化产品的企业转移，是指利润从同一产业链环节中只能提供一般性、同质化很强的产品的企业，转向那些拥有核心技术能力、能够提供具备某种被消费者认同的差异化产品的企业；利润向拥有核心研发与设计能力并能提供具有技术领先水平的关键部件的上游企业转移，是指利润从处在产业链中从事简单生产装配活动、产品技术含量低、同质化程度高的企业转向那些技术研发和设计能力突出并内含领先性技术的核心部件供应商等上游企业。这种利润转移模式一般都通过研究、开发和设计能力来塑造产品与部件独特的差异性，从而满足和引导顾客的需求，推动利润在不同环节企业之间或相同环节下不同企业之间的转移。

利润向相同环节中技术率先取得突破的公司转移的机理是：通过对顾客价值要素更深层次的发掘，来开发设计出新产品或对原有产品做出根本性改进，使新产品相对于市场中的现有产品具备某种独特的性能，以此来获得顾客的认同，以便形成更强的定价能力和更高的盈利能力。在个人电脑生产、装配和销售领域，在经历了IBM、苹果、惠普、DELL和联想等传统电脑整机制造装配企业各自的无限风光之后，当个人电脑的差异不再是制造装配商的品牌，而是电脑中的芯片和软件时，一台联想电脑和DELL电脑的最大差别是采用了何种型号的CPU和哪一代操作系统时，真正能够引领这个产业发展的不再是装配、销售厂商，而是英特尔和微软这样的芯片制造、软件开发等上游环节中的企业。英特尔和微软公司凭借它们先进的技术和思想理念引领个人电脑业的发展。这时大量利润也从产业的中间环节转移到充满先进技术和领先理念的上游核心部件供应商和服务提供商。同样，当移动互联网来临的时候，高通、苹果、谷歌凭借在移动芯片和手机、平板电脑操作系统上的核心技术优势转移了客户利润，使英特尔和微软在移动互联网时代面临着严峻的挑战。

3. 通过提供差异化外围服务和后续零部件供应来实现利润转移

利润向提供差异化外围服务和后续零部件供应等下游环节中的企业转移，是指利润从传统上处于制造、装配、生产和销售环节中的企业转移到能够提供以顾客需求为导向的、具有差异化的售后服务、整机维修、整机零部件销售等下游企业中。在业务流程效率很难提高、产品核心技术很难获得突破、产品同质化严重的情况下，这就要求企业对顾客需求进行再次挖掘、对产品价值传递的活动做进一步延伸，在售后服务和后续零部件供应等"后市场"中取得突破，配合产业利润转移的过程获取更多的利润。这种伴随产品服务市场扩大和后续零部件需求增加而使利润转向产业下游环节企业的原理是：当某些产品很难在技术和功能上创新，在保持产品品质的条件下成本降低又难以获得突破时，能够适时将经营的重心转移到下游环节，试图在服务及后续设备供应等"后市场"上创造出能够让顾客满意的差异化价值；将原来仅向顾客提供单一的产品，转换为一种以提供产品和细致服务相结合的整体解决方案的商业模式，企业就能够更好地为客户创造和传递价值，从而在顾客认同的条件下引导顾客在"后市场"中消费，利润因此也就发生了转移。

在汽车行业及其所属企业的发展过程中，制造和销售汽车的企业所获得的利润、与为汽车在使用过程中提供贷款、保险、修理、保养业务等企业所获得的利润比，大约是1∶4.7。这是因为，消费者购买汽车后并不是所有消费活动的完结，只有伴随汽车销售提供一系列的后续服务，消费者才能享受到所购买汽车的全部价值。一系列的后续服务创造了一个巨大的"后市场"。当汽车整车制造和装配环节已成为产业链中利润薄弱环节时，不少汽车制造和销售企业适时降低汽车销售时的价格，将盈利的赚取不仅仅停留在汽车的制造和传统的销售环节，而是通过开办4S店等，使服务更贴近顾客，使顾客价值传递更有效率，进而将汽车行业的市场活动延伸到购车金融信贷、保险、整车后续维修和保养，以及部件销售等领域，将企业大量的盈利来源定位于产业下游。这些企业在充分响应顾客需求的同时，不仅弥补了上个环节利润的流失，还获得了可观的收益，取得了巨大的成功。

6.1.3　利润转移的发展趋势

1. 利润由价值链的制造环节转向销售环节

传统经济是短缺经济，企业的一切活动围绕着生产转，价值的创造至关重要，企业只要把产品生产出来就不需要担心销售。从整个价值链来看，利润主要集中于生产领域，那些实现了规模经济的大型生产企业也就是获得利润最丰厚的企业。现代经济是过剩经济，企业的一切活动围绕销售转，价值的实现至关重要，企业必须随时关注客户需求的变化，根据销售情况来确定生产规模。从整个价值链来看，利润区由制造领域转移到了销售领域，那些能够把产品销售出去的企业也必是利润丰厚的企业。制造领域只获得了利润的1/10，而9/10的利润在销售领域实现。沃尔玛是全球最大的零售企业，2001年代替美国通用汽车公司成为世界500强榜首，反映了价值创造主体和价值获取主体的分离。

2. 利润由价值链的销售环节转向消费环节

对市场上任何产品来讲，周围都有一个强大的经济系统，而产品本身只是其中的一个子集。因此，在产品的消费过程中，往往会伴随着大量的衍生需求，而这些衍生需求形成了许多能够为企业带来高额利润的"寄生产业"。例如，在手机行业中，制造手机和销售手机的企业所获得的利润与移动、联通等通信服务商所获得的利润比值大约是1∶9。在汽车行业中，制造和销售汽车的企业所获得的利润和为汽车提供保险、修理、加油的企业所获得的利润的比值也大约是1∶9。对消费者来讲，购买手机和汽车所付出的成本属于一种沉没成本，但这种沉没成本本身却不能构成完整的消费，消费者要想享受到产品的价值，还要不断地付出可变成本。沉没成本造成了"路径依赖"效应，而这种"路径依赖"效应使消费者只能按照初次购买产品的规格向服务商源源不断地购买服务，从而形成了包含高额利润的寄生产业。企业必须要找到这种寄生产业，并且做到该行业第一。

3. 利润由价值链的中间环节分别转向上、下游环节

在传统的价值链中，利润往往集中在中间环节，在这个环节上的往往是一些大型的制造企业，它们发挥着规模经济和范围经济的优势，获得高额的利润。随着信息技术的发展，这种情况发生了改变，利润由价值链的中间环节分别转向上、下游环节。其中，价值链的上游是指融资、研发等领域，而价值链的下游是指销售、服务等领域。例如，耐克是世界上最著名的运动系列品牌之一，每年创造着巨额的利润，而耐克企业本身仅仅从事研发、销售等核心业务，而将其他的非核心业务完全外包。

4. 利润由价值链的内部环节转向外部环节

随着生活水平的提高，人们的需求层次也逐渐发生变化，由追求物质需求逐渐上升到追求精神上的满足。在这种情况下，消费的环境越来越得到重视，许多人愿意为获得一个良好的消费环境支付高额的费用，造成了利润由价值链的内部环节向外部环节转移。在茶馆，一壶茶的成本可能只有十几元或者几十元，但是人们却愿意为此支付几百元的费用，主要原因是茶馆为人们提供了良好的消费环境，从而使人们在精神上得到了满足。此时，茶馆向消费者出售的不仅仅是茶叶本身，而是一种休闲娱乐的总体解决方案。消费者支付的费用也不是茶叶本身的价值，而是这个总体解决方案的价值。

5. 利润由物质领域转向非物质领域

随着消费文化的改变，人们消费的非物质化越来越明显，利润由物质领域转向了非物质领域。现在休闲娱乐、教育培训、研发、媒体等非物质领域的企业所获得的利润远远高于物质生产领域的企业。

6.1.4　利润转移的企业商业模式设计

企业的发展越来越多地基于核心能力的基础上，企业已经成为一种能力型组织（见

表6-2）。核心能力是企业生存和发展的基础，企业所有的经营战略和业务边界都应当建立在核心能力的基础上；同时企业战略的实施也必须以维护、提升和强化企业的核心能力为目的，并最终使企业获得竞争优势。企业在不同阶段的核心能力并不是一成不变的，而是需要不断地进行调整。为了使企业能够获得利润和长期发展，企业必须要根据利润所处价值链的不同环节调整自身的核心业务，克服核心能力刚性，实现核心能力与利润区的匹配。

表6-2　　　　　　　　　部分企业核心能力及其擅长领域

公司名称	核心能力	市场及产品
英特尔	CPU技术	电脑中央处理器、相关芯片组
波音	航空技术	各式民用航空器、军用飞机、导弹
本田	发动机和电动火车技术	摩托车、汽车、发电机、割草机
索尼	家电小型化、袖珍化	便携式收录机、摄像机、电视机、机器
3M	黏结技术	砂纸、告示贴、磁带、录像带
通用	强有力的战略实施能力	飞机发动机、医疗设备、财务公司等
海尔	服务提升品牌、创新能力	白色和黑色家电
万科	住宅开发及物业管理	高中档住宅
联想	销售网络、品牌推广	计算机及其附属设备

资料来源：作者根据相关资料整理而成。

1. 企业核心能力应处于利润区之内

对于有些企业，核心能力正好处于利润区之内，此时企业应当集中自身资源，发展核心能力业务，并进一步强化核心能力，争取做到该领域第一。沃尔玛的核心能力是能够以低成本实现高效率全球配送的能力，处于利润区之内，因此，沃尔玛集中力量发展零售业，并已成为全球最大的零售商。但到了电子商务时代，网购的便利性和巨大的可选择性让沃尔玛的核心能力远离利润区，面对亚马逊和阿里巴巴的竞争，沃尔玛开始失去竞争优势。核心业务是获得竞争优势的基础，同时也是企业利润的来源，对于核心能力处于利润区之内的企业来讲，企业应当缩小业务范围，把资源集中于发展其强大的核心业务。核心业务的潜力是非常巨大的。对于核心能力处于利润区之内的企业，必须要充分发挥自身核心能力的潜力，建立起在该领域的竞争优势，进而提高企业的盈利能力。不断地进行再投资是维持和强化其核心能力的必要条件，企业要想进一步强化自身的核心能力，并争取做到该领域第一，那么就必须加大对核心能力的战略性投资，否则，随着环境的变化，企业的核心能力必然会慢慢萎缩甚至丧失。

2. 核心能力处于利润区之外

对于许多大型制造企业，核心能力不再处于利润区之内，此时企业应当及时对自身的业务进行调整，从而使企业能够重新获得盈利。一般来讲，核心能力不处于利润区之内的企业要想实现其核心能力与利润区的匹配，可以有三种不同的选择。

（1）保持并强化核心能力业务，同时进入利润区业务。制造企业的核心业务往往处于价值链的中间环节，而当利润由价值链的中间环节转向价值链的两端时，制造企业往往陷入无利润区当中。此时，制造企业应当在保持和强化原有核心业务的基础上，同时进入价值链上、下游的利润区业务。例如，TCL公司在保持并强化彩电制造这一核心业务的基础上，同时与优酷等视频网站进行战略合作，进入电视机及视频内容等利润区业务。一方面，保持并强化核心业务是企业成功进入价值链上、下游利润区业务的基础。这是因为，价值链上、下游的利润区业务与企业的核心业务是高度相关的，企业进入利润区业务后盈利能力的强弱，往往取决于企业核心业务经营的好坏。另一方面，进入核心业务上、下游的利润区业务对于保护核心业务是至关重要的。企业在进入自身核心业务的上、下游环节以后，往往能够进一步地贴近最终客户。贴近最终客户对企业来讲有着非常重要的意义，它能够使企业更好地把握顾客需求的变动，并及时做出反应；同时，企业可以通过良好的服务赢得更多的顾客，从而扩大市场份额，进一步强化核心业务。

（2）专注并强化核心业务，同时对价值链进行整合。有些企业在某种产品的制造上有着非常明显的垄断性竞争优势，而这种竞争优势往往是企业某项保密的核心技术或专利形成的，因此是竞争者无法进行模仿的。在这种情况下，企业不必进入价值链的其他环节，而可以在自身核心能力的基础上对价值链进行整合，通过提高价值链利润总额来提高企业的利润。

（3）调整核心能力，实现核心业务再定位。企业在发展过程中，有时候核心能力本身会面临一系列的挑战，如技术革新、用户需求变化、在同一水平线上出现新的经营模式等这些挑战的日益严峻性，使企业所处的整条价值链已经面临着被市场淘汰的危险，企业已经无法在保持核心业务的基础上，通过进入上、下游利润区业务或者对价值链进行整合来重返利润区。在这种情况下，企业就应当考虑对自身核心能力进行调整，实现核心业务的再定位。一方面，核心业务再定位必须要在恰当的时机下投资正确的领域，投资错误的领域或者选择了错误的时机都会导致整个企业的溃败；另一方面，在实现核心业务再定位以后，企业还必须尽快克服核心能力刚性的作用，实现整个企业模式的转变。企业模式的转变包括组织结构、企业文化等全方位的改革。

> **延伸阅读**

英特尔公司的核心业务再定位

在核心业务再定位方面,比较成功的当属英特尔公司。20世纪80年代以前,英特尔公司的核心业务是存储器产品,并一度是该领域的开拓者,使计算机产业发生革命性的演进。进入80年代以后,富士通、日立、三菱、松下、东芝和NEC等一些日本大企业进入了存储器产品市场,形势发生了改变,英特尔公司的收益急剧下降,陷入了无利润区中。此时,英特尔公司总裁格罗夫果断决策对企业的核心能力进行调整,实现核心业务由存储器产品向微处理器产品转变,使英特尔公司重返利润区,成为微处理器领域的知名企业。

(资料来源:原磊,《针对利润转移趋势,企业怎么办?》,载于《企业活力》2005年第9期。)

在核心业务再定位方面,虽然有许多非常成功的榜样,也不乏一些失败的例子,如博士伦公司。20世纪80年代,博士伦公司获得了非常高额的利润,是华尔街股市的宠儿,公司价值持续上升;但到80年代后期,许多竞争者采用了新技术,对博士伦公司的市场地位造成了一定的威胁。在这种情况下,博士伦公司认为其核心能力已经陷入无利润区,必须进行重新定位,开始大举投资一些与自身核心能力无关的产品,如电动牙刷、护肤品和助听器等。结果,博士伦公司的股票价格由原来的每股56美元暴跌至每股33美元,成为企业在核心业务再定位中失败的典型。

6.2 客户需求系统解决方案商业模式设计

客户需求系统解决方案模式是以客户的消费需求为中心,为客户提供"一站式"服务。整体解决方案不仅提供产品的销售,还提供相关的技术服务、维修保养服务、使用培训服务、金融保险服务等系列服务,目的是扩大销售和从服务上增值。好的整体解决方案带来的利益是多方面的,对方案的提供者——企业而言,能整合资源、简化客户流程、提高效率、带来更好的客户满意度与忠诚度,更重要的是能建立一种区隔性的竞争优势;而对于方案的接受者——顾客来说,"一站式"的解决方案节约了自己的时间,把所有的问题一次性解决,更便捷、更高效也更节约成本。

6.2.1 产品思维与场景思维

1. 产品思维与场景思维的基本内涵

企业在提供产品满足消费者需求的过程中主要有两种思维方式：一种是产品思维方式。产品思维是理解需求、用户和商业化三者之间关系的思考方法。在实践中，从大的方面来说，产品思维会影响我们决定：什么产品值得做？如何切入？如何通过产品的具体功能解决消费者的痛点，不考虑消费者的使用场景，尤其是具有通用性质的场景？例如，先思考一个问题：如果由你来改进相机，你会在哪些方面做改进？产品思维的做法是，从改进照相机的成像性能、防抖功能和像素提升等技术、性能、功能及细节多功能方面来思考如何提高照相机的功能。产品思维关注技术，技术水平代表企业的实力，只要有可能，企业倾向于在产品中使用先进、流行的技术，因为掌握先进、主流的技术可以提高企业产品的价格。产品思维认为产品就是一些功能的集合，甚至认为产品的功能越多，客户会越喜欢。另一种是场景思维方式。企业通过产品设计来满足消费者需求时会考虑消费者使用的场景。同样是照相机改进问题，场景思维模式会更多地考虑消费者最常用的拍摄场地在哪里？具体会碰到哪些可能的问题？哪一类消费者拍摄最多，拍摄完后喜欢做什么？场景思维方式设计产品时考虑最多的是用户体验、用户痛点、用户系统解决方案商业模式等。场景思维关注体验，如这项功能使用场景是怎样的？能满足用户哪些情感诉求？例如，消费者为什么会购买手表？看时间显然已经不是手表最重要的功能，那为什么消费者愿意花10多万元买只手表？背后的心理诉求是什么？这是场景思维关注的问题。产品思维与场景思维特点比较见表6-3。在功能越来越同质化的年代，消费者选择产品的倾向已经从功能过渡到体验。

表6-3 产品思维与场景思维特点比较

产品思维	场景思维
技术至上	用户价值、商业价值
如何使用产品	为什么使用产品
关注细节	关注全局
完美情结	完成比完美更重要
像专家一样行动	像"小白"一样思考
强调功能	强调体验
产品特征	用户利益

"场景"无处不在，特定的时间、地点和人物存在特定的场景关系，延伸到商业领域便会引发不同的消费市场。传统电商一般是把消费者的购买从线下实体搬到线上，但在移动互联网时代，智能设备的广泛应用把人们的时间碎片化分割，消费者不再局限PC端的鼠标点击，信息渗透无处不在，消费行为变得移动分散。虚拟世界同现实世界

交错融合，使任何一个生活场景（无论现实、虚拟）都有可能转化为实际消费——市场开始由传统的价格导向转为场景导向。移动互联网把人的存在提到空前高度，这一时期酝酿的场景化思维注重用户体验，产品设计更多围绕用户的实际情况和消费习惯展开；通过行业间的跨界融合和由此衍生的社群效应，对消费市场递次迭代，达成商家与消费者之间的黏性互动。这突破了以往商品一旦被生产和售卖，商业行为即告结束的局限。

借助场景化思维，企业要思考一个问题：在快节奏的社会生活中，如何长期保持消费者对自身产品和服务的记忆？面对不同的市场划分和繁多的同类竞争，被动灌输场景记忆和主动引导场景识别孰胜孰劣？是守株待兔等待还是因势利导出击？市场永远追随时代变化，场景不同，策略选择也有不同。

2. 场景思维的三种典型要素

（1）个性化体验。体验是场景化思维需要考虑的要素。无论企业的营销宣传还是产品的实际使用，体验始终是人们首先接触并且最关心的。这一点在虚拟的网络世界尤其突出。传统营销中，因为是满足大多数人的需求，规模经济占主导，个性消费被压抑，人们在面对商品和服务时选择空间小，因此消费者对价格敏感。淘宝、京东等电商抓住机会，以低价促销吸引用户，就是这一时期的典型特征。随着移动互联网和人工智能技术的发展，个性化定制开始成为可能，商家以体验为核心，带动与顾客的即时互动，由此定义新品类、开发新市场。这时，用户的消费意愿更多由消费场景的体验而非价格决定。

（2）跨界融合。快节奏的生活方式使人们的作息越来越不固定，人们在一天之中除了工作，还会先后接触超市商场、咖啡厅、电影院、健身房、公园等多种场景。信息大量涌入，让人们面对繁多的市场选择无暇驻足。可以想见，如果一家企业在营销时只做单一的信息展示，必然无人问津。在激烈的市场竞争中，如何让用户注意到自己，并一直保持黏性是每个商家在营销时关注的焦点。企业离消费者越近才越有可能促成消费，因此，最好的办法就是融入他们的生活。既然生活是由一系列的场景组成，那商家就该借势利用场景化思维，走出以往固定的线上线下地盘，充分利用碎片化时间，串联各种生活场景，最大限度激发人们的消费欲望。多元化的网络特征，使不同行业间的多点、多领域连接在一起，跨界融合与创新由此成为可能。

（3）社群。为迎合多元、动态、碎片化的生活节奏，企业需要根据不同消费场景分别设计，赋予市场不同的消费逻辑。当有相同特征和需求的用户聚到一起，就酝酿出一种亚文化，形成社群效应。消费黏性的提升，构成了场景价值的最大化。社群根据消费者的消费频率和分布特征对应频繁/间歇、密集/广域两组场景划分。频繁场景如餐饮，是人们每天的必须消费，市场规模庞大，企业注重扩展消费数量；而间歇场景，如按摩推拿，短时间内消费重复率低，市场相对较小，因而价格较高。不同的生活方式会衍生出大量相关产业。例如，对有健身习惯的人而言，围绕智能运动穿戴就会形成一个内容丰富的产业链；而像婚庆市场，只限定特定场景，延展性不足，存在较大的信息不对称，所以利润很高。密集场景基于社群联结，会衍生出不同的情境意义：像情人节的鲜花、平安夜的苹果等，当大家都沉浸于节日氛围时，配合炫目的包装，价格不再敏感，消费行为在特定时间内集中爆发。场景记忆需要不断被触发才能实现商品属性的转化，这意味着企业时刻面临记忆反射链被消失的危险。这时，除了频繁刺激，让用户对产品时刻保持敏感外，企业更应该提供综合服务，引导消费者主动识别和发现场景（在准确的场景提供激发有针对性的市场需求），这其实也是在对企业间的行业融合提出要求。2014年腾讯地图推出"路宝"盒子，它不仅能向车主提供实时路况和街景，还可以进行友好分析、驾驶行为分析、对故障检测进行智能解读、提供救援服务等。场景识别并非移动互联网时代独有，乘坐火车快到达目的地时，列车员推广住宿旅游信息就是一种。通过对特定场景的分析判断帮助用户解决潜在问题，相比场景记忆，场景识别更高效。

场景化思维对消费者的刺激不再仅仅局限于场景记忆，而是通过场景识别与用户的日常行为和潜在需求密切联结。通过数据挖掘、个性塑造和动态识别等方法，场景识别得以实现，并成为下一周期移动互联网产品打破常态的法宝。

6.2.2 客户需求系统解决方案商业模式设计

客户需求系统解决方案商业模式要求企业不仅仅是销售产品，而是通过产品提供价值帮客户解决问题（见表6-4）。传统的企业产品导向销售模式关注于产品或服务本身，其实就是销售产品。客户需求系统解决方案商业模式关注的是客户在特定的场景下所遇到的难题和因为这些难题带来的改变，其实就是提供客户价值（见表6-4）。提供"客户解决方案"价值主张的企业，其目标关联到解决方案的全面性（销售多种捆绑在一起的产品和服务）、额外服务（售前和售后）和客户关系质量。通常情况下，通过单一的、低水平产品获得新客户的成本是较高的，企业一旦昂贵地获得了新客户，就必须通过诸如加深与客户的关系、围绕多种相关产品和服务的销售来拓宽客户关系等方法来留住客户，因为年保持成本要比获得一个全新客户的成本低得多。

表 6-4　　　　　　　　客户需求系统解决方案商业模式画布

合作伙伴： 物流服务提供商 价值链各环节生产服务商	关键业务： 系统解决方案设计 场景识别	价值主张： 通过为客户提供多需协调整合解决方案从而提供新价值	客户关系： 通过维系客户产品（服务）系统化服务	客户细分： 特定领域用户
	核心资源： 专业化 系统化 专利技术等		渠道通路： 线上线下	
成本结构： 人工、管理、制造、销售等		收入来源： 多产品系统销售溢价等		

1. 服务型客户需求系统解决方案商业模式设计

服务型客户需求系统解决方案商业模式设计多见于以企业产品为核心提供系统解决方案。在日益激烈的竞争环境中，有些企业通过与客户建立长期关系而得以成长。有了这个客户价值主张，客户感觉公司会理解他们的业务或个人事务，相信公司会开发出适合于他们的客户化解决方案。例如，20 世纪 60 年代到 80 年代，IBM 主宰着计算机行业。公司既没有提供最低价格，也没有及时推出新产品，并且 IBM 的产品也并不具备最优技术、最大威力和最快的特征。但是，IBM 为客户提供了最好的信息技术服务，以及个性化的全面解决方案，方案涉及硬件、软件、安装、野外服务、培训、教育和咨询等。这种与客户的关系帮助 IBM 公司在很长一段时间内赢得了额外的收入，直至技术变革的到来。由于 IBM 没有对技术变革做出快速反应，这种竞争优势逐渐减弱。

------ 延伸阅读 ------

美国美登公司的客户系统解决方案商业模式设计

美登公司是一家承接印制宣传品的小型企业，面临着客户忠诚度差、市场竞争激励的局面。公司新任总裁吉姆·多纳休为公司争取到了一家食品制造商印制 10 万份促销宣传品的业务，宣传单要送给芝加哥及周边地区各个食品杂货店。美登公司全力以赴按期交货。

某日，多纳休来到一家杂货店，想看看自己公司的印制品，结果他没有发现这些宣传品。他又去到另一家杂货店，也没有发现这些宣传品。多纳休想：如果这些宣传品未起效果，客户就会受到损失，我们也会间接受到损失。多纳休意识到，这既是一个问题又是一个机遇。他拜见了客户公司的营销经理，得到了支持，并获得了一些联系线索，展开了调查。调查发现，这一地区杂货店只有25000个，但客户订了100000份宣传品。最后，多纳休发现客户的宣传品被堆积在仓库里，那里积攒着成千上万份各式各样废弃的宣传品，每两个月，都需将这些废弃物清理出去。这个问题的产生即因为过多订制；又因为中转环节多，未及时送到。而堆积在仓库里的宣传品，还有相当多的食品杂货店未收到。这些都花费了巨大成本，但却没能起到任何效果。

多纳休将调查结果写进了报告，这是一份完全自发的报告。多纳休带着这份调查报告去见了客户，向客户提出了一份解决方案。美登公司设计了直接向商店送货的计划。该计划把公司从一个没有特色的印刷商变成一个与众不同的、能提供增值服务的供应商。通过努力了解客户公司的运转以及美登公司产品的使用情况——什么对客户有意义，什么对他们没意义，多纳休探索出了这项有附加价值的附属业务。传统印刷商与美登公司的比较见表6-5。

表6-5　企业商业模式设计：传统印刷商与美登公司的比较

项目	传统印刷的商业模式设计	美登公司的商业模式设计
客户选择	很多客户	少数带来高额利润的客户
价值获取	增加边际收益 降低单位成本	与客户共担风险和收益
差别化/战略控制	无	提供全套解决方案和通过完善的服务
业务范围	印刷业务	一体化促销业务

现在，美登公司把以产品为中心的企业再造为一个以客户为中心的企业，公司300名员工将业务集中到10个以内的客户身上。坚持这种完美的以客户和利润为中心的思维模式，多纳休把这个印刷公司从1980年的年收入500万美元，发展到1990年的1000万美元以及1997年的12亿美元！

（资料来源：[美]斯莱沃斯基，《发现利润区》，中信出版社2010年版。）

2. 跨界型客户需求系统解决方案商业模式设计

跨界型客户需求系统解决方案强调多角度、多视野地看待客户问题和提出系统解决方案，而不仅仅是提供单一的产品或服务来满足客户的需求。跨界型客户需求系统解决方案往往具有颠覆性创新，且多为来源于行业之外的边缘性创新，因此企业要跳出行业看行业，建立系统的、交叉的思维方式：包括产品、技术、组织、模式等的跨界创新，这种创新本质上是一种开放、创新、发散的思维创新。

跨界型客户需求系统解决方案商业模式不是传统的企业多元化经营模式，传统的企业多元化经营模式强调产品的多样性，例如，娃哈哈卖酒、联想卖柳桃、恒大踢球卖水、网易养猪、雷军卖小米手机、平安销售白酒等。跨界型客户需求系统解决方案商业模式是聚焦于某一类的客户需求，根据客户需求的场景来设计复合型的能满足客户复合型需求的系统商业模式，其目的是围绕消费者需求出发进行整合，而不是为了企业利润增长而四处扩张。例如，卫浴企业不再单纯地卖淋浴房或马桶，而是给消费者推出卫生间整体方案；木门企业从单纯的门业向"整屋门窗"出发。为消费者解决因不同门种带来的搭配难题，其将入户门、房间门、卫浴门、窗有机结合，统一颜色、统一格调、统一服务，给消费者提供整屋门窗系统解决方案。跨界型客户需求系统解决模式突破了过去传统的客户概念，优先考虑的不再是产品和利润，而是将把握用户需求和如何黏住客户作为公司的重大战略，改变传统客户思维中一次性交易的短期行为，转而试图与客户成为终身的朋友，进而希望与之长期合作，共同参与产品的开发。

（1）跨界型客户需求系统解决方案商业模式盛行的背景。跨界型客户需求系统解决方案商业模式盛行的主要背景是信息技术和通信技术的快速发展所带来的"互联网＋"效应。通信成本的降低和信息技术的快速渗透，使万物互联成为一种可能，即各种原本不同的产品可以通过某种方式联系在一起，也使原本单一的产品可以通过物物相联的方式整合在一起为消费者提供复合型服务，满足消费者多层次的需求。例如，防盗门、防盗锁、智能门禁、入侵报警系统、摄像监控设备、远程监控系统等原本是独立存在的产品，由不同的企业生产销售，现在借助于最新的信息技术和通信技术，一家公司就可以通过智能门禁、入侵报警、摄像监控、远程监控和联网报警等技术构筑多层防护网，确保消费者家人和财产安全，形成客户家庭安全系统解决方案。

------- **延伸阅读** -------

客户家庭安全系统解决方案

1. 设备组成

系统主机、红外探头、模拟/网络摄像机、可燃气体探测器、烟雾探测器、门磁、窗磁、玻璃破碎探测器、视频服务器、紧急按钮和门禁系统。

2. 系统构成图

视频监控录像：对重点区域不间断视频监控，可录像保存。

远程监控：通过手机和电脑等终端可随时查看家中监控视频画面。

防盗防火报警：门窗入侵报警，系统可立即通过短信和电话通知业主、小区、联防安保公司等；当屋内着火或者烟雾浓度过高时，烟雾报警器会发出报警信号，尽早通知业主及小区保安家里有险情发生，及时处理。

保险柜安全防范：对保险柜进行监测并将警情直接反馈至用户手机。

自动关煤气：当发生煤气泄漏时，系统自动关闭安全阀，也可通过手机远程关闭。

老人远程关怀和紧急求助：老人通过本系统可随时与子女进行视频互动交流；在床头、卫生间、客厅等安装紧急求助按钮，在老人生病或其他紧急情况下可一键求助，系统可立即通过短信和电话通知业主、小区、社区医院等。

手机远程开家门：用户可通过手机远程为未带钥匙的孩子和老人打开门锁。亲友来访无人在家时，户主也可远程开锁。

门窗远程开关与监测：可通过手机查询门窗是否关闭（大门未关可自动报警），并可远程打开或关闭。

（资料来源：http：//3y.uu456.com/bp-60s70aqadsbbfd0a7qs673ee-1.html。）

同样地，在智能照明、家庭健康、家电控制、老人关怀、空气质量控制、家庭影音系统、儿童关怀等方面，都可以借助信息技术和通信技术进行客户需求系统解决方案的设计。

（2）跨界型客户需求系统解决方案商业模式设计的途径。跨界型客户需求系统解决方案商业模式设计的途径主要有：

第一，对传统的尚未联网的有关联的产品借助互联网进行互联互通，结合客户的产品应用场景进行系统解决方案的设计。互联网行业的发展是不可逆的，其必然对传统行业产生冲击，直面互联网、拥抱互联网是对传统行业的最基本要求，同时也是企业进行跨界型客户需求系统解决方案商业模式设计的良机。

第二，对已经跨界的客户需求系统解决方案商业模式设计从"互联网+"渗透的深度和广度上分析，寻找新的跨界机会。毕竟"互联网+"渗透的时间有限，跨界型客户需求系统解决方案商业模式设计才刚起步，有很大的潜力可以挖掘。

（3）跨界型客户需求系统解决方案商业模式设计应注意的问题。围绕着企业的核心专长进行跨界型客户需求系统解决方案商业模式设计，否则方案难以长久实施；跨界不是多元化经营，企业需要围绕着自身的优势采取业务外包或者是合作的方式进行方案设计和实施，否则容易陷入多元化扩张的战略陷阱。

6.3 大客户商业模式设计

大客户又被称为重点客户、主要客户、关键客户、优质客户等，大客户是指因对产品（或服务）消费频率高、消费量大、客户利润率高而对企业经营业绩产生一定影响的关键客户，除此之外的客户群则可划入中小客户范畴。客户细分构造用来描绘一个企业想要接触和服务的不同人群或组织。客户构成了任何商业模式的核心。没有客户，就没有企业可以长久生存。为了更好地满足客户，企业可以把客户分成不同的细分区隔，每个细分区隔中的客户具有共同的需求、共同的行为和其他共同的属性。企业必须做出合理决议，到底该服务于哪些客户细分群体，该忽略哪些客户细分群体。帕累托法则告诉我们，一个企业80%的利润来自20%的客户。

6.3.1 大客户的界定

基于不同角度，有多种界定和评价大客户的方法。

1. 从企业与客户的互动关系划分

科特勒认为，大客户是指在企业客户中所占比例小、能给企业带来高边际利润的那部分客户。科特勒对客户关系的划分与帕累托的80/20定律不谋而合，这也解释了企业80%的利润来自20%的客户这一经验规则。

2. 根据关系营销对客户忠诚度的划分

位于最顶层的"忠实客户"，他们愿意与企业建立并保持长期、稳定的关系，愿意为企业提供的产品和服务承担合适价格，并且还会为企业的产品及服务做免费宣传。

3. 从客户的盈利性进行划分

"大客户"是企业的伙伴型客户，是企业忠实的客户，是为企业创造80%利润的客户，是为企业带来高收益而企业只需支付低服务成本的客户，因为他们与企业建立的是长期的可盈利关系。这部分客户为企业节省了开发新顾客的成本、为企业带来了长期利润，并且帮助企业诱发潜在顾客。

6.3.2 大客户的作用

1. 大客户是企业生存和发展的保证

企业中的大客户绝大多数合作年限超过5年以上，合作关系良好，基础扎实，属于企业珍贵的市场资源，是企业维持正常生产经营、实现利润的最根本保证。

2. 大客户影响大，代表行业的技术发展方向

大客户通常是规模大、技术管理水平高、具有行业影响力的大客户，代表着行业的技术发展方向，对提高企业的管理水平和技术实力有着巨大的推动作用。企业的大客户在其行业中通常也是大中型企业。由于其自身管理规范、对供方的产品质量要求严格，因此，所要求供货商的生产体系和质量保证体系标准较高；由于大中型企业通常是行业内新产品和新技术的最早尝试者和引导者，因此，有利于供货商不断提高其产品和技术创新能力。

3. 大客户对供方产品的推荐对企业拓宽市场渠道有着巨大的推进作用

由于大中型客户业内影响力大，如果产品使用效果令这些大中型客户满意，这些客户就自然而然地成为企业产品品牌的推荐者，而且这种客户的推荐比起企业自身的推销更有说服力。

6.3.3 大客户商业模式设计的解决方案

实施大客户管理是一项系统工程，涉及企业经营理念、经营战略的转变，关系到企业的各个部门、企业流程的各个环节，要求企业建立起能及时进行信息交互与信息处理的技术手段，因此，企业应系统地制订一个大客户管理的解决方案（见表6-6）。

表6-6　　　　　　　　　　大客户商业模式画布

合作伙伴： 物流服务提供商 价值链各环节生产服务商	关键业务： 产品或服务差异化	价值主张： 通过产品或服务差异化提供新价值	客户关系： 通过产品差异化维系客户	客户细分： 大用户
	核心资源： 专业化 专利技术等		渠道通路： 线上线下	
成本结构： 人工、管理、制造、销售等		收入来源： 产品销售或服务溢价等		

1. 在企业内建立大客户管理部门

组建专业管理部门，并实现组织管理职能。这在通信、邮政、银行等很多行业都已实施。为更好地管理大客户，有必要建立下面的工作组织职能链条：企业→大客户管理部门→交叉工作组→大客户。其实，跨国公司也是这样做的。例如，办公设备巨头施乐公司拥有250个大客户，与这250个大客户之间的业务就是由大客户管理部来处理的，而其他客户的管理工作则由一般的销售队伍来做。

2. 采取最适应的销售模式

大客户与企业的合作具有一定的特殊性，其特殊性体现在模式创新性、价格特殊性、服务紧密性等诸多方面。这些特殊性要求企业最大化接近大客户，掌握客户需求，很多销售模式应运而生，如以直销为基本特征的俱乐部营销、顾问式销售、定制营销等，这对于把握对大客户的时间投入、精力投入、信息收集、个性化策略制定以及个性化服务大有裨益。

3. 建立销售激励体系

企业必须给大客户建立销售激励政策，通过激励使其更加感受到合作的益处。其实，很多企业把客户划分为关键客户、重点客户、一般客户等几个级别加以管理，并根据不同级别制定不同的管理政策，目的就是对那些对企业贡献度高的客户予以激励，包括物质激励（资金、实物等）和精神激励（荣誉证书、牌匾等）。

4. 建立信息管理系统

企业有必要引入大客户管理系统，以大客户的信息资料为基础，围绕大客户进行大客户发展分析、大客户价值分析、大客户行为分析、代理商贡献分析、大客户满意度分析、一对一大客户分析等工作，使决策层对大客户的发展趋势、价值取向、行为倾向有一个及时、准确的把握，并能对重点大客户进行一对一的分析与营销。

5. 建立全方位沟通体系

大客户管理部门中的大客户营销人员、客户经理及其主管要定期或不定期地主动上门征求意见，客户经理能随时与大客户碰面，发现大客户的潜在需求并及时解决。要加强与大客户间的感情交流，根据企业实际，定期组织企业高层领导与大客户高层之间的座谈会，努力与大客户建立相互信任的朋友关系及互利双赢的战略伙伴关系，这样有利于化解渠道冲突。

6. 不断分析研究大客户

管理大客户要坚持"动态分析，动态管理"的原则，在把握大客户动态的同时，也要不断创新大客户管理。大客户分析包括大客户发展分析、大客户服务分析、大客户流失分析、大客户费用分析、大客户价值分析、大客户经理分析等方面，这是进行大客户管理决策的基础，也可以"防患于未然"。

7. 提升整合服务能力

提升整合服务能力应以客户为导向,包括以下内容:量身打造服务模式(如顾问服务、驻扎服务);建立服务沟通平台(如网络、电话等);开通大客户"绿色通道"(为大客户提供便利措施);强化基本服务(基本服务项目保障);提供增值服务(不断为客户创造产品之外的新价值);建设企业服务文化(企业内部文化传播和对客户传播);提供完善的服务解决方案等。

6.4 创造客户需求商业模式设计

需求是客户购买商品或劳务的愿望和能力。从管理的角度看,需求源自人类与生俱来的生理性需求和社会性需求。生理性需求是指人对维持生命和延续后代所必须具备的条件的反映;社会性需求则是人对维持社会的存在与发展而产生的需求的反映。马斯洛对需求做了系统性的、结构性的提炼与总结。马斯洛理论把需求分成生理需求、安全需求、爱和归属感、尊重和自我实现五类,依次由较低层次到较高层次排列。从营销的角度来看,需求可分为负需求、无需求、潜在需求、下降需求、不规则需求、充分需求、过量需求和有害需求。

6.4.1 潜在需求、发现需求与创造需求

1. 潜在需求

潜在需求是指消费者虽然有明确意识的欲望,但由于种种原因还没有明确显示出来的需求,一旦条件成熟,潜在需求就转化为现实需求。

潜在需求的特征主要有:第一,主观性。潜在需求的本质是一种心理活动,是消费者受某种生理或心理因素影响而产生的与周围环境的不平衡状态,存在于潜意识之中。第二,并存性。由于是心理活动,所以潜在需求形态不具有显现需求的严格指向性。它既可能是生理层次的潜在需求,也可能是自我实现层次上的潜在需求,更多的还是两者或多者的并存。在一定时期,某种潜在需求占据主要地位。第二,转化性。潜在需求的实现过程为:潜在需求导致购买动机—购买行为—需求满足—新的潜在需求。这种转化是在潜在需求和显现需求间发生的。

潜在需求的类型主要有:第一,购买力不足型的潜在需求。这是指市场上某种商品已现实存在,消费者有购买欲望但因购买一时受到限制而不能实现,使购买行

为处于潜在状态。这种类型的商品多是高档耐用消费品或者是新上市的科技产品，如住宅、汽车、手机等。购买力不足型的潜在需求可以通过降低产品成本和售价的方法来释放。第二，适销商品短缺型的潜在需求。这是指由于市场上现有商品并不符合消费者需要，消费者处于待购状态，一旦有了适销商品，购买行为随之发生。适销商品短缺型的潜在需求可以通过扩大生产的方法来释放。第三，对商品不熟悉型的潜在需求。这是指由于消费者对某一商品不了解甚至根本不知道，而使消费需求处于潜伏状态。对商品不熟悉型的潜在需求可以通过扩大宣传和促销的方法来释放。第四，市场竞争倾向型的潜在需求。这是指由于生产厂家很多，同类商品市场竞争激烈，消费者选择性强，在未选定之前，对某一个企业的产品而言，这种需求处于潜伏状态。市场竞争倾向型的潜在需求可以通过降价或者是提供附加值较高的服务来释放。

企业一旦通过市场调查知晓了消费者的潜在需求，在充分把握市场动态的前提下，凭借雄厚财力、先进技术，便可掌握市场领导地位。这其中表现突出的是日本的轿车工业。20世纪70年代后，日本轿车业意识到节能、轻便、家用、廉价是未来轿车的发展趋势，迅速开发研制成了新一代节能轿车，并通过提高劳动生产率来降低价格，投放市场后大受欢迎，一举取代了美国轿车工业在世界上的领先地位。

2. 发现需求

伟大的产品往往都源于自己生活中的需求。例如，乔布斯发明的 iPod 产品，并不是经过各种调研、各种市场研究得出的，而是乔布斯自己想要一个更酷、更好用的 MP3。生活中从来不缺乏需求点，缺乏的是发现需求点的眼睛。客户的潜在需求比较抽象，它或许只是客户的一种意识，也许是客户需要解决某一问题想到的方法，这种意识很抽象、很模糊，因此需要深入了解用户需求背后的动机，寻找用户情感共鸣，重视产品使用的场景因素。在需求挖掘时，应十分重视用户的情感诉求。

网易云音乐是一款典型产品。在云音乐出现之前，市面上也有很多音乐播放器，但云音乐却抓住了"一首歌，一个故事；一个故事，一段情感"的用户情感共鸣，UGC 的产品形式加上音乐评论功能，为用户带来了一种难以言喻的产品体验。而情感共鸣所带来的用户之间的"口口相传"，成为该产品最有效的营销方式，2 年内便积累了 1 亿用户。同样地，亚马逊公司的 Kindle 与索尼公司 Librie 电子书阅读器使用的核心技术都是电子墨水，但落后 3 年上市的 Kindle 却一举打败了 Librie，其原因在于亚马逊注重客户使用产品的场景因素（见表 6-7）。

表6-7　　　　　　　　　　Kindle 和 Librie 性能比较

对比	Kindle	Librie
书籍传输方式	支持 Wi-Fi 和 USB	仅支持 USB 传输
书籍存储量	拥有全世界最大的在线书店，几乎与每家大型出版商建立了稳固的关系	遭到日本出版商暗中抵制

从表6-7可以看出，二者虽然都是提供优雅的电子书阅读功能，Librie 却输在了两处背景因素上：书籍传输方式、书籍存储量。

3. 创造需求

在许多领域，尤其是高新技术领域，新技术席卷每一行业，正在引发大规模的企业商业模式颠覆。在数字文化冲击下，企业在数字领域争相角逐，为客户构造未来世界的美妙图画，比拼适应新环境和推陈出新的能力。技术的变革与创新不断加快，掀起一股积极改变消费者工作和生活方式的革新力量，带领消费者走进一个令人兴奋、前所未有的技术时代。技术作为催化剂，将帮助企业释放巨大的商业潜力。借助技术，人类将获得更强大的技能，企业能更好地倾听客户和员工的心声，与个人之间的关系将更加紧密，并助力他们实现个人目标。在这些领域，客户并不熟悉未来技术的发展会给他们带来什么样的产品体验，如果对这些客户进行市场调研，得到的结果未必是其真实的反映，因为他们无法理解这些高新技术企业所描绘的概念产品，这些新设计、新创意或科幻性质的没有生产或无法实现生产出售的产品在客户看来简直是不可思议，而且很多高层次需求，诸如心理需求和精神需求客户很难表达出来。创造客户需求型商业模式画布如表6-8所示。

表6-8　　　　　　　　创造客户需求型商业模式画布

合作伙伴： 物流服务提供商 价值链各环节生产服务商	关键业务： 产品或者是服务的差异化	价值主张： 通过新产品、新服务和新概念提供新价值	客户关系： 通过产品或服务差异化维系客户	客户细分： 对新事物感兴趣的客户
	核心资源： 专业化 专利技术等		渠道通路： 线上线下	
成本结构： 人工、管理、制造、销售等		收入来源： 产品销售或服务提供溢价等		

概念产品指具备独特销售主张的产品或是具备独特消费观念的产品，概念产品是一种发展趋势的产品，一时无法在市场上流通或批量生产，如太阳能汽车、无人驾驶汽车等。概念产品是在通过技术与创意来创造未来市场的需求。就像苹果智能手机一样，通过移动互联网让手机变成了一个可以扩展无限应用程序的终端，语音品质是否完美、电池是否耐用，在消费者眼中变得不那么重要，丰富的 App 应用就像魔盒一样，牢牢地吸引了客户好奇的目光。在智能手机上，用户可以像电脑一样浏览网页，可以玩微博，可以卜开心网，能用手机购物和聊天。更为关键的是，苹果公司的开放性平台激活了软件开发者的激情，软件开发者能在这个平台上自由创造应用软件，上传 App store 供用户下载，一旦用户付费，苹果公司将和开发者分成。这样一来，整个商业模式发生了根本性的转变，过去是以卖硬件赚钱，现在是硬件、软件都赚钱，而且软件不用苹果自己开发。在苹果产品设计开发思路中，苹果公司更加关注的是创造需求，而不是迎合需求。苹果公司认为对于革命性的产品而言，用户观点无从谈起。苹果公司始终坚信，如果有名牌的革命性产品，就足以对现有的用户起到引导作用。

6.4.2　创造客户需求商业模式设计

《需求》一书的作者亚德里安·斯莱沃斯基提出，成功创造需求的模式主要有以下三种。

1. 基于情感的客户需求商业模式设计

在需求与人性的微妙关联中，左右我们做出重大决策的通常是不起眼的小事。情感诉求是重中之重，当它与功能完备的产品相结合时，就形成了对客户的超强磁力。钻石是石头的一种，强调稀缺并与爱情、身份地位挂钩就成为尊贵的钻石。法国著名时装香奈尔创始人可可·香奈尔女士曾说过："钻石以最小的体积，凝聚了最大的价值。"全球最大的原钻供应商和零售商戴比尔斯，正是通过研究和创造消费者对于钻石的需求，创造出了一个利润巨大的钻石市场。戴比尔斯公司的"钻石恒久远，一颗永流传"的广告语影响深远，并在很大程度上改变了中国城市消费者的婚庆习俗。

人类有很多的情感，要多从情感角度观察市场上的产品和服务，尤其要关注用户的负面情绪（孤独、恐惧、挫折、不满等），因为愤怒的用户往往决定产品未来的发展方向。

2. 基于痛点的客户需求商业模式设计

痛点（pain point），顾名思义是痛苦的点，指客户在使用产品或服务时抱怨的、不满的、让人感到痛苦的接触点（touch point）。痛点是创造需求的契机。无论在哪个领域，对于尚待实现的潜在需求而言，麻烦都是最先出现的提示线索和最早的闪光信号。客户的痛点是客户的麻烦或是遇到的困难；产品通过分析建立需求来解决这个麻烦，就是痛点的消除。客户为什么会不满意？因为还有一些需求没有被很好地满足。例如，去星巴克喝咖啡要排队，快捷需求没有被满足；吃西瓜要吐籽，方便需求没有被满足；iPhone用一天就没电，手机无法使用，维持正常生活的需求没有被满足。痛点往往代表的是一些真问题，其背后往往隐藏有特别有价值的功能需求点。通过提供功能或相应的数据，在帮用户解决这个问题的同时，能让产品的用户体验大大提升。打开成功大门的钥匙，是以用户问题为中心的创新方案，不能将目光锁定于设备性能本身。例如，手机经常收到推销广告，恨不得卸载手机的通话功能，于是就有了"搜狗号码通"；缴水电煤气费，要去银行排队，就有了"支付宝钱包"；碰到头疼脑热的小病跑医院能把人折腾死，又不敢乱吃药，"家庭用药"于是应运而生；一个人出差不知道吃什么好，看四周的饭馆林立却不敢乱入，有"大众点评"帮你出谋划策。

通过挖掘"痛点"成长需求需要注意以下两个问题：第一，是点而不是面——当客户对你抱怨或倾诉的时候，他往往可能讲很多话（因为痛所以有情绪，因为有情绪所以表述凌乱），企业要抓住客户说的点在哪里。有些客户的痛未见得有普适性，或许只是他个人刚好在某事上有强迫症，要避免被这种"伪痛点"所误导。要注意定义中"被大多数人反复表述过"这个条件。第二，痛点是随具体情况发展的。通常情况下，用户的痛点被满足之后，会有新的痛点产生，具体可参见马斯洛的需求层次理论。

3. 基于个性的客户需求商业模式设计

个性化消费是指消费者出于自身收入水平、知识水平的提高，以及商品和劳务的丰富而使消费者的行为更加成熟，消费需求更加复杂，消费心理更加稳定；消费者购买商品不再只是满足对物的需求，而主要是看重商品的个性特征，希望通过购物来展示自我，达到精神上的满足。环境污染的残酷现实，为工业化敲响警钟。消费者对水、食品、添加剂、转基因的敏感度提高，开始放弃大规模工业化产品，转向生态化、纯天然、有机环保的产品。小众品牌、设计师品牌、专属定制开始流行。个性化差异需求是创造需求的终极力量。满足核心客户的个性化需求至关重要。如果说解决痛点是客户的一种需求，那么如何创造美则是解决客户的更高层次的需求。具有个性化的美往往是一个需求的进阶版，只有当我们的生活环境、收入水平、视野等达到了一定水准以后需求才会提升。所谓的个性化的美，包含的是个体独特的美观、创意、有趣、便利、情感等。

基于个性的客户需求商业模式设计要求企业做到以下四点：

（1）从大批量生产制式产品走向大规模定制产品。以往大批量生产制式产品的经营方式将被大规模具有个性化特点的定制方式所取代。"标准化"和"选装件"的巧妙结合和匹配，将使"标准化"和"多样化"相得益彰，成为一种主流经济形态。每一种产品都由标准件和选装件插装而成，而这种零件甚至细分至每一个螺钉、每一个接口。不断创新的设计和不同的插装方式，将使每种产品在色彩、功能、造型上都各具特色，从而满足不同消费者的偏好和要求。

（2）手工操作走向衰退，智能化手段日益兴起。大规模定制的每一种产品都要由千万种标准件、选装件的千万种插装方式插装而成，这绝不是手工操作可以完成的。因此，机械化、数字化、智能化将成为大规模定制的必要前提。计算机控制和机器人的利用可使工厂迅速而便捷地调整装配线，条形码扫描仪可使装配线快速而准确地跟踪每个零件的状况。消费者的个性化要求可通过人的指令输入机器人，从而完成千万种具有个性化特点的不同搭配与插装。

（3）企业的各生产经营要素要适应个性化消费。个性化的大规模定制不仅仅是一种制造过程，伴随而来的是企业的供应系统、促销策略、企业文化与形象等生产经营要素必须适应个性化消费的特点和要求。例如，互联网将帮助生产者与消费者进行"一对一"的对话，从而使互联网成为生产者与消费者最好的沟通渠道。在这种情况下，生产者与消费者的关系出现了根本性的改变，讨价还价的主动权将从生产者手中转而落入消费者的手中。

（4）基于客户虚拟产品需求的商业模式设计。互联网络的渗透形成了各种各样的虚拟空间，在这些空间里存在着巨大的对于虚拟产品的需求。商品包括实物商品和虚拟商品，在虚拟商品中又包括数字商品和非数字商品。虚拟商品是指电子商务市场中的数字产品和服务（专指可以通过下载或在线等形式使用的数字产品和服务），具有无实物性质，是在网上发布时默认无法选择物流运输的商品，可由虚拟货币或现实货币交易买卖的虚拟商品或是虚拟社会服务。虚拟商品主要包括计算机软件、股票行情和金融信息、新闻、书籍、杂志、音乐影像、电视节目、搜索、虚拟云主机、虚拟云盘、虚拟光驱、App虚拟应用、网络游戏中的一些产品和在线服务。虚拟商品市场虽然刚刚兴起，但发展却异常迅猛，在特殊人群尤其是年轻人中已悄然成为一种消费时尚。

虚拟商品一般是一种高沉没成本、低边际成本的产品，具有以下特性：非排他性；易被定制化和个性化，这导致虚拟商品市场易出现范围经济；时效性；网络外部性（其价值依赖于使用虚拟商品的用户数量）。

目前，虚拟商品主要有以下几大类：网络游戏点卡、网游装备、QQ 号码、Q 币等；移动、联通、电信、充值卡；IP 卡、网络电话、软件序列号；网店装修/图片储存空间等；电子书，网络软件（如安卓手机软件、SKYPE 语单软件等）等辅助论坛功能商品等；网站类产品（包括域名、虚拟空间、网站、搜索服务等）。

基于客户虚拟产品需求商业模式设计途径主要有以下两种：

（1）紧跟"互联网＋"的渗透步伐，在新渗透的领域进行虚拟商品开发，在新的虚拟空间里抢占市场。例如，现在人们喜欢大量照相，而且还是电子版，这些照片需要与亲朋好友分享，在非互联网时代很难想象。当"互联网＋"渗透到客户的私人生活空间时，客户希望自己有一个与现实生活中相对应的虚拟存储空间，于是网盘、微盘等虚拟产品应运而生。再如比特币，与大多数货币不同，比特币不依靠特定货币机构发行，它依据特定算法，通过大量的计算产生，比特币不仅使用整个 P2P 网络中众多节点构成的分布式数据库来确认并记录所有的交易行为，还使用密码学的设计来确保货币流通各个环节的安全性。P2P 的去中心化特性与算法本身可以确保无法通过大量制造比特币来人为操控币值。基于密码学的设计可以使比特币只能被真实的拥有者转移或支付，这同样确保了货币所有权与流通交易的匿名性。比特币可以用来兑现，可以兑换成大多数国家的货币。使用者可以用比特币购买一些虚拟物品，比如网络游戏中的衣服、帽子、装备等；只要有人接受，也可以使用比特币购买现实生活中的物品。

（2）在已有的互联网空间里进行市场细分，创造需求。例如，网络游戏产品在传统游戏的基础上进行细分，产生了诸如休闲舞蹈类游戏、休闲赛车竞速类游戏《跑跑卡丁车》、休闲体育类游戏《街头篮球》等，均获得了巨大的成功。

本章小结

本章主要围绕客户分析了如何进行商业模式设计。第 1 节介绍客户利润转移的特点、发展趋势及企业对策，并提出了如何围绕客户利润转移进行商业模式设计；第 2 节对基于客户需求的系统解决方案商业模式进行了阐述，尤其强调了基于场景的客户需求如何进行系统解决方案的设计；第 3 节分析了大客户管理的商业模式；第 4 节从创造需求的角度分析了其商业模式的设计。

本章关键词

客户利润转移　　产品思维　　场景思维　　客户需求系统解决方案

大客户管理解决方案　　潜在需求　　发现需求　　创造需求

思考题

1. 客户利润转移的特点及趋势是什么?
2. 如何进行客户需求系统解决方案商业模式设计?
3. 如何进行大客户管理?
4. 创造客户需求商业模式设计的途径有哪些?

资源型商业模式设计

学习目标

1. 掌握稀缺型资源的识别与创造的方法与途径。
2. 理解稀缺资源型商业模式设计的影响因素。
3. 区别单一型和跨界型资源整合商业模式设计。
4. 理解技术、标准对企业商业模式设计的影响。
5. 掌握基于标准、知识产权的商业模式设计途径。

---- 案例导读 ----

Sun 公司标准化的商业模式

通过设立在 100 多个国家中的分支机构,Sun 公司向全世界提供硬件、软件和 IT 服务,它的标准化战略对整个信息产业产生了重大影响。Sun 公司将标准化看作影响市场的一个战略工具,强调开放的标准帮助它创造了新的、更大的市场。因此,Sun 公司向市场开放了一些知识产权,促使它的技术被更广泛的采纳,从而创造一个更加有利于 Sun 公司产品销售的市场环境。根据具体的目标,Sun 公司在世界范围内选择并参加了大量标准化组织。Sun 公司采用了集中的标准化管理方式,由首席技术官指导公司的标准化活动,标准化小组负责执行高水平的公司战略,来自销售部门和工程技术部门的人员参加标准制定组织的工作组。首席技术官带领他的团队为公司制定技术发展蓝图和方向,其中标准化在技术发展和市场定位上发挥着关键的作用。Sun 公司在标准化上的长期投入获得了巨大的回报。例如，Sun 公司积极参加了 UNIX 操作系统接口标准化活动，制定了一系列的 POSIX 标准。在 UNIX 市场上，标准贡献率达到 30%，大约为每年 180 亿美元。只考虑服务器市场，UNIX 年平均增长率达到 20%，而在整个 UNIX 市场，Sun 公司以每年 33.8% 的增长率保持了领先地位。因此，Sun 公司在 UNIX 标准化上的贡献已经获得了重大、长期的回报。

（资料来源：薛学通，《标准带来商业模式创新》，载于《WTO 经济导刊》2006 年第 6 期。）

资源是指一国或一定地区内拥有的物力、财力、人力等各种物质要素的总称，一般分为自然资源、社会资源和虚拟资源三大类。自然资源如阳光、空气、水、土地、森林、草原、动物、矿藏等；社会资源包括人力资源、信息资源以及经过劳动创造的各种物质财富等。虚拟资源是和现实资源相对立的名词，主要是随着互联网的诞生而诞生的。随着互联网的普及，人们在网络上获取信息的需求大大增加，因此，网络上流通的信息量也随之增加，而这些运用数据库、程序编辑而成的信息资源，就是我们常说的虚拟资源，如网上图书馆、网上商城等。从资源的再生性角度可划分为再生资源和非再生资源；从资源利用的可控性程度，可划分为专有资源和共享资源。经济学上的资源指的是通过使用或直接可以为企业、社会产生效益的东西，如土地、人、设备、厂房等。资源型商业模式设计围绕这些资源为客户创造的价值进行相应的商业模式设计。

7.1 稀缺资源型商业模式设计

经济学理论将既有限又有多种用途的资源称为相对稀缺资源，简称"稀缺资源"。稀缺资源是在零价格下需求量大于供给量的资源，指地球上越来越少不可再生，或者再生速度赶不上人类需求，价值越来越高的资源，例如石油、金、银、铜、宝石、玉石、稀土等资源。通常来讲，稀缺资源都是不可再生资源。资源的稀缺性是被人类自身需求"制造"出来的。人类不断追求更高的生活质量，这种追求本身会遇到时间、空间和各种资源的限制，于是这些资源便具有了稀缺性。从这个意义上讲，稀缺性是相对人们的过度需求而言的。稀缺资源型商业模式设计关注的重点不是那些已经成为稀缺的资源，而是通过设计创造出一种新资源的稀缺性，进而诱导出消费者需求。

7.1.1 稀缺型资源的识别

稀缺资源型商业模式要研究资源的紧缺程度。当生产紧缺时，生产能力就是稀缺资源；当生产过剩时，产品销售渠道就是稀缺资源；当互联网购物兴起的时候，网络空间便成为稀缺资源。因此，于企业而言，稀缺资源的识别与更新、创造至关重要。在传统零售行业内，制造商的筹码就是自己的品牌（如宝洁），而渠道的筹码就是货架和人流效率（如沃尔玛）。宝洁用自己的品牌争取更好的货架位置和更高的毛利率，沃尔玛用自己有限的货架位置和巨大的人流量争取更低的进货价格。

识别出一个生态体系里的稀缺资源是商业模式设计的一项关键技能。利润最终是通过与稀缺资源相关的需求衍生出来的。优秀的企业家是那些真正理解稀缺性资源的来龙去脉并且让自己的公司拥有某种价值的人。企业要生存壮大，就需要不断找到新的稀缺资源。稀缺型资源识别的途径主要有：

1. 技术的角度

经济的运作和商业模式都是围绕稀缺资源进行的。稀缺才有价值。所有人都需要氧气，但没有人能靠氧气赚钱。而当科技的定义就是反稀缺性的时候，新科技的出现会重塑商业模式，会对既有的商业格局产生颠覆式创新的效果。任何技术出现后都会经历一个不理智的高潮，然后破灭，再一点点复苏并成熟（见图7-1）。在此期间，有的公司会破灭，有的公司会最终熬过破灭期走向成熟。

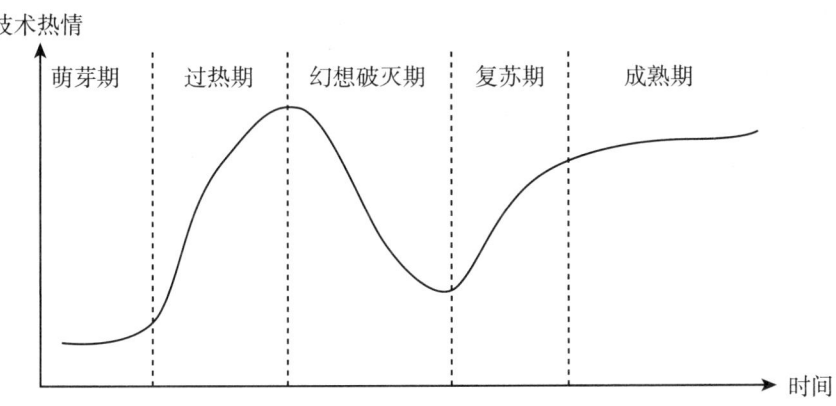

图 7-1　技术应用循环周期

资料来源：http://www.woshipm.com/chuangye/405735.html。

所有新技术一开始都会增加效率，具有稀缺性，因此要对最新出现的技术进行研究，判断其发展趋势，寻找其商业应用的契机。例如，在互联网初期，综合新闻类门户网站是稀缺资源，竞争的结果是新浪、网易、搜狐等网站脱颖而出；互联网发展到中期，专业类网站是稀缺资源，搜索网站、杀毒软件、视频网站、小说网站、音乐网站、微博、博客等成为稀缺资源；而现在的移动互联网时代，移动支付、微信、大数据等成为稀缺资源。现代新技术的发展日新月异，3D 打印、大数据、云计算、人工智能（AI）、虚拟现实（VI）、物联网等技术的发展正在改变很多领域的商业模式，形成诸多的稀缺资源。例如，诸多企业在进军人工智能领域，那么人工智能领域的稀缺资源又是什么？现在不仅从事计算机、生物、数学研究的学者在研究人工智能，很多从事人文研究的学者也在研究人工智能。我们发现，人工智能时代，数学家成为最为稀缺的资源，目前这些资源大多在欧洲。

新技术除了技术本身及人才本身的稀缺性外，新技术的发展与渗透还带来了许多意想不到的资源稀缺性。新生事物出现时，传统模式会随之改变。例如，智能手机出现时，时间成为稀缺性资源。企业目前已经注册的 App 达百万级，消费者每天的时间是有限的，只需几个核心的 App 就能把所有人的使用时间给占住，企业要做的是如何将吸引消费者眼球的时间延长。早期没有智能手机的时候，在地铁上最常见的是看报阅读；今天有了智能手机，所有的人都在看手机。公交站也是这样，在公交站等车的人通常是一边看手机一边等待公共交通工具。从智能手机推出十多年来，口香糖的销量大幅下降了 15%。超市最喜欢把口香糖、糖果、纸巾放在结账的柜台边，消费者在等待结账时可能会顺手拿起一个口香糖，因为那个时候没有智能手机。但在智能手机时代，消费者的关注点都在手机上，没有人关注放口香糖的柜台，原本成功的模式也随之被颠覆。

2. 需求的角度

最稀缺的资源是市场上存在大量未被满足的需求。从需求的角度来识别资源的稀缺性是较为简易的方法。市场上存在大量未被满足的需求的另一面一定是产品或者服务的供给出现了较大的缺口，市场给出的信号一般是价格高昂的产品或服务价格，或者是极低的效率。例如，19 世纪社会从农耕时代转向工业化，企业缺少技术，技术就是稀缺资源。当时蒸汽机的发明掌握在英国人手里，英国就成为世界经济中心。20 世纪，诸多国家都要工业化，要扩大生产规模，但缺少资本，华尔街的金融创新就操控了全世界，资本是 20 世纪的稀缺资源。21 世纪的稀缺资源是需求，需求可以指挥资本，资本趋利性的特点是往有需求的地方流动，人才是跟着资本流动的，技术又是跟着人才流动，所以只要将需求作为稀缺性资源进行使用，企业就可以有极大的发展空间。从需求的角度识别需求资源的稀缺性主要有以下两个途径：

（1）高昂的产品或服务价格。除去垄断的因素，如果产品或服务的价格非常高昂，其本质是这些产品或服务具有功能设计方面的稀缺性、使用场景建立的稀缺性、使用人群建立的稀缺性、地域产品的稀缺性、产品附加的服务建立的稀缺性等。"快时尚"之所以受热捧，是因为百货服装价格昂贵的痛点；人们想起苹果 Mac 电脑，第一印象是轻薄、设计美观，而想起联想 ThinkPad，首先想到的是商务、稳定；OPPO 手机强调充电快速，美图手机强调拍照美颜，步步高音乐手机强调听歌功能；"困了、累了喝红牛""怕上火、喝王老吉"这两句广告词就是典型的通过用户的使用场景来打造稀缺性的，让你每当累了的时候就想起红牛，吃麻辣火锅的时候就想起王老吉；各种奢侈品的适用对象是社会高端成功人士；各种旅游景点独一无二的地理资源；苹果手机的售后服务不是损坏部件的维修，而是为顾客更换一部全新的手机等，所有这些均是从不同的角度换取产品或服务的高价。

（2）效率低下。企业效率低下的后果往往是新产品上市周期长、客户响应速度缓慢、无故耗费客户有限的时间资源等。以银行业为例，一个普通的客户去银行要排队等待，程序烦琐，耗时费力，自然就有企业发现高效是一种稀缺资源，就会想办法提高服务的效率，于是互联网金融应运而生，BAT 银行脱颖而出。消费者为什么青睐于网上购物而不是效率低下的门店？因为效率低下的门店对顾客来说耗时耗钱，而社区超市顺势崛起，抓住的正是大卖场低效率的痛点；电商以不可战胜的趋势崛起，也是抓住了卖场效率低下的痛点。但是，效率往往又是相对而言的。曾经的电商因为可以送货上门，让消费者感觉可以节省时间；再加上电商初期竞争小，经营成本就能降下来，货品的价格自然而然就降下来了。随着电商的发展，电商对消费者而言又变成了效率低下。这是因为同质货品增多以后，要想让自己的产品尽可能多的曝光，流量成本就很大；电商做大以后，管理运营团队必须同步跟上，物流仓储成本都会同步增加；同质商品增多后，图片相同，但真实产品往往良莠不齐，顾客想要挑选一款好商品，得浏览无数商品和看其他顾客留言才能够加以甄别，而且拿到商品以后，可能和自己想象的有差距，又得退货。如此一来，电商在后期也就失去了效率优势，顾客回流实体店的趋势将会较为明显。

7.1.2 稀缺资源型商业模式设计

1. 稀缺资源型商业模式设计的影响因素

（1）稀缺性的迁移性。一般来说冷门行业本身就具备一定的稀缺性，这些稀缺性暂时能够满足用户的部分需求，但随着行业变化，用户需求不断改变，稀缺程度会不断降低，最后会变成大众化甚至有可能被淘汰，所以运营者需要不断挖掘新的稀缺性，来更好地满足用户需求。技术进步和基本积累带来的产能过剩会使商品稀缺性下降，但消费服务由于其行业特殊性需要大量的劳动力，可以预见未来优质服务将因其稀缺性被持续追捧。消费服务需求旺盛、供给稀缺的现状，暗示其中包含着巨大的投资机会。因此，商业模式设计需要密切关注稀缺性资源的供给，关注其价值的演变，及时调整以适应这些变化。例如，2004年美国IBM公司将其个人电脑和笔记本电脑业务以12.5亿美元卖给了中国联想公司，IBM公司之所以与联想公司达成交易，其原因是IBM公司认为PC产业已经度过了它的黄金时期，从2005年开始全球PC市场将进入为时3年的低迷时期。由于PC制造商标准化自己的部件，从网络端口到键盘，几乎所有的电脑都是用同样组件制造并按同一方式工作的，一些相互竞争的品牌有时是在同一亚洲工厂中制造出来的。电脑不再是一个具有极大稀缺性的产品，IBM公司的PC业务连年亏损，已失去昔日的光彩，变成了一个沉重的包袱。IBM公司正日益转向更多从事IT服务和软件业务，而不是硬件。自20世纪90年代组织改造后，IBM公司完成战略转型，重新定位，不再以计算机硬件公司自居，转而提供顾客完整解决方案。客户的需求正在转移，具体表现在他们的需求从零散的系统转为业务解决方案、从各自独立运作转向整合的基础设施、从专属转向开放的标准、从维护信息系统运营转向更加专注于业务创新。因此，IBM公司积极进入顾客服务，成立全球服务部门，扩大软件的服务。至此之后，IBM公司销售的增长几乎全来自服务和软件部门，并且它们逐渐成为IBM公司的优势。系统科技、软件和服务方面的能力具有较大的稀缺性，IBM公司因此将个人PC业务出售给联想公司。

（2）稀缺性的市场需求容量。不是任何稀缺性资源都能给企业带来可盈利性或市场开发的效益性，如果稀缺性资源没有为大家所认知，需求的市场容量小，那么围绕这种稀缺性资源进行商业模式设计要三思而后行。在技术创新领域存在着"技术陷阱"之说。例如，1991年摩托罗拉启动铱星计划，即发射66颗近地卫星组成星群，这样用户从世界上任何地方都可以打电话。1998年11月，投入50亿美元之后终于进入商用，一部电话机需3000美元，通话费每分钟3～8美元，到1999年4月，只有1万个用户，1999年8月上升到2万个用户，8月13日，铱星提出破产保护。摩托罗拉铱星计划失败的原因在于铱星产品的稀缺性并没有大量的用户支撑，再加上手机的普及，使原本稀缺性不太明显的铱星失去市场竞争优势，最终导致巨额的亏损。

（3）稀缺性的匹配性。很多企业看到了产品或服务的稀缺性却不一定能利用这种稀缺性，因为其核心专长与开发利用这种稀缺性并不匹配。企业如果强行利用开发这种稀缺性，其效果往往是适得其反。以网络社区商业模式设计为例，"内容+关系"是其商业模式的核心，内容可以是文本、视频和音频，也可以是人本身；关系可以是强关系（熟人）、弱关系（半熟人或者生人）。然而优质的内容和人，在任何社区都是稀缺的。任何一个社区的成功都需要调动稀缺资源的积极性，满足大量长尾用户的消费需求。知乎上大量长尾用户在消费优质答案和专家,豆瓣大量长尾文青在消费高质量的影评、书评和那些大文青们。所以,好的社区管理就需要将运营的重心和有限的运营资源偏向稀缺资源一方,只有调动稀缺资源供给侧的活跃性,才能满足大量长尾用户的需求。陌陌的运营资源要偏向美女大模;知乎的运营重心要偏向"大V"和优质答案;映客的运营重心要偏向美女主播;豆瓣的运营重心更偏向优质的影评、书评和大文青们。在这些网络社区平台上,如果没有足够数量的优质专家资源,很难将客户黏在平台上,然而,即便有这些资源,如果没有网络运营经验,也很难经营下去,这也是为什么传统的电视广播等领域的企业没有涉足这些领域的原因,因为这些企业没有这方面的核心专长。

2. 稀缺资源型商业模式设计

稀缺资源型商业模式设计的聚焦点在于资源的稀缺性,通过获取稀缺型资源来提供客户价值,满足客户的需求(见表7-1)。

表7-1　　　　　　　　　稀缺资源型商业模式画布

合作伙伴: 物流服务提供商 价值链各环节生产服务商	关键业务: 产品或者是服务的稀缺差异化	价值主张: 通过稀缺性提供新价值	客户关系: 通过产品或服务稀缺差异化维系客户	客户细分: 对所有的客户
	核心资源: 专业化 专利技术等		渠道通路: 线上线下	
成本结构: 人工、管理、制造、销售等			收入来源: 通过产品或服务的稀缺性提供溢价等	

(1)创新。企业发展的历史印证了稀缺的产品或服务往往具有高价值,定价更高;富余的产品或服务往往价值低下。如果一个企业创造出一种其他企业没有的暂时属于自己的稀缺,就能获得超额利润。而在竞争中,企业总是想要获得超额回报,于是就有了顽强的持续不断的创新,创新就是创造稀缺。企业的核心竞争力在于创造出属于自己的稀缺,企业竞争的轨迹在于创新—稀缺—需求—超额利润。新的产品、新的经营模式、新的思路、新的技术、新的资源,只要是别的企业所没有的、与众不同的,就具有稀缺性。这是被人们称为"特色"的东西,"特色"也就是稀缺性的资源,发现"特色"和创造"特色"正是创新的着眼点,而产生超额效益是"特色"的落脚点。

（2）垄断。由于存在着资源稀缺性和规模经济效益、范围经济效益，使提供单一物品和服务的企业或联合起来提供多数物品和服务的企业形成一家公司（垄断）或极少数企业（寡头垄断）的概率很高。这就是由于技术理由或特别的经济理由而成立的垄断或寡头垄断，称为"自然垄断"或"自然寡头垄断"。垄断可以使供给形成一定程度的稀缺性，从而获取巨额的利润。例如，土地的垄断可以形成土地资源的稀缺性，造成价格的高涨；产品中核心关键部件的垄断可以让核心关键部件形成稀缺性，从而保持较高的定价；市区核心地段商铺具有核心位置的垄断，能形成一铺难求的稀缺性；特色旅游景点具有资源独有的稀缺性。

> **案例导读**

武汉大学的樱花与百万葵园

武汉大学校内有樱花1000多株，以日本樱花、山樱花、垂枝大叶早樱和红花高盆樱4种为主。这些花既有侵华日军当年所留下的"国耻之花"，也有中日恢复邦交后由日本友人多次赠送的"友谊之花"。每年三月中旬，武汉大学樱花进入盛花期。樱花盛开的季节，天气晴好，春天的味道弥漫三镇每个角落。武汉大学校外的东湖风景区，众多游客踏青赏花。武汉大学梅园外面，等待进入停车场的车辆排队到了武汉植物园附近，环湖路多处交通拥堵。每年进入武汉大学赏樱的游人达百万人次，每年樱花门票的收入达到100万元以上。

百万葵园是中国首个将向日葵作为观赏性植物并设计成超大型主题园林的公园。百万葵园于2002年4月建成及对外开放，位于广州市南沙区新垦镇，占地面积26万平方米，种植100万株向日葵，成为全国第一家全部采用进口种子（以日本为主）的观赏性向日葵乐园。当中除了包括百万葵花园外，还建起了全国首个有1000多只松鼠居住的松鼠乐园，以及蚂蚁王国和白鸽广场等景点。

（资料来源：http：// gz. bendibao. com/tour/201335/ly118551. shtml；http：// travel. qunar. com/p - pl3816022。）

（3）操纵。如果市场上存在大量的货币需要寻找投资的出路以免贬值，或者是一款新产品具有别具一格的特色，那么此时投资机会或购买机会就是稀缺性资源，而投资机会往往极易被人操纵以产生稀缺性，进而引发大量的需求，形成投机热潮甚至是泡沫，购买机会的操纵在营销学中称为"饥饿营销"。

> 延伸阅读

郁金香泡沫事件

1635~1637年间的郁金香泡沫事件，发生在当时的海上强国荷兰。当郁金香开始在荷兰流传后，一些机敏的投机商就开始大量囤积郁金香球茎以待价格上涨。不久，在舆论的鼓吹之下，人们对郁金香表现出一种病态的倾慕与热忱，并开始竞相抢购郁金香球茎。1634年，炒买郁金香的热潮蔓延为荷兰的全民运动。1636年，一株稀有品种的郁金香竟然达到了与一辆马车、几匹马等值的地步。面对如此暴利，所有的人都冲昏了头脑。他们变卖家产，只是为了购买一株郁金香。就在这一年，为了方便郁金香交易，人们干脆在阿姆斯特丹的证券交易所内开设了固定的交易市场。正如当时一名历史学家所描述的："谁都相信，郁金香热将永远持续下去，世界各地的有钱人都会向荷兰发出订单，无论什么样的价格都会有人付账。在受到如此恩惠的荷兰，贫困将会一去不复返。无论是贵族、市民、农民，还是工匠、船夫、随从、伙计，甚至是扫烟囱的工人和旧衣服店里的老妇，都加入了郁金香的投机。无论处在哪个阶层，人们都将财产变换成现金，投资于这种花卉。"1637年，郁金香的价格已经涨到了骇人听闻的水平。与上一年相比，郁金香总涨幅高达5900%！1637年2月，一株名为"永远的奥古斯都"的郁金香售价高达6700荷兰盾，这笔钱足以买下阿姆斯特丹运河边的一幢豪宅，而当时荷兰人的平均年收入只有150荷兰盾。在郁金香泡沫中对郁金香的需求具有明显的操纵痕迹，使郁金香的稀缺性更加明显，引发了一场巨大的投机泡沫。

（资料来源：http://history.people.com.cn/n/2013/0731/c367300-22397346.html。）

同样的例子，汽车奢侈品法拉利为了维持品牌稀缺性，将年产量控制在7000辆以内而丝毫不影响其利润的收入。

（4）传统的回归。人类从农业社会到工业社会经历了从各种稀缺走到了各种过剩，移动互联网的发展带给人类极大的便利，似乎人类什么都不缺乏。但是，有一种资源正在变得稀缺，那就是人类的感觉。科技的进步让我们远离了土地，远离了四合院，远离了工厂，远离了手工劳动。和大自然、亲人朋友的互动，逐渐被智能手机取代。代价就是我们感觉的逐渐消退！因此，科技越发达，很多人越怀念过去的感觉，希望能回归传统，重新找回过去的感觉。例如，好的味觉在变得稀缺，一方面，食材越来越丰富；另一方面，在颓势愈加明显的餐饮行业，各种以"舌尖"为带动的美食节目你方唱罢我登场，努力调动民众的胃口。可现实情况是，消费者似乎更钟情于找回那些记忆中的老味道。肉没有以前的香了，于是有了科技大佬去养猪；菜没有以前的味道了，于是有了各种有机蔬菜；沙县小吃、兰州拉面、黄焖鸡米饭成了最不可思议的存在。回到商业，现实中，那些能够让消费者重新找回感觉的，让消费者艰难、困苦、亲身经历的项目，开始快速发展。比如户外运动、钓鱼、密室逃脱、极限运动、私家农场等，这些项目在创造消费者熟悉的感觉，而这些感觉在现代社会的大都市里是极具稀缺性的。

（5）赋予产品以人类的情感。为什么有些产品的供应增加了，稀缺性在下降，其价格却依然上升？因为这些产品被赋予了珍贵的人类情感在里面。大多数文玩艺术品在刚刚上市流通时属于稀缺品，比如云南保山产的南红玛瑙、绿松石、青金石、波罗的海的琥珀等。但随着消费者对它们认知的增长，需求量也随之增长。但随后，消费者发现它们已经不再那么稀缺了，可价值却依然处于上升状态。例如，网红经济并不是稀缺品，却总能获得高额回报，其实就是这个道理：并不稀缺，但总能让人感到它们是珍贵的。2012年，爆出一则震惊世界的新闻，俄罗斯公布了一个20世纪70年代发现的巨型钻石矿，位于西伯利亚东部地区，直径超过100公里的陨石坑内，储量超过万亿克拉，能满足全球宝石市场3000年的需求。但2012年至2015年底，钻石在全球的平均零售价格不但没有下滑，反而提高了30%。究其原因，钻石的开采量和其价格关系并不大，因为一直以来，钻石都是奢华的象征，"钻石恒久远，一颗永流传"已深深植入消费者的情感深处。

（6）虚拟空间的创造。移动互联网的发展为人类创造了一个移动的互联虚拟空间、未来物联网的发展则会产生无数的物联虚拟空间、博客、微博、微信、QQ等成为我们创造了社交空间、网红创造了个性化的直播虚拟空间、王者荣耀则集合了游戏社交双重的虚拟空间而大获成功。企业如果能创造出全新的虚拟空间，那么这种虚拟空间将会拥有极大的稀缺性，在万物物物相联的世界里，存在着极大的创造与发展的潜力。

（7）基于用户心智模式的稀缺性创造。心智模式是指深植于消费者心中关于消费者自己、别人、组织及周围世界每个层面的假设、形象和故事，并深受习惯思维、定势思维、已有知识的局限。心智模式由苏格兰心理学家 Kenneth Craik 在20世纪40年代提出。消费者的心智容量是有限的，具有稀缺性，因为其大脑只会记忆有限的信息，而且是选择性的记忆。消费者一旦对某产品形成认知，以后将很难改变。任何妄图改变心智的努力，都是徒劳无益的投资。例如，去头皮屑洗发水，消费者的首先印象是海飞丝；提起凉茶，则是王老吉、加多宝。后进来的企业很难有超越的机会，除非已经占据消费者心智的企业犯下无法挽回的错误。因此，对于企业而言，如何抢占原本稀缺的消费者心智模式进行相应的商业模式设计至关重要。

7.2 资源整合型商业模式设计

资源整合是在看上去毫无关联的不同要素和领域间通过超常规的思维和方式，建立一种机制和系统，从而形成多方互利的局面，产生巨大的社会效应和经济效益。在战略思维层面上，资源整合是系统论的思维方式，是指通过组织和协调，把企业内部彼此相关但却彼此分离的智能，把企业外部既参与共同的使命又拥有独立经济利益的合作伙伴整合成一个为客户服务的系统。在战术选择层面上，资源整合是优化配置的决策，是指根据企业的发展战略和市场需求对有关的资源进行重新配置，以凸显企业的核心竞争力，并寻求资源配置与客户需求的最佳结合点。目的是要通过组织制度安排和管理运作协调来增强企业的竞争优势，提高企业的盈利水平。企业资源整合得好，资源利用能力强，不但能够提高资源利用率，还能大幅度提升企业的创新能力和竞争能力，推动检测产业发展和转型升级。

7.2.1 单一资源整合型商业模式设计

单一的资源整合型商业模式是一种传统的商业模式，它往往是单一行业（如银联）、单一领域（如分众传媒）或者单一地区（如饭统网）资源的整合运营模式（见表7-2）。

表7-2　　　　单一资源整合型商业模式画布

合作伙伴： 物流服务提供商 价值链各环节生产服务商	关键业务： 资源整合协同效应	价值主张： 通过单一资源整合协同提供新价值	客户关系： 通过不同环节之间资源协同维系客户	客户细分： 对价格或成本敏感的客户
	核心资源： 专业化 专利技术等		渠道通路： 线上线下	
成本结构： 人工、管理、制造、销售等				收入来源： 通过整合协同效应提供溢价等

1. 单一行业的资源整合型商业模式

单一行业的资源整合往往针对的是某一个单一的行业。例如，银行业中的中国银联处于我国银行卡产业的核心和枢纽地位，对我国银行卡产业发展发挥着基础性作用，各银行通过银联跨行交易清算系统实现了系统间的互联互通，进而使银行卡得以跨银行、跨地区和跨境使用。在建设和运营银联跨行交易清算系统、实现银行卡联网通用的基础上，中国银联积极联合商业银行等产业各方推广统一的银联卡标准规范，创建银行卡自主品牌；推动银行卡的发展和应用；维护银行卡受理市场秩序，防范银行卡风险。2003年，中国银联正式推出了具有自主知识产权、符合统一业务规范和技术标准的高品质、国际化的自主品牌银行卡——银联卡，满足了中国人日益增长的境外商务、旅游、学习的用卡需要，以及把境内商业银行的服务通过银联网络延伸到了境外。银联借助资源整合和"规则联合制定、业务联合推广、市场联合拓展、秩序联合规范"等"四个联合"形成了我国银行业的联盟规则和标准，是一个单一行业资源整合的典范。

2. 单一领域的资源整合型商业模式

单一领域的资源整合聚焦的是某一个行业的细分市场，它整合的不是多个企业的某个业务领域，其业务与多个企业的业务并没有多大的交集，而是通过资源整合将这些企业闲置资源的商业价值充分挖掘出来的商业模式。例如，分众传媒公司整合的是城市的电梯资源，在全球范围首创电梯媒体。电梯是城市的基础设施，电梯这个最日常的生活场景代表着四个词：主流人群、必经、高频、低干扰。而这四个词正是今天引爆品牌的最核心以及最稀缺的资源。电梯电视主要安放在电梯口，滚动循环播出，覆盖超过90%的中高端办公楼，日均触达5亿人次城市主流人群，覆盖70%~80%的都市消费力。电梯电视71%的受众年龄在20~45岁之间，68%的受众家庭月收入在1万元以上，是中国财富最主要的创造者和消费者。分众电梯电视在屏幕上加装WiFi和iBeacon，推动分众屏幕与用户手机端的互动。电梯海报主要位于社区电梯内，在必经的封闭狭小的电梯空间内形成强制性收视，在乘坐的无聊时间形成极高的广告关注度。截至2016年6月，分众传媒有19万块电梯电视及办公楼数码海报，每天精准到达超过2亿白领、金领及商务人士，占据中国电梯电视市场超过95%的份额。分众传媒2005年成为首家在美国纳斯达克上市的中国广告传媒股，并于2007年入选纳斯达克100指数。分众传媒资源整合的最独有的价值是在主流城市主流人群必经的电梯空间中每天形成了高频次有效到达，从而形成了强大的品牌引爆的能力，这种整合使电梯媒体的价值凸显，具体数据比较见表7-3。对绝大多数城市主流消费者来说，人总要回家、总要上班、总要等电梯，分众抓住了电梯这个核心场景。

表7-3　　分众传媒广告公司与其他代表性传媒广告公司业务比较

公司名称	主营业务	2015年业务收入	毛利率（%）	收入增长率（%）
分众传媒	楼宇广告	69.5亿元	74	13
	影院广告	13.5亿元	62	42
北巴传媒	公交、地铁广告	4.89亿元	77	3
华视传媒	公交、地铁广告	0.42亿美元	-11	-60

资料来源：http://finance.qq.com/a/20160503/019263.htm。

延伸阅读

羊毛出在狗身上猪来买单——过剩型资源的整合

中国市场上出现过一个品牌叫梦露，它只做一个女式睡衣产品，销售价格为188元一件，只有两种款式，吊带的和齐肩的；也只有两种颜色，橙色和紫色。企业用了一个不一样的销售方式——免费送。如果消费者穿了感觉很好，就请消费者帮企业做口碑宣传。除此之外，企业提出了另外一个要求：企业免费送给消费者是可以的，但消费者需要付快递费。快递费是23元一件，但是支持货到付款，支持退货。消费者是零风险。也就意味着消费者花23元快递费可以拿到一件价值188元的女士睡衣。消费者第一次看到可能不会动心，但是如果消费者发现同一时段竟然有157家网站都在为这个品牌做广告，消费者可能会看看甚至会订上一件。

企业计划免费送1000万件。每件产品188元，1000万件，等于18.8亿元人民币，这家公司愿意拿18.8亿元打造一个市场，这家公司既不是中国500强，也不是世界500强，这时候，很多消费者即使只为了满足一下好奇心，都会考虑订一件。于是很多消费者就会留下名字、电话、手机、地址，13天后，快递真的送到消费者手中，消费者打开信封一看，这个睡衣质量真不错，在市场里面可能超过188元或者288元，于是消费者心甘情愿支付23元快递费。很多人看不明白这家公司是干吗的？是做慈善？还是赔钱赚吆喝？

企业的想法是这样的：1000万件睡衣免费送，首先企业需要解决货源问题。做生意的人都知道，中国义乌小商品批发市场世界闻名，在那有很多小型的服装加工厂，所以制作起来成本可以很低。而且企业有1000万件订单，那么企业给这家加工厂做成本是10块，给那家加工厂做成本可能是8块。因为这件产品是夏天的女式睡衣：第一，款式简单；第二，省布料。

为什么8块钱成本的睡衣在商场里面可以卖到188元？今天如果消费者买双鞋子，市面成本是50元，可是到商场里面可能不是名牌的产品卖300元，名牌的产品会卖500元，请问50元到300元中间的钱去哪儿了？商场，没错。商场收了27%～33%，营业员分了12%。梦露睡衣生产成本只有8块钱，但是到消费者手中没有任何商场环节，所以8块钱的睡衣拿到商场里卖188元。这样消费者真正得到了实惠。

接下来就是快递的问题了。我们平时快递一样最小的东西，至少需要10块钱，但是，如果一年有1000万件快递要运送，规模效应会带来便宜的运费，所以，最后运费可以5元敲定，因为夏天的女式睡衣很轻，又很小，一个信封就可以装下。

下面就剩下广告推广了。本来网上做这种免费送东西的广告是不需要花钱的，因为网站要的是浏览量，如果产品免费送，会有很多网站帮企业做宣传推广。而且只要在网站上送出去一件，企业还会给网站3块钱的提成，这样调动了网站的积极性，所有的网站都帮着企业打广告。

23元减去8元减去3元减去5元还剩下多少？7元。就是说，企业实际上送一件睡衣只付出了16元钱的成本，但是，消费者却付了23元钱的快递费。就是说，他们只要送出一件睡衣就赚了7元钱，中国有13亿消费人口，一年免费送一千万件可不可以送出去？答案是，当然可以。最后，他们送睡衣一年就赚了7000万元。

这家公司做了什么？快递谁递的？快递员。广告谁做的？网站。钱谁赚了？他们赚了。

接下来，再算一下其参与者的利润。卖出8元钱的睡衣，这个生产睡衣的工厂每件只能赚1元钱，但是一下子接了个1000万元的单。快递公司收5元/件，利润也是1元钱。网站打广告本身是没有什么成本的，所以，网站的纯利润是3元/件。

这三个干活的加在一起，一件才赚了5元钱。但是，企业似乎什么都没干，却赚了7000万元人民币。

这家公司有多少人呢？这家公司从总裁、设计总监、销售总监到会计，全公司加在一起4个人。

（案例来源：http：//bbs.tianya.cn/post-develop-2060804-1.shtml。）

7.2.2 跨界资源整合型商业模式

跨界、融合、创新就是反传统、反经验、反做法的逆向思维方式，把表面似乎无关的东西，用未来的需求、内在逻辑和服务方式，创造出一种新的商业模式。在别人还看不清的时候，你已勾勒出比别人想象中更美好的蓝图。跨界并不是一个新鲜的事物，很长一段时间以来一直存在。例如，企业的多元化经营就是一种跨界。人类自进入互联网经济时代，跨界更加明显、广泛。特别是在跨界资源整合方面，各个独立的行业主体不断融合，渗透，也创造出很多新型、发展劲势的经济元素。跨界的本质是整合、融合。通过自身资源的某一特性与其他表面上不相干的资源进行随机的搭配应用，可放大相互资源的价值，甚至可以融合一个完整的独立个体面世。目前跨界已渗透至各个行业。跨界，无界！每个行业，大到全球大企业，小到个人，都在通过自己的方式演绎不同的跨界故事。

1. 传统的跨界——多元化经营为基础的跨界资源整合型商业模式

多元化是特性不同的对象组合，业务的多元化指非相关、跨行业、多品类的业务组合。比如，烟草品牌红塔山做地板、空调品牌春兰做汽车、家电品牌海尔做医药，这就是多元化。多元化是相对企业专业化经营而言的，其内容包括：产品的多元化、市场的多元化、投资区域的多元化和资本的多元化。产品的多元化是指企业新生产的产品跨越了并不一定相关的多种行业，且生产多为系列化的产品；所谓市场的多元化，是指企业的产品在多个市场，包括国内市场和国际区域市场，甚至是全球市场；所谓投资区域的多元化，是指企业的投资不仅集中在一个区域，而且分散在多个区域甚至世界各国；所谓资本的多元化，是指企业资本来源及构成的多种形式，包括有形资本和无形资本（如证券、股票、知识产权、商标和企业声誉等）。企业多元化经营战略的界定，必须是企业异质的主导产品低于企业产品销售总额的70%。

传统的跨界集中于非相关多元化。非相关多元化是指企业新发展的业务与原有业务之间没有明显的战略适应性，所增加的产品是新产品，服务领域也是新市场。企业主要的目的是从财务上考虑平衡现金流或者获取新的利润增长点。例如，海尔公司从1992年开始从单一产品向多种产品扩张，全面实施相关多元化战略。通过兼并、收购、合资、合作等手段，迅速由单一的冰箱产品进入冷柜、空调、洗衣机等白色家电领域。1997年，以生产数字彩电为标志，海尔又从白色家电领域进入黑色家电领域。1998年，海尔又跨界涉足国外称之为米色家电领域的电脑行业，开始了非相关多元化战略。海尔主业仍然是家电行业，销售额约占海尔总销售额的40%～70%。2001年，海尔通过在产业领域创出的品牌信誉跨界进入金融业，搭建了海尔的金融框架，包括入主青岛商业银行、长江证券，成立保险代理公司、人寿保险合资公司、财务公司等（见图7-2），为进入国际资本市场奠定基础，为集团今后的发展搭建了更为广阔的舞台。从相关多元化到不相关多元化；从制造业向服务业发展。发展纽带从类似的产业模式向服务品牌转变。在多元化发展方式上，从以强扶弱的合并方式向强强联合的合资方式转变；在地域上,从青岛到山东到全国到东南亚到欧洲到美日等国家。

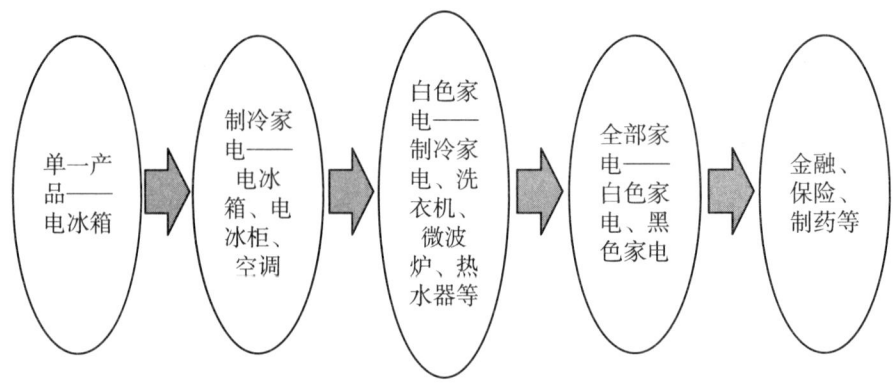

图7-2 海尔公司以多元化经营为基础的跨界资源整合型商业模式

> **案例导读**

四川航空提供150辆大巴免费乘坐却盈利1亿多元

四川航空公司一次性从风行汽车订购150台风行菱智MPV。四川航空公司此次采购风行菱智MPV主要是为了延伸服务空间,挑选高品质的商务车作为旅客航空服务班车,来提高在陆地上航空服务的水平。为此,四川航空还制定了完整的选车流程。作为航空服务班车,除了要具备可靠的品质和服务外,车型的外观、动力、内饰、节能环保、操控性和舒适性等方面都要能够达到服务航空客户的基本要求。

四川航空向风行汽车购买了150辆休旅车,这么大一笔订单当然是为了要提供上述免费的接送服务用途。四川航空一方面提供的机票是五折优惠,另一方面又给乘客提供免费接送服务,这一举措为四川航空带来了上亿元利润。我们不禁要问:免费的车怎么也能给它创造这么高的利润? 这就是商业模式的魔力:

原价一台14.8万人民币的休旅车,四川航空要求以9万元的价格购买150台,提供给风行汽车的条件是,四川航空令司机于载客的途中提供给乘客关于这台车子的详细介绍,简单地说,就是司机在车上帮车商做广告,销售汽车,在乘客的乘坐体验中顺道带出车子的优点和车商的服务。每一部车可以载7名乘客,以每天3趟计算,150辆车,带来的广告受众人数是:7×6×365×150,超过200万的受众群体,并且宣传效果也非同一般。

司机哪里找? 四川有很多找不到工作的人,其中有部分人很想当出租车司机,据说从事这行要先缴一笔和轿车差不多费用的保证金,而且他们只有车子的使用权,不具有所有权。因此,四川航空征召了这些人,以一台休旅车17.8万元的价格出售给这些准司机,告诉他们每载一个乘客,四川航空就会付给司机25元人民币!

四川航空立即进账1320万元人民币:(17.8−9)×150=1320(万元)。你或许会有疑问:不对,司机为什么要用更贵的价钱买车?因为对司机而言,比起一般出租车要在路上到处寻找客人,四川航空提供了一条客源稳定的路线!这样的诱因当然能吸引到司机来应征!这17.8万元里包含了稳定的客户源、特许经营费用和管理费用。

接下来,四川航空推出了只要购买五折票价以上的机票,就送免费市区接送的活动!基本上整个资源整合的商业模式已经形成了。

对乘客而言,不仅省下了150元的车费,也解决了从机场到市区之间的交通问题,划算!对风行汽车而言,虽然以低价出售车子,不过该公司却多出了150名业务员帮他卖车子,以及省下了一笔广告预算,换得一个稳定的广告通路,划算!对司机而言,与其把钱投资在自行开出租车营业上,不如成为四川航空的专线司机,获得稳定的收入来源,划算!对四川航空而言,这150台印有"免费接送"字样的车子每天在市区到处跑来跑去,让这个优惠讯息传遍大街小巷还不够,其还与车商签约在期限过了之后就可以开始酌收广告费(包含出租车体广告),最后,四川航空获利最大(别忘了还有那1320万元)。当这个商业模式形成后,根据统计,四川航空平均每天多卖了10000张机票!这就是资源整合的惊人效益!

(资料来源:http://fj.qq.com/a/20131224/005778.htm。)

2. 现代的跨界——"互联网+"为基础的跨界资源整合商业模式

科技的发展让人们的生活进入互联网时代,特别是移动互联网的普及,让人们有更多的信息链接。供求信息的流通达到空前的释放,需求与供应在不断被丰富、完善。基于互联网的跨界是另外一种更深层次的整合,以互联网为基础的跨界越来越成为一种企业发展的趋势。

以智能家居为例,"互联网+智能家居"成为市场亮点,推动智能家居的发展成为顺势的举措,各企业对智能家居市场切入点给出了不同的动作,致力于建立开放的智能家居平台,进行跨界资源整合,目前主要的模式有:

(1)手机+运营商+智能家居,产品流量入口互助。智能家居一大关键痛点在于互联互通,其中通信协议发挥着重要的作用。华为公司聚焦于做连接,其战略明确以连接为核心,实现家电间的"通话"。在这一战略体系中,华为希望Hi-Link连接协议和Huawei-LiteOS物联网操作系统成为华为与伙伴共享的两大核心能力。华为也与海尔在智能路由与模块、移动智能终端与家电互动、云平台对接与数据共享、通信互联的标准与协议、渠道及市场推广、品牌建设等方面形成全方位的合作关系，以求资源合作共享。2014年，小米路由器正式发布。小米路由器定位于智能家庭的入口。小米路由器立项的四个定位分别是：最好的路由器、家庭数据中心、智能家庭中心以及开放平台。2016年，小米为了更好地集中力量和资源管理，推出小米生态链全新品牌：米家，与小米手机独立运作。

（2）传统制造业＋智能家居，线上线下渠道互补。海尔推公司出U＋智能家居操作系统，向合作伙伴开放用户资源、产品资源、技术能力，目前跟谷歌、苹果HomeKit、阿里云、华为、AllJoyn等协议互通。海尔成为苹果HomeKit唯一大型企业合作伙伴。美的集团则依托物联网、云计算等先进技术，与小米合作，以此植入互联网的基因。其战略合作内容包括：智能家居产业链全面协同发展、移动互联网电商业务全面合作、智能家居生态链、移动互联网创新的战略合作。由此，美的公司由一家传统家电制造商一跃转变为一家智慧家居创造商。

（3）能源领域＋智能家居，打造硬技术控制平台。日本松下公司发布了其智能家居创新技术"Ora"，可通过一个平台将照明、供暖、摄像头、运动传感器和各种智能电器集成，实现对个性化家居体验的管理。

（4）房地产＋智能家居，增附加值，降低成本负担。跨界进军房地产的企业不止一家，然而一些企业看似在跨界搞房地产，其实是瞄准了背后的智能家居市场。360公司欲从最大的"互联网安全公司"转变为最大的"安全互联网公司"，助力智能家居市场全产业链条更快更好地发展。360公司和华远地产发布了战略合作，希望能够利用开发商的资金实力补贴智能家居产品的硬件成本。京东智能通过正式发布京东微联"智慧家"战略，为家装、地产、集成商等带来语音控制、互联互通、远程控制、第三方服务等多种智能家居解决方案。京东微联已经携手碧桂园地产公司，推出智能板房体验馆。

------- 延伸阅读 -------

无人驾驶技术下跨界资源整合

在汽车行业，传统的汽车巨头是通用、福特、大众、丰田、本田等公司，无人驾驶被视为汽车行业门槛最高的核心技术。为攻克它，通用花了10亿美金收购Cruise，福特花了10亿美金收购Argo.AI，Uber花费了6.8亿美金收购OTTO的同时在匹兹堡投资10亿美元，大众、丰田、宝马、奔驰在这方面的投入都以几十亿美金计算，招募的工程师数以千计。巨大的市场也引来了互联网巨头谷歌的巨额投资，其为此已组织尖端团队攻关了8年，这若干年中，仅仅一个工程师的薪资就支付了1.2亿美金。中国的百度公司也投入了巨额的资金跨界无人智能驾驶技术，而且在2017年宣布将向所有合作伙伴免费开放无人驾驶平台。开放的内容包括：车辆平台、硬件平台、软件平台和云端平台。百度将开放环境感知、路径规划、车辆控制、车载操作系统等功能的代码或能力，并提供完整的开发测试工具。在百度的帮助下，其他制造商和应用服务商可快速搭建一套属于自己的完整的自动驾驶系统。百度想获得的是平台数据，因为对于无人驾驶而言，AI算法、超强的计算能力集群对BAT这样级别的公司都不是门槛，唯一的门槛在于数据，以及因为数据的增加而持续产生的能力提升。百度的战略非常明确，即为广大汽车和交通生态中的合作伙伴提供免费无人驾驶解决方案，当越多的车辆使用百度的技术平台，百度就能获得更多的数据，以及通过数据持续训练自身的无人驾驶水平。一旦这个闭环形成，阿里、腾讯、华为、谷歌等公司想替代百度将遭遇两重门槛：(1) 大规模的车辆已经在使用百度的无人驾驶平台了，替换需要成本，包括研发成本和对用户习惯的颠覆。(2) 百度依托大量的数据，持续提升自身能力，包括感知方面的计算机视觉（CV）、交互方面的自然语音处理（NLP），进一步完善3D高精地图，以及利用大量的驾驶行为提升无人驾驶能力。这同时也提升了百度的AI水平。百度利用已有的用户使用作为案例，以及这些用户使用带来的能力提升，进一步提升市场占有率。任何一个竞争对手，哪怕投入再多的工程师、再多的计算资源和研发预算，在没有大量数据的情况下，也难以撼动百度在无人驾驶领域的领导地位。在逐步消灭竞争对手之后，百度对整个生态系统将具备制定游戏规则的能力。比如芯片供应商、感知模块的硬件供应商、通信模块的供应商等，都需要听百度的招呼。当年在移动互联网时代，英特尔错过了与苹果的合作，失去了整个移动互联网的市场，在AI和移动互联网时代，这样的事情会继续发生。

（资料来源：http：//www.sohu.com/a/136639138_481560。）

7.3 标准、知识产权与商业模式设计

在新的商业模式中，标准超越了传统的技术协调角色，成为公司等商业组织经营战略的有机组成部分，直接服务于公司发展的战略性目标。标准是科学、技术和实践经验的总结。为在一定的范围内获得最佳秩序，对实际的或潜在的问题制定共同的和重复使用的规则的活动，即制定、发布及实施标准的过程，称为标准化。标准有行业标准、地方标准、国家标准、企业标准等，每个行业都要遵循一定的标准。行业标准由行业标准

归口部门统一管理。行业标准的归口部门及其所管理的行业标准范围，由国务院有关行政主管部门提出申请报告，国务院标准化行政主管部门审查确定并公布该行业的行业标准代号。行业标准分为强制性标准和推荐性标准。对于很多行业而言，某些企业的标准便是行业的标准，因为这些企业制定了前瞻性的标准化战略，积极参与了行业标准的制定。这些企业通过在制定标准的过程中与其他企业交叉许可知识产权，在实施标准时免除标准用户的知识产权使用费，或者在合理无歧视原则下收取知识产权使用费，使标准被用户广泛接受和使用，从而使自己的产品与其他产品相互兼容，最大限度地占领市场和获得最大利润。

7.3.1 技术、标准和商业模式

技术、标准和商业模式是行业发展的三个不可或缺的元素。技术就像是公路上的跑车，技术越硬，跑得越快越持久；标准就像是高速公路的质量，每一段路都铺平铺好，车辆才能畅通行驶保持匀速；而商业模式则是路的方向，它带领着行业前进，只有商业模式明确，才会有明确的前途。

1. 技术是企业发展长久的推动力

一般企业都会认为技术对于企业和行业发展最重要，会投入资金进行技术研发，因为技术是核心竞争力。技术对于行业有长久的推动力，无论行业处于哪个阶段，技术都是产业的基础。但仅有技术研发是不够的，企业还需要从行业发展的角度分析技术是否可能成为行业的发展标准。

2. 积极参与行业标准制定，获取知识产权最大化受益

标准在商业模式中的战略性转变，为知识产权发挥更大作用提供了一个平台。企业在行业标准中融入自己的知识产权，目的仍然是占领更大的市场，获取尽可能多的利润，而不仅仅是收取专利费。在知识经济时代，由于技术的多样性、集成性和复杂性，以及企业的实力限制和市场的多元化，绝大多数企业只能生产有限的产品，而不能生产出构建网络所需的所有产品，所以现代企业往往既竞争又合作，通过在积极参与制定行业标准过程中与其他企业交叉许可知识产权获取最大化受益。正式标准制定组织遵守公开、透明、协商、一致性等原则，它有规范的标准制定程序，参加成员可以包括企业、协会、政府、消费者等，被各国标准化主管机构所认可，制定的标准习惯上被称为一致性标准或法定标准，为行业内企业所推崇。只有有了一致性标准，不同国家的制造商才能将技术应用于产品销往全世界。例如，目前海尔、LG、西门子、通用电气等公司都希望建立一个统一的智能电网标准，这样才能建立起互通的国际家电市场。在标准与知识

产权的结合问题上，不应仅关注标准中写入专利的数量，也不应该认为只有高新技术产业中的大型企业才有实力实施标准化战略，应该看到中小型企业和传统产业中的企业都能够很好地使用标准，促进技术创新，增强市场竞争力。企业要站在战略的高度应用标准与知识产权，通过制定和实施标准提高企业的经营管理水平，开拓更大的市场，降低成本，实现利润最大化的目标。

3. 商业模式

商业模式是技术和经济融合的产物，它实现了技术到经济价值的转化。盈利也是企业的根本目的，没有商业模式，任何企业都难以很好地发展。例如，现在物联网行业存在近10种商业模式，但是这些商业模式都很传统，几乎都沿用了互联网阶段的商业模式。这些模式普遍存在一个问题：装得了互联网，装不了物联网。在新的阶段，商业模式的创新绝对是排在第一位的。因此，技术的研发是为了成为行业技术标准，获取知识产权，最终成为商业模式中的核心。如果过分强调技术和标准，导致商业模式的空白，这种企业也无法获得成功。

7.3.2 基于标准、知识产权的商业模式设计途径

1. 聚焦于新兴行业标准空白点，抢占行业竞争制高点

随着高新技术的发展，涌现出越来越多的行业，这些行业所提供的产品或服务没有统一的行业标准，出现了非常多的标准空白点。例如，随着我国能源的不断发展，新能源汽车必将最终成为未来的发展趋势。而充电桩就是给电动汽车提供能源的一种配套设施。充电桩就像手机的充电器一样，它是给电动汽车进行充电的装置，虽然它是一个小小的充电装置，但是却不能因此而忽视它。充电桩在建设过程中十分困难，充电桩的标准问题成为制约行业发展的瓶颈。再如，虚拟现实（VR）已经成为当前科技领域的超级大热门，随着智能手机开始支持廉价VR头盔，越来越多VR设备的出现让虚拟现实能够为越来越多的公司和个人所用，行业市场和消费者市场都在酝酿新的应用体验和创新。作为连接二维和真实三维空间之间的桥梁，VR在人们的生活中将发挥日益重要的作用。大街小巷、商场影院越来越多VR体验店的开张，更多厂商加入VR市场，让业界似乎看到了VR产业大爆发的势头。但很多VR产品并无一个统一的VR/AR支撑技术和垂直行业应用方面的标准。例如，在车载应用中，有厂商把AR用在挡风玻璃的显示屏上，也有直接让驾驶员或乘客戴AR眼镜的，AR在这里的作用是提供辅助驾驶和给驾乘人员提供信息娱乐服务。目前这个领域非常热门，但其作为行业应用方面的标准并没有建立起来。

新兴行业标准空白点是未来市场上的稀缺资源，具有极大的商业价值，是未来商业模式中的核心支撑点。2016年11月17日，在决定全球通信技术标准的5G方案大战中，中国华为公司以绝对优势击败欧美列强，其主推的Polar Code成为5G短码最终方案。这意味着5G的半壁江山被中国拿下，3G、4G被法国Turbo统治十多年的日子宣告结束；这一结果确定了华为主导的Polar码作为控制信道的编码方案，高通主导的LDPC码作为数据信道的编码方案。垄断3G/4G时代的Turbo2.0编码由于支持者少，很可能会退出。未来的全球通信技术标准，将有中国企业参与制定。在通信技术领域，谁掌握了标准技术谁就拥有了话语权。30年前，高通把军用的CDMA技术用在了民用通信上，推出IS-95标准，成为与欧洲的GSM竞争的第二代移动通信系统，也就是我们常说的2G时代。2G时代GSM取得了胜利，但高通主导的Viterbi译码算法让业界相信CDMA代表了无线通信技术的发展方向。到了3G时代，WCDMA、CDMA 2000和TD-SCDMA都采用了CDMA技术。现在高通的绝大部分利润也是来自基于CDMA的专利授权。中国虽然自主研发了TD-SCDMA，但是技术上还不能和它相提并论。即便到了4G时代，中国TD-LTE有了一定突破，但是核心长码编码Turbo码和短码咬尾卷积码都不是中国原创的技术，导致高通动辄控告中国公司侵权，索取额外专利费。和3G/4G时代多个标准并存不同，5G可能实现全球统一标准。标准中的话语权是企业力争的焦点，企业在各个环节参与的程度越大，则企业自身的更多技术会被5G标准使用，也会让企业拥有更多的专利知识产权储备，尤其是在手机方面。一旦标准实施了，专利被侵权就可以主张收费，成为企业的利润来源之一。

----- 延伸阅读 -----

高通指控苹果侵犯6项专利　要求禁售部分iPhone和iPad

2017年7月7日，高通要求美国国际贸易委员会（以下简称"ITC"）在美国禁售部分由英特尔供应芯片的iPhone和iPad，原因是这些产品侵犯了该公司的6项专利。此举将进一步扩大苹果与高通之间的法律纠纷。

高通也向苹果供应芯片，该公司表示，他们的6项专利可以帮助设备在不增加电量消耗的情况下实现不俗性能。苹果回应此事时出示了早先针对与高通的纠纷发表的声明，该公司当时指控高通针对使用其芯片的设备征收不公平的"税"。

高通在提交给ITC的投诉中要求其禁售"使用非高通附属企业供应的蜂窝基带处理器的iPhone"。高通并未明确提到英特尔，但英特尔从iPhone 7开始为部分iPhone供应芯片。高通尚未指控英特尔的芯片侵犯其专利，但的确指控苹果在 iPhone 中部署这些芯片的行为涉嫌侵权。英特尔拒绝对此置评。

高通一直按照手机整体售价收取专利费，以此作为条件为企业提供调制解调芯片，苹果与高通一直在这种收费方式上存在分歧。2017 年 1 月苹果向高通发起案值 10 亿美元的官司，指控其针对芯片收取过高费用。

（资料来源：http：//www.sohu.com/a/156147163_566331。）

2. 通过战略联盟实施企业标准化战略

产业技术标准的形成是技术路径和市场路径共同作用的结果。技术路径体现为技术先进性及其与现有主流技术的兼容性；市场路径则包含技术的使用厂商扩散以及技术的消费者扩散两个方面。企业在技术标准战略选择过程中，应该主要考虑技术联盟或市场联盟模式。技术联盟强调了技术共享，而市场联盟则强调了技术领先者的技术授权或许可。企业具体选择何种联盟模式，则应根据其所处产业结构特点、企业自身与联盟企业的技术条件及规模而定。例如，20 世纪 90 年代初索尼公司先向播放机市场上投放其 Betamax 技术，之后松下公司投放了它的 VHS 技术。索尼公司希望由自己来生产所有的播放机，因此没有授权他人使用 Betamax 技术。而松下公司则采取了广泛的战略联盟，允许任何一家消费电子企业在获得授权后生产 VHS 制式的播放机。结果市场上的 VHS 播放机的数量大大超过了 Betamax 制式的播放机。随着 VHS 播放机销售数量的上升，电影公司制作了更多的 VHS 制式的租赁录像带，这又进一步刺激了消费者对 VHS 制式播放机的需求，最终使索尼公司的 Betamax 制式播放机和录像带不得不退出市场，而松下公司的 VHS 技术成为磁带播放机技术事实上的标准。可以看出，具有先发优势的索尼公司却失去了技术标准制定中的主动权，而松下公司通过授权的形式和其他企业结成战略联盟，从而形成互补品正反馈回路，这显然是其赢得标准大战的重要因素。通常情况下，技术领先企业除了授权同类厂商使用该技术，促进技术的扩散之外，还应该充分利用技术产品"网络效应"的正反馈机制来影响消费者选择，从而控制产品市场。这是由于技术标准之争与一般的技术竞争不同。一般技术竞争往往是拥有技术优势者取得最终的胜利，而技术标准之争的结果往往并不是那些功能最强、效率最高的技术或产品成为市场标准，而是那些拥有众多厂商和用户使用的技术和产品成为市场标准。

随着技术标准与专利的日益结合，技术标准下的专利联盟已经成为跨国企业联盟在国际竞争中获取利润的重要工具。专利联盟是企业之间基于共同的战略利益，以一组相关的专利技术为纽带达成的联盟，联盟内部的企业实现专利的交叉许可，或者相互优惠使用彼此的专利技术，对联盟外部共同发布联合许可授权收费。专利联盟主要集中于数字电视、交互式绘图应用（影音合成内容）、数字广播系统、交互式多媒体（WWW、资料撷取与分散）等的压缩技术、音频压缩、视频压缩技术、数字电视（单向服务）与数字互动电视（双向服务）、无线网络连接等领域，基本上都以计算机技术和信息技术为基础，囊括了电子计算机工业、通信设备制造业、软件工业和消费电子工业等行业。专利联盟是优势企业之间借助知识产权的专有性对相关技术标准进行事实性垄断实行的利益最大化联合，目前世界上许多著名的专利联盟，如 GMS、CDMA、MPEG-2、MPEG-4、Bluetooth、IEEE1394、3G/WCDMA、DVD 6C、DVD 3C 等专利联盟，无不是业内具有强大竞争优势的企业之间组成的利益联合体，并且专利联盟的组成成员基本都是技术实力相当的跨国企业。

基于标准、知识产权的商业模式画布如表 7-4 所示。

表 7-4　　　　　　　　标准、知识产权的商业模式画布

合作伙伴： 价值链各环节生产服务商	关键业务： 将专利技术变成行业标准、知识产权	价值主张： 通过新技术、新知识产权提供新价值	客户关系： 通过新技术、知识产权维系客户	客户细分： 对专利技术比较敏感的客户
	核心资源： 专业化 专利技术等		渠道通路： 线上线下	
成本结构： 人工、管理、研发、销售等			收入来源： 通过标准或知识产权提供溢价等	

-------- 延伸阅读 --------

中兴通讯联合欧美巨头成立专利联盟

2016 年，爱立信、高通、中兴通讯和 Inter Digital 等企业联合推出了一个新的无线专利授权平台——Avanci。类似手机市场专利池，Avanci 将使设备制造商通过单一授权支付一笔统一费用，便可依据 FRAND 条款获得上述公司所持有的所有标准必要无线专利的使用权。Avanci 的成立意味着专利付费环境逐渐形成之后，物联网市场形成专利有

了规则制定者。在 Avanci 联盟的成员名单中，非常引人注意的一点是，"中兴通讯"这家中国企业的名字赫然在目，罕见的在通信市场有中国企业作为游戏规则的制定者。

到 2020 年，全球物联网连接数将达到 281 亿，收入规模将超过 7 万亿美元；GSMA 则认为，到 2020 年物联网连接数将超过 300 亿，其中基于蜂窝技术的连接数将达到 10 亿~20 亿。从国内市场来看，中国移动预测，到 2020 年，全球接入下一代互联网的连接数将增加到 500 亿，达到万亿规模级市场，中国接入下一代互联网的连接数将增加到 100 亿。中国科学院物联网研究发展中心同样预计，2016 年国内物联网行业整体收入将超过 1 万亿元。

通过 Avanci 物联网企业可获得包括爱立信、高通、中兴、Inter Digital、KPN 的所有 2G/3G/4G 所有的标准必要专利的许可。这样避免了实施人与单个权利人签署许可协议所带来的企业内部成本的浪费，以及潜在的许可费叠加。这种一站式购物的方式已经在多个行业内获得认可。对于无通信技术积累的实施人来说，这个方案能够显著地提高知识产权成本的可预见性和透明度。

中兴通讯尊重知识产权规则的态度是加入 Avanci 联盟与爱立信、高通合作的基础。提到专利运营巨头，耳熟能详的只是爱立信、高通、诺基亚……鲜见中国企业能成为这场游戏的玩家乃至规则制定者。对于手握几万件专利的中兴来说，深耕细作这么多年后希望在专利市场寻求突破也在常理之中。此次参与建立 Avanci 平台既是厚积薄发的结果，也是中国企业尝试拥有世界专利话语主导权的表征。

在物联网勃兴的时代，借鉴智能手机市场的经验，知识产权授权走在市场阵前，无论是中国还是海外的物联网企业，无疑都将要、正在和已经经历着知识产权壁垒的阻碍和专利丛林法则的鱼肉。Avanci 这样的平台在未来也定会继续出现，研发投入充分、专利储备丰厚的企业将利用手中的资源和合理的规则让自身的利益最大化，中国企业参与到全球规则制定者行列，无疑将在全球物联网市场掌握更高的话语权。

（资料来源：http://www.zxripr.com/nws/524。）

本章小结

本章主要介绍了资源型商业模式的设计。第 1 节阐述了稀缺型资源的识别、创造方法与途径，分析了稀缺资源型商业模式设计的影响因素；第 2 节主要分析了资源整合型的商业模式设计，重点介绍了单一资源整合型和跨界资源整合型两种不同的商业模式设计；第 3 节从标准、知识产权的角度，对基于标准、知识产权的商业模式设计途径进行分析。

本章关键词

稀缺资源型商业模式　　创新　　垄断　　操纵　　传统的回归　　虚拟空间创造

心智模式　　单一资源整合型商业模式　　跨界资源整合型商业模式　　智能家居

标准　　知识产权　　战略联盟　　标准化战略

思考题

1. 如何识别资源的稀缺性？
2. 如何创造稀缺性资源？
3. 跨界资源整合型商业模式需要具备哪些条件？
4. 如何进行基于标准、知识产权的商业模式设计？

高新技术与商业模式设计

学习目标

1. 理解3D打印技术的影响并掌握其商业模式设计。
2. 掌握大数据的背景、特点及其发展趋势,熟悉其商业模式设计。
3. 理解云计算的特点及其商业模式设计。
4. 掌握物联网的产业链结构及其不同的商业模式设计。
5. 熟悉虚拟现实技术(VR)、人工智能(AI)及其商业模式设计。

---- 案例导读 ----

大数据应用案例之保险行业

保险行业并非技术创新的指示灯,然而美国邂逅生命保险公司已经投资3亿美金建立了一个新式系统,其中的第一款产品是一个基于MongoDB的应用程序,它将所有客户信息放在了同一个地方。

MongoDB汇聚了来自70多个遗留系统的数据,并将它合并成一个单一的记录。它运行在两个数据中心的6个服务器上,目前存储了24TB的数据。这包括邂逅生命保险公司的全部美国客户,尽管它的目标是扩大它的国际客户和多种语言,同时也可能创建一个面向客户的版本。它的更新几乎是实时的,当新客户的数据输入时,就好像Facebook墙一样。

大多数疾病可以通过药物来达到治疗效果,但如何让医生和病人能够专注参加一两个可以真正改善病人健康状况的干预项目却极具挑战性。安泰保险目前正尝试通过大数据达到此目的。

安泰保险为了帮助改善代谢综合征患者的预测,从千名患者中选择102个完成实验。在一个独立的实验室工作内,通过患者的一系列代谢综合征的检测试验结果,在连续三年内,扫描60万份化验结果和180000索赔事件,将最后的结果组成一个高度个性化的治疗方案,以评估患者的危险因素和重点治疗方案。这样,医生可以通过食用他汀类药物及减重5磅等建议而减少未来10年内50%的发病率;或者通过你目前体内高于20%的含糖量,而建议你降低体内甘油三酯总量。

(资料来源:http://www.thebigdata.cn/YingYongAnLi/10905.html。)

高新技术的主要特点是高智力、高收益、高战略、高群落、高渗透、高投资、高竞争、高风险。高新技术往往能通过高渗透性颠覆既有的商业模式,也能通过高群落创造新的商业模式。例如,3D打印极有可能颠覆传统的企业生产和服务模式;云计算和大数据会产生全新的产品与服务模式;物联网则会极大地扩张商业模式的发展空间,带来全新的规模经济和范围经济;而虚拟现实技术、人工智能为消费者带来与众不同的体验。

8.1 3D打印与商业模式设计

3D打印是快速成型技术的一种,它是一种以数字模型文件为基础,运用粉末状金属或塑料等可黏合材料,通过逐层打印的方式来构造物体的技术。该技术已经在珠宝、鞋类、工业设计、建筑、工程和施工(AEC)、汽车、航空航天、牙科、医疗产业、教育、地理信息系统、土木工程、枪支以及其他领域都有所应用。

8.1.1 3D打印技术的特点

3D打印带来了世界性制造业革命。以前是部件设计完全依赖于生产工艺能否实现,而3D打印机的出现将会颠覆这一生产思路,使企业在生产部件时不再考虑生产工艺问题,任何复杂形状的设计均可以通过3D打印机来实现。工厂制造一般是做减法生产,而3D打印则是做加法制造。3D打印机不像传统制造机器那样通过切割或模具塑造然后做减法制造物品,而是通过层层堆积形成实体物品的方法从物理的角度扩大数字概念的范围(见表8-1)。对于要求具有精确的内部凹陷或互锁部分的形状设计,3D打印机是首选的加工设备，它可以将这样的设计在实体世界中实现。

表 8-1　　　　　　　　　传统制造与 3D 打印的比较

传统制造	3D 打印
减法制造，产品设计受模具限制	加法制造，能实现任何设计
规模制造 以量制价	少量生产，成本均一
标准化	个性化
机械制造	数字化制造
劳动力密集型	脑力密集型
偏向于在人力成本低廉之处设厂	在市场所在地设厂
设计和生产线距离遥远	设计即需求，随时响应市场需求

1. 3D 打印的优点

（1）制造复杂物品不增加成本。就传统制造而言，物体形状越复杂，制造成本越高。对 3D 打印机而言，制造形状复杂的物品不增加成本，制造一个华丽的形状复杂的物品并不比打印一个简单的方块消耗更多的时间、技能或成本。制造复杂物品而不增加成本将打破传统的定价模式，并改变我们计算制造成本的方式。

（2）产品多样化不增加成本。一台 3D 打印机可以打印许多形状，它可以像工匠一样每次都做出不同形状的物品。传统的制造设备功能较少，做出的形状种类有限。3D 打印省去了培训机械师或购置新设备的成本，一台 3D 打印机只需要不同的数字设计蓝图和一批新的原材料。

（3）无须组装。3D 打印能使部件一体化成型。传统的大规模生产建立在组装线基础上，在现代工厂，机器生产出相同的零部件，然后由机器人或工人（甚至跨洲）组装。产品组成部件越多，组装耗费的时间和成本就越多。3D 打印机通过分层制造可以同时打印一扇门及上面的配套铰链，不需要组装。省略组装就缩短了供应链，节省在劳动力和运输方面的花费。供应链越短，污染也越少。

（4）即时交付。3D 打印机可以按需打印。即时生产减少了企业的实物库存，企业可以根据客户订单使用 3D 打印机制造出特别的或定制的产品满足客户需求，所以新的商业模式将成为可能。如果人们所需的物品按需就近生产，即时交付式生产能最大限度地减少长途运输的成本。

（5）设计空间无限。传统制造技术和工匠制造的产品形状有限，制造形状的能力受制于所使用的工具。例如，传统的木制车床只能制造圆形物品；轧机只能加工用铣刀组装的部件；制模机仅能制造模铸形状。3D 打印机可以突破这些局限，开辟巨大的设计空间，甚至可以制作目前可能只存在于自然界的形状。

（6）零技能制造。传统工匠需要当多年学徒才能掌握所需要的技能。批量生产和计算机控制的制造机器降低了对技能的要求，然而传统的制造机器仍然需要熟练的专业人员进行机器调整和校准。3D 打印机从设计文件里获得各种指示，做同样复杂的物品，3D 打印机所需要的操作技能比注塑机少。非技能制造开辟了新的商业模式，并能在远程环境或极端情况下为人们提供新的生产方式。

（7）不占空间，便携制造。就单位生产空间而言，与传统制造机器相比，3D 打印机的制造能力更强。例如，注塑机只能制造比自身小很多的物品，与此相反，3D 打印机可以制造与其打印台一样大的物品。3D 打印机调试好后，打印设备可以自由移动，打印机可以制造比自身还要大的物品。较高的单位空间生产能力使 3D 打印机适合家用或办公使用，因为其所需的物理空间小。

（8）减少废弃副产品。与传统的金属制造技术相比，3D 打印机制造金属时产生较少的副产品。传统金属加工的浪费量惊人，90% 的金属原材料被丢弃在工厂车间里。3D 打印制造金属时浪费量减少。随着打印材料的进步，"净成型"制造可能成为更环保的加工方式。

（9）材料无限组合。对当今的制造机器而言，将不同原材料结合成单一产品是件难事，因为传统的制造机器在切割或模具成型过程中不能轻易地将多种原材料融合在一起。随着多材料 3D 打印技术的发展，企业有能力将不同原材料融合在一起。以前无法混合的原料混合后将形成新的材料，这些材料色调种类繁多，具有独特的属性或功能。

（10）精确的实体复制。数字音乐文件可以被无休止地复制，音频质量并不会下降。未来，3D 打印将数字精度扩展到实体世界。扫描技术和 3D 打印技术将共同提高实体世界和数字世界之间形态转换的分辨率，企业可以扫描、编辑和复制实体对象，创建精确的副本或优化原件。

2. 3D 打印的不足

和所有新技术一样，3D 打印技术也有着自己的缺点，它们会成为 3D 打印技术发展路上的绊脚石，从而影响它成长的速度。

（1）材料的限制。3D 打印的第一个绊脚石是所需材料的限制。虽然高端工业印刷可以实现塑料、某些金属或者陶瓷打印，但目前无法实现打印的材料都是比较昂贵和稀缺的。另外，现在的打印机也还没有达到成熟的水平，无法支持客户在日常生活中所接触到的各种各样的材料。研究者们在多材料打印上已经取得了一定的进展，但除非这些进展达到成熟并有效,否则材料依然会是3D打印的一大障碍。

(2) 机器的限制。目前的3D打印技术在重建物体的几何形状和机能上已经获得了一定的水平,几乎任何静态的形状都可以被打印出来,但是那些运动的物体和它们的清晰度就难以实现了。

这个困难对于制造商来说也许是可以解决的,但是3D打印技术想要进入普通家庭,每个人都能随意打印想要的东西,那么机器的限制就必须得到解决才行。

(3) 知识产权的保护。在过去的几十年里,音乐、电影和电视产业中对知识产权的关注越来越多。3D打印技术毫无疑问也会涉及这一问题,因为现实中的很多东西都会得到更加广泛的传播。人们可以随意复制任何东西,并且数量不限。如何制定3D打印的法律法规来保护知识产权,也是企业面临的问题之一,否则就会出现泛滥的现象。

(4) 道德的挑战。如果有人打印出生物器官或者活体组织,是否有违道德?又该如何处理呢?如果无法尽快找到解决方法,在不久的将来,企业会遇到极大的道德挑战。

(5) 成本的承担。3D打印技术需要承担的成本是高昂的,对于普通大众来说更是如此。例如,第一台在京东上架的3D打印机的售价为1.5万元,又有多少人愿意承担这个价格来尝试这种新技术呢?如果想要普及到大众,降价是必须的,但又会与成本形成冲突。

8.1.2 3D打印技术对企业的影响

1. 工业制造

福特汽车的创始人亨利·福特留给世界最大的功绩,是名为福特系统的大量生产方式。1914年,通过采用输送带流水作业方式,汽车实现了大量生产。通过只生产黑色一个款式,量产效果大幅降低了成本,引发了购买热潮。引导全球进入"多品种"时代过渡期的是日本的制造业。丰田为了使生产多品种的效率与生产单一款式相当,开发出了最大限度减少零件库存的"看板管理"方式,将美国制造业挤下了领导者宝座。日本建立在自给自足、与关联企业紧密关系基础上的"磨合型"产业结构非常适合这种模式运行。

现在,为了在"多品种"的程度上更进一步,第一时间掌握"量身订制"的商业模式,世界各大先进企业纷纷展开了行动。量身订制能够通过提供符合个人偏好和体形的唯一产品,最大限度提升附加值。创造出这种新模式的武器便是3D打印机(如表8-1)。

3D打印最大的影响是对传统制造的冲击，主要表现为传统制造大多数产品都是减法生产，需批量制造以降低单个产品的制造成本，这就要求制造出可以批量制造的模具。利用传统方式制造模具往往需要长达数月或者半年之久，这必然影响到产品的更新换代速度。尤其是近年来受到互联网行业的发展影响，产品的更新迭代速度变得异常快速，用户的需求也变得异常个性化。如何在快速变化和个性化中快速获得更多的市场，传统制造行业需要向互联网企业学习产品研发和推广的经验，3D打印技术的加法生产方式恰好可以解决个性化和快速变化的问题。

（1）产品的研发和更新迭代会像互联网软件一样，快速制造原型产品并迅速得到产品的验证。通过装配试验、效果检测、产品众筹等方式快速检验产品和市场，并迅速根据市场的反馈做出产品的调整。

（2）大大缩短产品的研发时间和减少研发成本。这将会让企业生产销售的产品越来越靠近用户，企业的精力会更多的专注于产品。这也将使未来的商品品类和数量变得异常丰富，同时工业产品会变得越来越人性化。

（3）产品的造型和创意将会层出不穷。越来越多的从未见过甚至超出消费者认知的产品纷至沓来；人类的创意潜力会被更加广泛的开发出来，3D打印的产品将会让消费者进入更加丰富多彩的世界。

（4）工厂将会发生巨大的变革。会形成新的供应链和产业体系，传统制造会实现真正的智能化、数据化和自动化。

2. 消费者个性化需求与定制

现今社会各行各业都在推广个性化服务、个性化定制产品。但归根结底，所有的个性化定制都无法摆脱生产技术和生产方式。换句话说，生产技术和生产方式决定了个性化定制产品和服务的推进和发展。3D打印产品的个性化定制，目前而言是个性化时代的开端。目前仅仅只是因为技术尚未突破，材料也尚未突破，一旦两者都得到广泛的突破，真正的个性化时代算就会真正到来。

（1）个性化工艺品。对美的追求是人类的天性，随着时代的进步和社会的发展，人类对于美的追求也在不断地发生变化。3D打印正在帮助更多的个性化需求用户进行基于传统工艺的创新，或是帮助消费者从无到有开辟新的个性化需求。也正因为3D打印无须开模、无须太高的门槛，可以让更多的消费者轻易实现个性化产品的定制。当市场培育到一定程度的时候，必将激发出更多人的潜能，也会开发和制造出更加贴合消费者自我的设计和美感追求。

（2）服装首饰。其本身就是非常个性化的产品，集中反映了消费者个人的爱好和特性，而且需要根据每个人特定的身材尺寸来匹配。服装首饰本身就是人类对外展示自我、宣扬自我的一个最为简单和有效的载体。3D打印应用在服装上必将起到助推作用，帮助更多设计师和个人大胆创新。

（3）艺术品创造。对于艺术家而言，每个人都有一个独立的小王国，这个王国里面有自己塑造的形形色色的艺术作品。但在没有3D打印之前，大多数作品需要费尽力气才能制造出来，而利用3D打印技术，大多数作品可以轻松地以极低的成本和极快的时间制造出来。越多的艺术品被创造出来，为人所知，为人所消费，就越会刺激艺术家们的创作灵感。这也将为普通人的生活增添更加多样的生活消费品和精神消费品。

8.1.3 3D打印产业链与商业模式设计

3D打印机掀起的变革不仅仅停留在制造现场。从价值链上游的策划、营销到开发、制造以及下游的销售、售后服务，3D打印机的出现让每一个环节都存在商业良机与危机。

1. 3D打印产业链

3D打印产业链的具体内容见表8-2。

表8-2　　　　　　　　　　　3D打印产业链

上游（数字化设计、原料及零件）	中游（设备）	下游（应用）
数字化设计： 模拟/建模 数据驱动	**打印设备：** 熔融沉积成型（FDM） 光固化成型技术（SLA） 数字光处理（DLP） 三维打印快速成型（3DP） 选择性激光烧结/熔化（SLS/SLM） 激光熔覆成型（LMD） 电子束熔化（EBM） 生物打印	**服务平台：** 云平台 媒体社区
原材料： 金属粉末 光固化树脂 线材 非金属粉末		**主流应用：** 航空航天 汽车 医疗 教育 文化创意
核心硬件： 主板 DLP光引擎 振镜系统 激光器		**特殊应用：** 人像打印 食品打印 建筑打印
辅助运行： 扫描仪 软件		

3D打印的四大竞争领域为民用领域、模具设计领域、军工领域、医用领域。

2. 3D 打印商业模式设计

从现有的市场发展来看，3D 打印市场已有的商业模式有以下五种。

（1）3D 打印机制造及服务综合提供商。3D 打印机的制造商无疑是这个行业的基础。作为 3D 打印机制造的鼻祖 3D System 公司，其 2015 年的年度报告显示销售产品的收入为 2.57 亿美金（占总收入的 38.4%），材料的收入为 1.5 亿美金（占总收入的22.6%），而服务的收入为 2.5 亿美金（占总收入的 39%）。这里的产品包括打印机、扫描仪、软件以及相关的硬件设备。材料是 3D 打印材料。服务有四大类。第一类是与购买硬件相关的服务，如保修及培训等；第二类是打印服务，客户可以定制需要打印的物件，3D System 交付成品；第三类是软件服务费，如软件许可证、技术支持等；第四类是医疗服务，包括打印或者设计医疗器械、模型等，应用于外科手术或者牙科。可以看到，基于销售产品所得的收入和服务收入占比基本相当，服务带来的收入甚至更多一些。相比其他的生产厂家，3D System 的产品比较多，包括桌面级、专业级和工业级打印机，拥有 SLA、SLS 不同原理的打印机以满足不同的客户需求。作为第一家推出商业 3D 打印机的公司，有能力制造出色的打印机是让世界认识这个品牌的敲门砖，也是区别于其他 3D 打印公司、脱颖而出的武器。

同样以制造 3D 打印机出名的 Stratasys 公司，其经营模式和 3D System 相仿。Stratasys 公司年度报告中并没有把销售材料作为独立的收入来源，与打印机统称为产品。其 2015 年的年度报告显示，销售产品收入为 5.03 亿美金，占其总销售额的 72.4%；服务收入仅占 27.6%，为 1.92 亿美金。对于 3D 打印机制造商，仅仅靠出售利润空间较低的产品不足以支撑高昂的市场费用及研发费用，所以厂商一方面要不断推出更好的打印机以巩固其品牌的形象和市场地位，同时也需要其他的收入来源来弥补科研和市场的投入，比如提供附加服务或者高利润的产品（如打印材料）。同时，这些大的公司也采取收购、投资的形式，不断扩大自己的商业版图。

（2）聚焦于 3D 打印软件供应。这种商业模式聚焦 3D 打印软件及相关服务，通过提供软件许可证、行业解决方案（包括咨询、设计及打印服务）获取利润。美国 Materialise 公司是 3D 打印软件解决方案的佼佼者。Materialise 公司的收入来源分为三个部分：软件、医疗解决方案、制造业解决方案。其 2015 年总收入为 1.02 亿欧元，其中软件部分贡献 2579 万欧元，占总收入的 25.2%。医疗解决方案收入为 3485 万欧元（占总收入的 34.1%），制造业解决方案收入为 4138 万欧元（占总收入的 40.7%）。

（3）平台提供商。这种商业模式的特点是提供在线打印服务，提供在线 3D 模型商店开店、模型打印服务,主要收入来源于产品打印费用和开店服务费。允许设计师注册自己的在线商店,售卖自己的 3D 打印成品,如首饰、家具等。总部位于纽约,创立于荷兰的 Shapeways 公司打造了一个友好的生态圈(见图 8-1),将设计师、打印爱好者、创意提供者以及专业制造行业的工作者连接起来,从设计产品开始到成品运送到客户手上,提供端到端的服务。另外一家平台服务商 Sculpteo 公司于 2009 年成立,商业模式基本和 Shapeways 一样,也提供在线开店和打印服务,对于这种类型的公司,比起硬件或者软件供应商,门槛显然要更低一些,也越容易吸引更多的粉丝。但是,由于其模式容易复制,竞争也比较激烈,因而品牌的影响力和用户活跃度更加重要,这就需要有更优质的客户体验、更有竞争力的价格,以及更有创意的市场战略,同时依托强有力的投资人,才能生存下来。

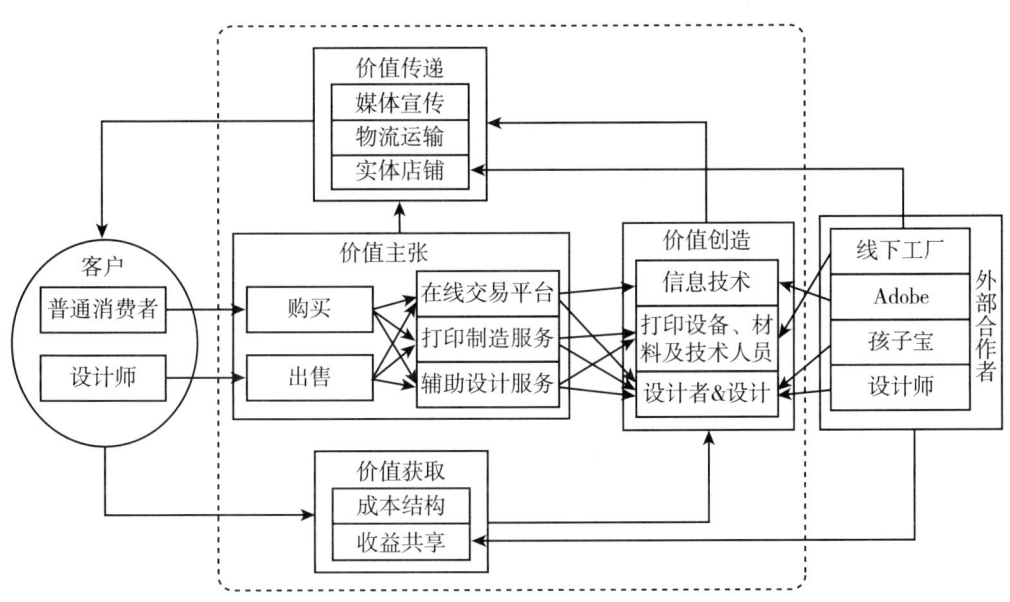

图 8-1　3D 打印 Shapeways 公司商业生态圈

(4)外围跨界 3D 打印公司。外围 3D 打印公司不属于工业制造业的 3D 打印技术公司,如食品打印机、生物打印机。这些打印机应用相同的打印理念,服务于不同的行业。这些跨行业的 3D 打印应用同样很重要,而且比起工业 3D 打印可能利润率更高,或者应用前景更好,大众接受度更高。

热塑挤出法的 3D 打印技术属于"破坏性创新"。破坏性创新就是一种变化,当然开始还不够好,不足以迎合核心市场 3D 打印顾客对产品性能的要求,但是破坏性创新者会在本身的维持性创新轨迹上积极力争上游,不断改善精度与材料,向更高阶市场逼近。最终,当破坏性创新好到足以符合在位者的大多数顾客的要求时,破坏性创新就会给产业的在位领导者带来困难。这些以往在高价位的3D打印业者面临的抉择是：持续改良现有产品轨迹，还是投资于破坏性创新。抉择之所以困难，是因为在旧有3D打印业者的眼中，维持性创新比破坏性创新更具吸引力。新的"热塑挤出法"3D打印技术属于破坏性创新，能快速地反映市场变化，实现完全的定制化，能驱动更大的改变，更符合主流市场顾客的需求。

（5）共享3D打印模式。美国3D Hubs公司就是这一模式的杰出代表，其想法很简单：给全球用户一个容易接触到的3D打印设备网络，这样没有独立设备的人也可以轻松实现自己的设计想法。网络中的打印机按照性能各自标价，而3D Hubs从每笔交易中抽取15%的佣金。2015年3D Hubs公司已经在80个国家发展出了拥有3800台3D打印机的网络。例如，一个身处旧金山的人没有3D打印机，但他可以登录3D Hubs，在一两分钟之内就可以把图纸发送出去，而3D Hub会把这个人引导到距离旧金山最近的一台设备。3D Hub缩短了地理条件的间隔，让产品的设计和产品制造离得更近，基本上从发送图纸到拿到实物，只需2天时间。3D Hub把共享经济的思维带入3D打印市场，潜藏着巨大的市场潜力和无限的可能。

8.2 大数据与商业模式设计

大数据（big data）是指无法在一定时间范围内用常规软件工具进行捕捉、管理和处理的数据集合，是需要新处理模式才能具有更强的决策力、洞察发现力和流程优化能力的海量、高增长率和多样化的信息资产。大数据不用随机分析法（抽样调查）这样的捷径，而采用所有数据进行分析处理。大数据的5V特点为：大量（volume）、高速（velocity）、多样（variety）、低价值密度（value）、真实性（veracity）。大数据技术的战略意义不在于掌握庞大的数据信息，而在于对这些含有意义的数据进行专业化处理。换言之，如果把大数据比作一种产业，那么这种产业实现盈利的关键在于提高对数据的"加工能力"，通过"加工"实现数据的"增值"。

8.2.1 大数据的背景及其发展趋势

1. 大数据的背景

随着计算机和通信技术的发展，特别是人类进入移动互联网的时代，全球数据量出现爆炸式增长，数据量已经从TB（1024GB = 1TB）级别跃升到PB（1024TB = 1PB）、

EB（1024PB=1EB）、ZB（1024EB=1ZB）级别。国际数据公司（IDC）的研究结果表明，2008年全球产生的数据量为0.49ZB；2009年的数据量为0.8ZB；2010年增长为1.2ZB；2011年的数量更是高达1.82ZB，相当于全球每人产生200GB以上的数据。截至2012年，人类生产的所有印刷材料的数据量是200PB，全人类历史上说过的所有话的数据量大约是5EB。IBM公司的研究认为整个人类文明所获得的全部数据中，有90%是过去两年内产生的。而到2020年，全世界所产生的数据规模将达到今天的44倍。数据成为当今社会增长最快的资源之一。大数据一词越来越多地被政府及企业提及。

2. 大数据的发展趋势

（1）数据的资源化。大数据已成为企业和社会关注的重要战略资源，并已成为市场竞争的新焦点。企业需要提前制定大数据战略计划，抢占市场商业先机。

（2）与云计算的深度结合。大数据离不开云计算，云计算为大数据提供了弹性可拓展的基础设备，是产生大数据的平台之一。大数据技术已开始和云计算技术紧密结合。除此之外，物联网、移动互联网等新兴计算形态，也将一起助力大数据革命，让大数据发挥出更大的影响力。

（3）科学理论的突破。随着大数据的快速发展，就像计算机和互联网一样，大数据很有可能是新一轮的技术革命。数据挖掘、机器学习和人工智能等相关技术，可能会改变数据世界里的很多算法和基础理论，从而实现科学技术上的突破。

（4）数据科学和数据联盟的成立。数据科学将成为一门专门的学科，被越来越多的人所认知。各大高校将设立专门的数据科学类专业，也会催生一批与之相关的新的就业岗位。基于数据基础平台将建立起跨领域的数据共享平台，数据共享将扩展到企业层面并成为未来产业的核心一环。

（5）数据泄露泛滥。未来几年数据泄露事件的增长率也许会达到100%，除非数据在其源头就能够得到安全保障。在财富500强企业中，超过50%将会设置首席信息安全官这一职位。企业需要从新的角度来确保自身以及客户数据的安全，所有数据在创建之初便需要获得安全保障，而并非在数据保存的最后一个环节，仅仅加强后者的安全措施已被证明于事无补。

（6）数据管理成为核心竞争力。数据管理成为核心竞争力，直接影响财务表现。当"数据资产是企业核心资产"的概念深入人心之后，企业对于数据管理便有了更清晰的界定，将数据管理作为企业核心竞争力，持续发展、战略性规划与运用数据资产成为企业数据管理的核心。数据资产管理效率与主营业务收入增长率、销售收入增长率显著正相关，数据资产的管理效果将直接影响企业的财务表现。

（7）数据质量是商业智能（BI）成功的关键。采用自助式商业智能工具进行大数据处理的企业将会脱颖而出。其中要面临的一个挑战是：很多数据源会带来大量低质量数据。想要成功，企业需要理解原始数据与数据分析之间的差距，从而消除低质量数据并通过商业智能获得更佳决策。

（8）数据生态系统复合化程度加强。大数据的世界不只是一个单一的、巨大的计算机网络，而是一个由大量活动构件与多元参与者元素所构成的生态系统，是由终端设备提供商、基础设施提供商、网络服务提供商、网络接入服务提供商、数据服务使能者、数据服务提供商、触点服务、数据服务零售商等一系列的参与者共同构建的生态系统。这样一个数据生态系统的基本雏形已然形成，接下来的发展将趋向于系统内部角色的细分，如市场的细分、系统机制的调整、商业模式的创新、系统结构的调整、竞争环境的调整等，从而使数据生态系统复合化程度逐渐增强。

8.2.2 大数据的特点及其意义

1. 大数据的特点

（1）数据量大。TB、PB 乃至 EB 等数据量的数据需要分析处理。

（2）要求快速响应。市场变化快，要求能及时快速地响应变化，对数据的分析也要快速，在性能上有更高要求，所以数据量对速度要求比较高。

（3）数据多样性。不同数据源的非结构化数据越来越多，需要进行清洗、整理、筛选等操作，变为结构数据。

（4）价值密度低。由于数据采集的不及时、数据样本不全面、数据可能不连续等，数据可能会失真，但当数据量达到一定规模，可以通过更多的数据达到更真实全面的反馈。

（5）真实性。大数据的产生具有真实性的特点，数据的质量比较高。

2. 大数据对企业的影响

（1）管理的影响。大数据将彻底改变企业内部运作模式。以往的管理是"领导怎么说？"，现在变成"大数据的分析结果"，这是对传统领导力的挑战，也推动了企业管理岗位人才的重新定义。企业管理人才不仅要懂企业的业务流程，还要成为数据专家。过去领导力主要体现在经验和过往业绩上，如今对领导力的新要求是熟练掌握大数据分析工具，善于运用大数据分析结果结合企业的销售和运营管理实践。

利用大数据分析能够总结经验、发现规律、预测趋势，这些都可以为辅助决策服务。掌握的数据信息越多，决策才能更加科学、精确、合理。从这个方面看，也可以说数据本身不产生价值，大数据必须和其他具体的领域、行业相结合，能够给企业决策提供帮助，之后才具有价值。很多企业都可以借助大数据提升管理、决策水平，提升经济效益。

（2）运营的影响。对大数据商业价值的挖掘和利用逐渐成为企业争相追捧的利润焦点。例如，电商企业通过大数据应用，可以探索个人化、个性化、精确化和智能化地进行广告推送和推广服务，创立比现有广告和产品推广形式性价比更高的全新商业模式；电商企业也可以通过对大数据的把握，寻找更多更好地增加用户黏性、开发新产品和新服务、降低运营成本的方法和途径。

8.2.3 大数据与商业模式设计

在大数据时代，有三种企业将在"大数据产业链"中处于重要地位：掌握海量有效数据生成的企业，有着强大数据分析能力的企业，以及创新的"软件开发者"。社交网络、移动互联网、信息化企业、电信运营商都是海量数据的制造者，Facebook 公司手中掌握着 8.5 亿用户，淘宝注册用户超过 3.7 亿，腾讯的微信用户突破 3 亿，这些庞大用户群所提供的数据，正在等待时机释放出巨大的商业能量。

大数据已经成为各行各业重要的生产因素和变革力量，数据的积累、合作、整理、挖掘、利用是现代企业所必需的基本竞争手段之一。很多企业已经从实践中找到了如何让大数据的价值变现的商业模式，探索出了合适的大数据盈利之路。从大数据的产业链来看，不同的企业聚焦于不同的领域，大数据价值的发现与其所处的应用场景密切相关。概括起来，大数据价值发现可以划分为三大类：数据服务、数据分析和数据探索。

数据服务是指面向大规模用户，提供高性能的数据查询、检索、预测等服务，通过直接满足用户需求将数据价值变现的形式。数据分析是一种分析人员根据经验，通过对大规模数据使用特定的计算模型进行较为复杂的运算，从而发现易于人们理解的数据模式或规律的数据价值变现的运算形式。数据探索是一种利用数据分析和人机交互的结合，通过不断揭示数据的规律和数据间的关联，引导分析人员发现并认识其所未知的数据模式或规律，其价值更多地体现在对未知途径的数据模式和规律的探索上。大数据商业模式设计途径主要有以下六种。

1. 大数据交易平台型 B2B 商业模式

国内外均有企业在推动大数据交易。目前，我国正在探索"国家队"性质的 B2B

大数据交易所模式。2014年我国首个面向数据交易的产业组织——中关村大数据交易产业联盟成立，中关村数海大数据交易平台启动，定位大数据的交易服务平台。2015年，贵阳大数据交易所正式挂牌运营并完成首批大数据交易。贵阳大数据交易所完成的首批数据交易卖方为深圳市腾讯计算机系统有限公司、广东省数字广东研究院，买方为京东云平台、中金数据系统有限公司。大数据交易平台型B2B商业模式的盈利模式有收费模式和共享模式两种。

2. 大数据挖掘分析报告型商业模式

机构及企业规模越大，其拥有的数据量就越大。很少有企业像大型互联网公司那样有自己的大数据分析团队，因此必然存在一些专业型的大数据咨询公司，这些公司提供基于管理咨询的大数据建模、大数据分析、商业模式转型、市场营销策划等，有了大数据作为依据，咨询公司的结论和咨询成果更加有说服力，这也是传统咨询公司的转型方向。各行各业的分析报告为行业内的大量企业提供了智力成果、企业运营和市场营销的数据参考，有利于市场优化供应链，避免产能过剩，维持市场稳定。这些都是以相关统计部门的结构化数据和非结构化数据为基础的专业研究，也是传统的"一对多"的行业大数据商业模式。

3. 大数据技术提供商模式

大数据＝海量数据＋分析软件＋挖掘过程，其盈利模式为通过强大的各有千秋的分析软件来提供多样性的数据挖掘服务。这种模式将产业定位于大数据技术和工具，开展一系列产品研发、技术服务，或是开发非结构化数据处理技术，这就是大数据技术提供商模式。狭义的大数据技术相关公司围绕相关技术，提供大数据存储、检索、数据挖掘等应用。广义而言，大数据的核心技术之一是非结构化数据的处理技术，包括语音、视频、文本、图片等。拓尔思是国内非结构化信息处理的龙头企业，公司专注于海量非结构化信息处理为核心的软件研发、销售和技术服务，其大数据管理系统V7.0兼容Hadoop标准，支持PB级海量数据管理。大数据技术提供商模式迎合了大数据时代对海量数据进行挖掘整合的需求，移动互联时代的海量消费数据也给其发展带来了巨大的市场空间和成长机会。

4. 租售大数据模式

将产业定位在大数据采集和整理阶段，通过收集、整理、过滤、校对、打包、发布等一系列流程后，实现数据的增值，这就是租售数据模式。例如，作为中国领先的导航地图、动态交通信息及汽车综合信息服务提供商，四维图新致力于为全球客户提供专业化、高品质的电子地图数据产品和服务。其拥有全国最大的高质量导航电子地图数据库,建成了以北京为中心、覆盖全国的本地化导航电子地图数据采集更新体系,在基于静态的地图数据基础上不断加入实时动态的交通信息、丰富的生活信息和全面的地理信息。租售数据模式对于数据提供商来说具有极大的价值,因为这一模式能使其拥有很强的话语权。由于数据的稀缺性,数据提供商位于产业链的有利位置,具有较强的议价能力、较强的竞争优势以及良好的成长空间。这一模式的关键成功因素是大数据的采集和维护,企业要将在经营中接触到的大量实时数据进行汇总、记录并校对,加工成客户所需的数据才能销售获利。

5. 大数据使能模式

将产业定位在某一具体行业,通过大量数据支持对数据进行挖掘分析后,预测相关主体的行为以开展业务,这就是数据使能模式。最典型的是小额信贷公司,在大数据时代,评估这些小微企业甚至个人还款能力的技术手段有了巨大进步,通过分析这些企业往来的交易数据、信用数据、客户评价数据等,完全可以掌握其需要的资金量,甚至可以测算其可能的还款时间,放贷风险大为降低。目前基于数据分析的小额信贷公司如雨后春笋,国内有代表性的公司是阿里巴巴旗下的阿里巴巴金融。阿里金融承担阿里巴巴集团为小微企业和网商个人创业者提供互联网化、批量化、数据化金融服务的使命。其通过互联网数据化运营模式,为阿里巴巴、淘宝网、天猫网等电子商务平台上的小微企业、个人创业者提供可持续性的电子商务金融服务,向这些无法在传统金融渠道获得贷款的弱势群体提供"金额小、期限短、随借随还"的纯信用小额贷款服务。

6. 数据空间出租模式

这种模式将产业定位在大数据计算基础设施上,通过出租一个虚拟空间,从简单的文件存储逐步扩展到数据聚合平台,这就是数据空间出租模式。例如,Dropbox 是一个网络存储服务、网络备份工具和文件同步工具。其在线存储服务通过云计算实现因特网上的文件同步,用户可以存储并共享文件。用户可以通过 Dropbox 桌面应用软件,把档案放入指定文件夹,然后档案就会被同步到云端,只要用户在其他设备上登陆自己的Dropbox 客户端,都可以访问和管理自己 Dropbox 上的文件。

8.3 云计算与商业模式设计

根据美国国家标准与技术研究院的定义,云计算是一种按使用量付费的模式,这种模式提供可用的、便捷的、按需的网络访问,进入可配置的计算资源共享池(资源包括网络、服务器、存储、应用软件和服务),这些资源能够被快速提供,只需投入很少的管理工作，或与服务供应商进行很少的交互。从技术上看，大数据与云计算的关系就像一枚硬币的正反面，是密不可分的。大数据必然无法用单台计算机进行处理，必须采用分布式计算架构。它的特色在于对海量数据的挖掘，但它必须依托云计算的分布式处理、分布式数据库、云存储和虚拟化技术。

8.3.1 云计算的特点和类型

云计算使计算分布在大量的分布式计算机上而非本地计算机或远程服务器中，企业数据中心的运行将与互联网更相似。这使企业能够将资源切换到需要的应用上，根据需求访问计算机和存储系统，就像是从古老的单台发电机模式转向电厂集中供电的模式。它意味着计算能力也可以作为一种商品进行流通，就像煤气、水电一样，取用方便、费用低廉。最大的不同之处在于云计算是通过互联网进行传输的。

1. 云计算的特点

一般地，云计算具有以下特点：

（1）超大规模。"云"具有相当的规模。Google 云计算已经拥有 100 多万台服务器，Amazon、IBM、微软、Yahoo 等的"云"均拥有几十万台服务器。企业私有云一般拥有数百上千台服务器。"云"能赋予用户前所未有的计算能力。

（2）虚拟化。云计算支持用户在任意位置、使用各种终端获取应用服务。所请求的资源来自"云"，而不是固定的有形的实体。应用在"云"中某处运行，但实际上用户无须了解、也不用担心应用运行的具体位置，只需要一台笔记本或者一个手机就可以通过网络服务来实现用户需要的一切，甚至包括超级计算这样的任务。

（3）高可靠性。"云"使用了数据多副本容错、计算节点同构可互换等措施来保障服务的高可靠性，使用云计算比使用本地计算机可靠。

（4）通用性。云计算不针对特定的应用，在"云"的支撑下可以构造出千变万化的应用，同一个"云"可以同时支撑不同的应用运行。

（5）高可扩展性。"云"的规模可以动态伸缩，满足应用和用户规模增长的需要。

（6）按需服务。"云"是一个庞大的资源池，客户按需购买；云可以像自来水、电、煤气那样计费。

（7）极其廉价。由于"云"的特殊容错措施，可以采用极其廉价的节点来构成"云"，"云"的自动化集中式管理使大量企业无须负担日益高昂的数据中心管理成本，"云"的通用性使资源的利用率较之传统系统大幅提升，因此，用户可以充分享受"云"的低成本优势，经常只要花费几百美元、几天时间就能完成以前需要数万美元、数月时间才能完成的任务。

（8）风险性。云计算服务除了提供计算服务外，还必然提供了存储服务。一旦商业用户大规模使用私人机构提供的云计算服务，无论其技术优势有多强，都不可避免地会出现数据及运算结果的泄密可能性。云计算中的数据对于数据所有者以外的其他用户是保密的，但对于提供云计算的商业机构而言确实毫无秘密可言。

2. 云计算的类型

按照服务的对象和范围，"云"可以分为三类：

（1）私有云。建一个"云"，如果只是为了单位（企业或机构）自己使用，就是私有云。就前面提到的"机房"而言，每个"机房"只是为本单位的不同部门或不同用途而设立的。

（2）公众云。如果云的服务对象是社会上的客户，就是公众云。虚拟"机房"可以是任何社会上的企业、单位或个人。例如，亚马逊公司的 AWS 是现在世界上最大的公众云。其他公众云提供商还有 Google、Salesforce、苹果的 iCloud 和阿里云等。

（3）混合云。如果一个云，既是为单位自己使用，也对外开放资源服务，就是混合云。有时，两个或多个私有云的联合也称为混合云。

按照服务的模式，云又分为以下几类：

（1）基础设施即服务（IaaS）。作为一个用户，如果得到了虚拟"机房"，那客户就拥有了信息系统的基础设施，客户可以安装多个服务器，可以配置自己的网络。由于这个基础设施完全是云所提供的服务，所以称为"基础设施即服务"。

（2）平台即服务（PaaS）。客户不一定需要"机房"里的所有服务，比如客户只需要"机房"里的一个服务器作为公司软件开发的平台，那么，客户得到的这个平台也是以服务的形式出现的。

（3）软件即服务（SaaS）。客户甚至都不需要管理一整个服务器，不关心什么服务器、也不关心服务器是怎么工作的，客户只需要一种软件的功能。比如，客户只想管理公司的客户信息（CRM），客户就从云商那里得到完备的 CRM 软件功能。所以，软件也是服务。

（4）其他。很多客户使用 iCloud，实际上就是用 iTunes 在"机房"里开了一个用户账号，这个账号给客户提供 5GB 的免费存储空间，如果还需要更大一点，客户就需要输入信用卡卡号了，这就是"存储即服务"。客户还可以把 PC 机放在云上（当然，需要有一个小盒子能连到云上，这个小盒子还能连接显示器、键盘、鼠标等），这就是"桌面即服务"。"桌面即服务"有另外一个时髦的叫法，即"云桌面"。

8.3.2 云计算的商业模式设计

云服务指通过网络以按需、易扩展的方式获得所需服务。这种服务可以是 IT 和软件、互联网相关，也可以是其他服务。云计算能力也可作为一种商品通过互联网进行流通。那么，作为一个提供云服务的企业，其商业模式决定着企业的发展，显得至关重要。纵观国内外，提供云服务的企业不胜枚举，每一个生存下来并发展壮大的云服务企业都有其独特的商业模式或客户群体，目前主要的商业模式设计类型主要有以下六种。

1. 基础通信资源云服务商业模式

这种商业模式均采取了"三朵云"的发展思路。

（1）构建"IT 支撑云"，满足自身在经营分析、资料备份等方面的巨大云计算需求，降低 IT 经营成本。

（2）构建"业务云"，实现已有电信业务的"云"化，支撑自身的电信业务和多媒体业务发展。

（3）开发基础设施资源，提供"公众服务云"，构建云平台，为企业和个人客户提供云服务。

基础通信资源云服务商业模式盈利手段有：

（1）通过一次性付费、包月、按需求、按年等向用户提供云计算服务。如 CRM、ERP、杀毒等应用服务以及 IM、网游、搜索、地图等无线应用。

（2）通过测试环境、开发环境等平台云服务，减少云软件供应商的设备成本、维护成本、软件版权的费用，带动软件开发者开发应用，带动相关业务的发展。

（3）通过基础设备虚拟化资源租用。如存储、服务资源减少终端用户 IT 投入和维护成本。

（4）提供孵化服务、安全服务、管理服务等按服务水平级别收费的人工服务，拓宽服务的范围。

2. 软件资源云服务商业模式

这种商业模式主要是以产品销售作为稳定的盈利来源，向客户提供基于 IaaS、PaaS、SaaS 三个层面的云计算整体解决方案，尝试以 BO 模式提供运营托管服务。其盈利模式主要有：

（1）向第三方开放环境、开发接口、SaaS 部署、运营服务和用户推广带来的收益。

（2）通过收取平台租用费、收入分成或者入股的方式从第三方 SaaS 开发商获得收益。

(3) 提供孵化服务,按照远程孵化、深度孵化进行收费。

(4) 软件升级和维护提供的收益。

3. 互联网资源云服务商业模式

这种商业模式是基于互联网企业云计算平台,联合合作伙伴整合更多一站式服务,推动传统软件销售向软件服务业务转型,帮助合作伙伴从传统模式转向云计算模式。针对用户和客户需求开发针对性云服务产品。其盈利模式主要有:

(1) 租赁服务,按时间租赁服务器计算资源的使用来收费。

(2) 工具租用服务,开发一些平台衍生工具(定制服务),如远程管理、远程办公、协同科研等私有云的工具,也可以向客户提供工具的租用来收费。

(3) 提供定制型服务,为各类用户提供各种定制型服务,按需收费。

4. 存储资源云服务商业模式

这种商业模式是以免费模式、免费+收费结合模式、附加服务模式为云存储商业模式的主流模式,通过这三种模式向用户提供云服务存储业务。而业务模式的趋同目前已成云存储服务亟待解决的重要问题之一。其盈利模式主要有:

(1) 对普通用户基础免费,增值收费(以国外居多),也就是免费空间+扩容收费。

(2) 提供文件恢复、文件备份、云端分享等服务进行收费。

(3) 个人免费,企业收费(部分存储公司)。

5. 即时通信云服务商业模式

这种商业模式分为免费和收费两种模式。收费模式是目前即时通信云服务的主要方式,而免费则是大势所趋。其盈利模式主要有:

(1) 按用户数量级别收费,超过既定数量级按阶梯收费。

(2) 按日活用户数收费,超过既定数量级按阶梯收费。

(3) 按用户离线存储空间收费。

(4) 对于提供成熟即时通信工具的用户来说,则以即时通信为端口推送其他业务进行收费。

6. 安全云服务商业模式

这种商业模式通过"免费"吸引用户,在提供个性化的服务、功能和诸多应用后实现公司的盈利;防病毒应用可与网络建设运营商、网络应用提供商等加强合作,建立可持续竞争优势联盟,可以最大程度降低病毒、木马、流氓软件等网络威胁对信息安全造成的危害。其盈利模式主要有:(1) 强化安全概念,以免费杀毒扩展其他集成云软件获得收益。(2) 安全软件全套服务获得收益。

8.4 物联网与商业模式设计

物联网是指通过各种信息传感设备，实时采集任何需要监控、连接、互动的物体或过程等各种需要的信息，与互联网结合形成的一个巨大网络。其目的是实现物与物、物与人，以及所有物品与网络的连接，方便识别、管理和控制。物联网是继计算机、互联网与移动互联网之后的又一次信息产业浪潮。世界上的万事万物，小到手表、钥匙，大到汽车、楼房，只要嵌入一个微型感应芯片，把它变得智能化，这个物体就可以"自动开口说话"。再借助无线网络技术，人们就可以和物体"对话"，物体和物体之间也能"交流"，这就是物联网的物物相联。物联网产业具有产业链长、涉及多个产业群的特点，其应用范围几乎覆盖了各行各业。物联网的核心和基础仍然是互联网，是在互联网基础上延伸和扩展的网络，应用创新是物联网发展的核心，以用户体验为核心的"创新2.0"是物联网发展的灵魂。

8.4.1 物联网的特点及其产业链结构

1. 物联网的特点

（1）物联网是各种感知技术的广泛应用。物联网上部署了海量的多种类型的传感器，每个传感器都是一个信息源，不同类别的传感器所捕获的信息内容和信息格式不同。传感器获得的数据具有实时性，按一定的频率周期性地采集环境信息，不断更新数据。

（2）物联网是一种建立在互联网上的泛在网络。物联网技术的重要基础和核心仍旧是互联网，通过各种有线和无线网络与互联网融合，将物体的信息实时、准确地传递出去。在物联网上的传感器定时采集的信息需要通过网络传输，由于其数量极其庞大，形成了海量信息，在传输过程中，为了保障数据的正确性和及时性，必须适应各种异构网络和协议。

（3）物联网不仅提供了传感器的连接，其本身也具有智能处理的能力，能够对物体实施智能控制。物联网将传感器和智能处理相结合，利用云计算、模式识别等各种智能技术，扩充其应用领域。从传感器获得的海量信息中分析、加工和处理出有意义的数据，以适应不同用户的不同需求，发现新的应用领域和应用模式。

（4）提供不拘泥于任何场合、任何时间的应用场景与用户的自由互动。它依托云服务平台和互通互联的嵌入式处理软件，弱化技术色彩，强化与用户之间的良性互动。更佳的用户体验、更及时的数据采集和分析建议,以及更自如的工作和生活,是通往智能生活的物理支撑。

2. 物联网的产业链结构

物联网可以分成感知层、传输层和应用层。从具体产业链的角度,物联网以传感感知、传输通信、运算处理为基础,形成若干个面向最终用户的应用解决方案(见表8-3)。

表8-3　　物联网产业链结构及其具体内容

上游组建厂商（感知层）	中游运营厂商（网络层+平台层）	下游应用厂商
芯片 传感器 无线模组	通信网络 设备管理平台 连接平台 应用开发平台 系统及软件开发	智能终端 系统集成 应用服务

整体产业链按价值分类,硬件厂商的价值较小,传感器、芯片厂商加上通信模块提供商约占整体产业价值的15%左右;电信运营商提供的管道约占整体产业价值的15%;剩下70%的市场价值均由系统集成商、服务提供商、中间件及应用商分享,而这类占产业价值大头的公司通常都集多种角色为一体,以系统集成商的角色出现。

(1) 物联网芯片供应商。芯片是物联网的"大脑",低功耗、高可靠性的半导体芯片是物联网几乎所有环节都必不可少的关键部件之一。依据芯片功能的不同,物联网产业中所需芯片既包括集成在传感器、无线模组中实现特定功能的芯片,也包括嵌入在终端设备中提供"大脑"功能的系统芯片——嵌入式微处理器,一般是MCU/SoC形式。传统的国际半导体巨头包括:ARM、英特尔、高通、联发科、飞思卡尔、德州仪器、意法半导体等。国内主要厂商包括:华为海思、展讯、北京君正、全志科技、北斗星通、通富微电、华天科技、力源信息、润欣科技等。

(2) 传感器供应商:塑造物联网的"五官"。传感器是物联网的"五官",本质是一种检测装置,是用于采集各类信息并转换为特定信号的器件,可以采集身份标识、运动状态、地理位置、姿态、压力、温度、湿度、光线、声音、气味等信息。广义的传感器包括传统意义上的敏感元器件、RFID、条形、条形码、二维码、雷达、摄像头、读卡器、红外感应元件等。传感器行业由来已久,目前主要由美国、日本、德国的几家龙头公司主导,如博世、意法半导体、德州仪器、霍尼韦尔、飞思卡尔、英飞凌、飞利浦、楼氏电子等。我国传感器市场中约70%左右的份额被外资企业占据。

(3) 无线模组厂商:实现联网和定位的"关键"。无线模组是物联网接入网络和定位的关键设备。无线模组可以分为通信模组和定位模组两大类。常见的局域网技术有WiFi、蓝牙、ZigBee等,常见的广域网技术主要有工作于授权频段的2G/3G/4G、NB-IoT和非授权频段的LoRa、SigFox等技术,不同的通信对应不同的通信模组。NB-IoT、LoRa、SigFox属于低功耗广域网(LPWA)技术,具有覆盖广、成本低功耗小等特点,是专门针对物联网的应用场景开发的。

（4）网络运营商：掌控物联网的"通道"。网络是物联的通道，也是目前物联网产业链中最成熟的环节。广义上来讲，物联网的网络是指各种通信网与互联网形成的融合网络，包括蜂窝网、局域自组网、专网等，因此涉及通信设备、通信网络（接入网、核心网业务）、SIM制造等。

（5）平台服务商：完善物联网的"有效管理"。平台是实现物联网有效管理的基础。物联网作为设备会聚、应用服务、数据分析的重要环节，既要向下实现对终端的"管、控、营"，还要向上为应用开发、服务提供及系统集成提供相应服务。根据平台的功能不同，可分为以下三种类型：设备管理平台、连接管理平台和应用开发平台。

（6）系统及软件开发商：打造物联网的"动脉"。发布物联网操作系统的主要是一些IT巨头，如谷歌、微软、苹果、华为、阿里等。由于物联网目前仍处于发展阶段，应用软件开发还处于起步阶段，主要集中在车联网、智能家居、终端安全等通用性较强的领域。

（7）智能硬件厂商：提供物联网的"终端承载"。智能硬件是物联网的承载终端，是指集成了传感器件和通信功能，可接入物联网并实现特定功能或服务的设备。如果按照面向的购买客户来划分，可分为To B 和To C 两类。To B 类包括表计类（智能水表、智能燃气表、智能电表、工业监控检测仪表等）、车载前装类（车机）、工业设备及公共服务监测设备等；To C 类：主要指消费电子，如可穿戴设备、智能家居等。

（8）系统集成及应用服务提供商：物联网应用落地的"实施者"。系统集成及应用是物联网部署实施与实现应用的重要环节。所谓系统集成，就是根据一个复杂的信息系统或子系统的要求，把多种产品和技术验明并接入一个完整的解决方案的过程。目前主流的系统集成有设备系统集成和应用系统集成两大类。

8.4.2 物联网与商业模式设计

目前主要的物联网商业模式设计类型有：

1. 销售硬设备，提供免费软件服务

软件强化硬件功能，或定义新的产品类型。如小米手环。

2. 销售硬件套组，提供免费软件服务

以一个硬件为核心，持续出售周边组合套组。如，Wemo感测套组，以一个控制器为核心，搭配其他产品销售。这种商业模式需要从业者找出一个很强的核心产品，用互补的产品线打系统战，从而锁定消费者。

3. 销售硬件产品，收取一次性费用

除了要购买产品外，基本服务免费，升级服务需要收费。如，iPad 触控笔 App 能免费下载，但如果需要升级功能，就采取一次性收费。

4. 销售硬件产品，收取订阅服务费

要购买产品，但升级服务要收取月费或年费。如，专注于车况诊断、控制解锁、安全维护、娱乐等综合功能的 Volkswagen – Car – Net，需要收取 17.99 美金的月费，或 199 美金的年费，提供最新的服务。企业可以利用免费体验的方式让消费者购买，后续再通过付费升级，让消费者愿意与企业维持长期的关系，但要找到消费者愿意付费的原因。

5. 服务维护收费

产品就是服务，硬件结合软件平台进行数据分析，并依使用量收费。如，美国通用电气公司 GE 本身是以租用引擎为主，而引擎本身拥有许多的传感器，所以引擎连上网之后，就可以将从引擎收集来的数据结合预测与资产管理平台，算出引擎的耗损程度，判断是否要更换引擎，GE 就从租用引擎变为出售预警及维修服务，顾客使用引擎越久，钱付的就越多。

6. 依用量或成效收费

硬件结合软件平台，依用量或成效收费。如，保险公司 METROMILE 会提供设备搜集车况、汽车检测、超速警示等服务，保费则是按实际里程数计算。这种商业模式需要从客户本来就会进行的事下手，抓准客户短期利益的心态；此外，要有强大的软件平台，并拥有整合其他厂商产品的能力，才能创造长期的实质效益。

7. 免费硬件 + 交易费

硬件免费，但会收取交易费用。如，移动支付 Square 提供店家免费的移动刷卡工具，但每刷一笔金额，就会收 2.75% 的手续费。

8. 第三方付费

"羊毛出在狗身上，猪来买单"。如，保险公司与移动硬件品牌 Fitbit 合作，提供优惠的保单和 Fitbit 给客户，只要客户愿意和保险公司签署合约，就能免费获得 Fitbit，而保险公司就能借此拿到客户的个人数据。这种商业模式需要三方共赢才有可能执行，要求硬件厂商要有市场或技术领先性、产品要对用户有足够的诱因、服务营运商能获取过去无法取得的数据或接触到终端客户。

9. 跨业授权收入

从核心产品衍生出跨业服务的收入。如，Lego – Mindstorm 公司的核心产品为动力积木组件、传感器、开发程序，但通过专家编写教材，并授权给各学习机构，提供结合玩

具创意、科学教育、程序教学等服务。

10. 跨领域收入

从原来的硬件和平台，跨界到新的应用领域。如，汽车品牌特斯拉从生产电动车，跨界延伸到研发车用充电、家用供电等新的领域。如果产品、技术、内容、社交能力很受欢迎，企业可从非主流的市场切入，满足特定族群的喜好。

8.5 虚拟现实技术、人工智能与商业模式设计

虚拟现实技术是一种可以创建和体验虚拟世界的计算机仿真系统，它利用计算机生成一种模拟环境，是一种多源信息融合的、交互式的三维动态视景和实体行为的系统仿真，可以使用户沉浸到该环境中。人工智能就是研究如何使计算机去做过去只有人才能做的智能工作，即研究人类智能活动的规律，构造具有一定智能的人工系统，研究如何让计算机去完成以往需要人的智力才能胜任的工作，也就是研究如何应用计算机的软硬件来模拟人类某些智能行为的基本理论、方法和技术。

8.5.1 虚拟现实技术的特点及其影响

1. 虚拟现实技术的影响

虚拟现实技术是仿真技术的一个重要方向，是仿真技术与计算机图形学人机接口技术、多媒体技术、传感技术及网络技术等多种技术的集合，是一门富有挑战性的交叉技术前沿学科和研究领域。虚拟现实技术主要包括模拟环境、感知、自然技能和传感设备等方面。其主要特点有：

（1）多感知性。多感知性除一般计算机所具有的视觉感知外，还有听觉感知、触觉感知、运动感知，甚至还包括味觉、嗅觉、感知等。理想的虚拟现实应该具有一切人所具有的感知功能。

（2）沉浸性。沉浸性指用户感到作为主角存在于模拟环境中的真实程度。理想的模拟环境应该达到使用户难辨真假的程度。

（3）交互性。交互性指用户对模拟环境内物体的可操作程度和从环境得到反馈的自然程度。在虚拟环境中体验者不是被动地感受，而是可以通过自己的动作改变感受的内容。

（4）构想性。构想性强调虚拟现实技术应具有广阔的可想象空间，可拓宽人类认知

范围，不仅可再现真实存在的环境，也可以随意构想客观不存在的甚至是不可能发生的环境。

2. 虚拟现实技术的影响

虚拟现实技术将会站在互联网上改变、促进互联网的发展。虚拟现实技术将会让现实世界以三维模式呈现在消费者的面前。娱乐、购物、社交、工作等虚拟现实都会让这些更方便、更简洁，让消费者快速的感受这个世界。虚拟现实技术（VR）的影响领域主要有：

（1）医疗。借助虚拟现实技术（VR），人们可以建立虚拟的人体模型，借助于跟踪球、HMD、感觉手套，学习了解人体内部各器官结构，对虚拟的人体模型进行手术等，观测手术后的效果，还可以利用VR技术训练新医生。

（2）互联网。在电商方面，例如，戴上眼镜后，买家可以在海量的衣服中搜寻合身的衣服，一件件在身上试穿。

游戏是目前人们认为VR最容易触及的一个行业，也最有"钱途"。无论是角色扮演、竞速赛车或者动作类游戏，都是大众最期待的VR开发领域。在模拟驾驶方面，VR有很大的应用空间。VR可以提供几乎与真实环境一致的体验，且所需设备并不复杂。通过VR社交游戏平台可以将VR独有的无比真实的沉浸式体验和社交完美结合，打造一个虚拟现实的游戏世界。

（3）消费体验。例如，电影、演唱会时，客户戴上头盔眼镜，在家里就能体验到IMAX级的电影效果，可看到的电影与演唱会数量正在光速增加。使用VR技术转播的体育比赛，体育迷们在家里戴上VR眼镜后，就好似亲临现场一样。

（4）旅游。可通过VR技术实现虚拟现实旅游。

（5）新闻行业。上百年以来，新闻报道的模式就是文字、照片、声音、现场视频，VR的出现颠覆了教科书。美国广播公司（ABC）推出一项虚拟现实新闻报道，通过VR技术可以让读者身处新闻现场并自由移动。首个VR新闻报道在叙利亚首都大马士革进行，ABC的新闻用户得到了"亲临叙利亚战区"才能获得的浸入式体验。

（6）教育行业。VR与教育的结合绝对可以颠覆以往的教学模式，将老师针对全班同学的无差别教学，颠覆为真正的个性化因材施教，每一位学生都可以在虚拟环境中听老师为自己讲课，还能与老师对话。

（7）房地产行业。样板间与实体房总是有许多差距。如果戴上VR眼镜，用户就可以在"楼上的房间"内细细踱步，体验每一处细节，甚至可以从窗户向外观察小区绿化与楼间距。用户甚至可以看看天花板与墙体的厚度，用VR进行房间预装修。

8.5.2 VR与商业模式设计

未来几年虚拟现实和增强现实收入将达到 1200 亿美元，但是围绕这个领域的疑问仍然有很多。商业模式是最受关注的问题之一。目前 VR 的商业模式设计主要有四大类（见图 8-2）。

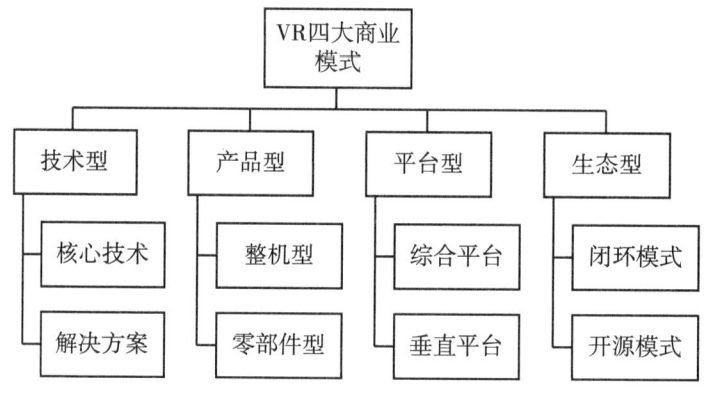

图 8-2　VR 四大商业模式

1. 技术型

这种商业模式是指拥有 VR 核心技术的公司将逐步与硬件厂商整合，为市场提供 VR 应用核心技术或者是行业应用解决方案（见表 8-4）。显示、感应和交互三大技术难关是当前 VR 市场发展的最大限制，因此，上游核心技术研发公司价值巨大，行业应用解决方案是当前市场空白点。未来 VR 软件类收入将远超硬件设备收入，其中近一半将是行业应用软件和解决方案。

2. 产品型

产品型商业模式又可分为整机型和零部件型。整机市场竞争激烈，硬件外设领域有较大发展空间。整机硬件产品主要有数字影院系统、环幕立体投影系统、城市规划展厅、环幕导游培训教室、虚拟汽车驾驶系统、虚拟自行车和帆板、交互式物理触摸屏、头盔立体显示器、数据手

表 8-4　VR 核心技术及其应用解决方案

核心技术	应用扩展
显示技术： 光学系统、余晖处理、视网膜成像、光场摄影等	现实应用解决方案： 影视制作 VR 营销 线下乐园 行业应用
感应技术： 位置传感、重力感应、眼球追踪、场景扫描等	
交互技术： 输入外设、手势感应、动作捕捉等	

套、动感影院系统、环物摄影系统等。相比 VR 头戴设备，产品型商业模式在周边外设产品上更容易取得技术突破，潜力领域包括摄像头组件、输入外设和 VR 音响系统等。

3. 平台型

平台型商业模式以虚拟现实技术（VR）内容入口，将用户流量作为根本，聚焦于为用户提供服务和维持良好的供应商关系。其内容主要有：VR 平台通过产品销售和增值服务盈利。优质平台需要解决用户服务和供应商关系；和内容提供商确立分成关系，帮助独立开发者推介产品；完善的线上应用商店，便捷的购买支付手段；提供技术支持，产品自动更新，网上互动社区等服务；泛内容综合平台主要依托硬件设备，面向普通用户；和设备厂商合作搭建应用商店或分发平台，针对特定硬件产品；兼容型跨设备、跨产品应用商店；网上下载与分享社区；垂直平台主要依托内容制作公司，面向特定用户群；和内容提供商合作，成为内容产业链的下游渠道；便于开发者和消费者的交流沟通，开放性更强。

4. 生态型

生态型商业模式有闭环模式和开源模式两种（见表 8-5）。闭环模式下硬件用户规模与应用开发规模相辅相成，目前市场只有少数企业有能力搭建完整生态系统，市场培育较慢，但盈利空间大。开源模式下第三方软硬件厂商汇集同一平台，建立行业标准，丰富硬件和应用来源，加快产业成熟过程。

表 8-5　　　　　　　　生态型商业模式的两大类型比较

苹果公司 IOS 系统 VR 闭环模式	谷歌 Android 系统 VR 开源模式
1. 以硬件产品为基础建立应用商店和应用开发平台，吸引第三方开发者加入 2. 收入来源：（1）VR 设备和外设产品销售收入；（2）应用与内容销售收入；（3）第三方产品销售分成；（4）营销增值服务等 3. 代表公司：Oculus 公司、暴风魔镜等	1. 以标准化开源操作系统和开发平台为基础，吸引第三方硬件厂商和应用开发者使用 2. 收入来源：（1）平台软硬件服务；（2）第三方产品销售分成；（3）营销增值服务等。 3. 代表公司：OSVR 等

8.5.3　人工智能（AI）的特点及其影响

2015 年以来人工智能变成一个大众话题，阿尔法狗战胜李世石让人类看到了人工智能的巨大潜能，各大企业都在加快落子布局，许多国家把 AI 提升为国家战略，美国、欧盟先后发布了人工智能规划，中国也提出实施"互联网+人工智能"的三年行动实施方案。

1. 人工智能的特点

（1）智能终端智能化。智能终端和传感器将无处不在，人类正在进入一个万物智能的时代，将从电脑、手机、智能电视扩展到消费者身边的所有设备。无论是生活中的空调、加湿器、空气净化器、摄像头，还是路上的汽车、工厂里的机床等，都将具备计算、存储、网络连接的模块，辅之以温度、湿度、距离、红外、颜色、空气质量等各种传感器。各种各样的智能终端不断地感知周围环境，在云端汇聚成几何级增长的海量数据，并通过算法的不断演进，在"云"上形成新的认知。通过"深度学习"，各种智能终端将变得越来越聪明，会"像人一样思考""像人一样行动""理性地思考"和"理性地行动"。

（2）人工智能+智能终端。智能终端从PC到手机，人机交互方式从键盘+鼠标、触摸，到未来智能互联网时代，随着计算机图像视觉、语音识别和自然语言处理方面的进步，人机交互的形态将被重新改写，可以听、看、说、写，是一个越来越知心，越来越懂消费者的"小伙伴"。例如，未来当消费者用手机拍摄家里的环境时，消费者所需要的家居，甚至消费者还没想到的家居就会自动出现，因为云大脑已经通过数据积累，知道消费者缺什么，以及消费者喜欢什么样的风格、色彩、式样，消费者再对智能终端发出语音指令，就能完成采购和预约安装。这时，手机不仅仅是通信的工具，更是消费者的生活助手，智能终端还能基于环境数据，基于家人的生活、身体状况，基于消费者的日程表，帮其调整好家里的温度、湿度、灯光等，甚至帮消费者做好饭菜。

（3）集成式的服务创新。在智能互联网时代，客户选择一款产品，不仅要看产品本身，更要看产品所连接的服务。企业不仅要提供硬件设备，还要提供连接应用、内容、服务等，借助大数据、人工智能等技术，强化"云大脑"，为客户提供具备更高人工智能的整合的服务，这是大势所趋。例如，亚马逊的Echo，消费者购买这个设备不是为了买音箱，而是为了享受对话式的电子商务服务；谷歌的Nest，它可以控制家里的温度、湿度，消费者购买这个设备，不是为了买温度计，而是为了享受家庭环境的管理服务；购买喜马拉雅的车载设备，不是为了多一个播放器，而是为了听它的有声书刊。

（4）开源开放。智能终端的增加会带来它们之间的互联互通、协同应用的问题，这要求产业能够制定出较为统一的协议、规范、标准，更多的企业能够参与，进行开源开放式的创新。

2. 人工智能的影响

人工智能已经深入到人类生活的各个方面。例如，人工智能最为广泛的应用平台就是智能手机，人工智能已经成为移动领域发展的重要方向，有些产品的面世指日可待，并将对一些行业产生颠覆式的革命。其中影响较大的有：

（1）无人自动驾驶技术。无人自动驾驶车堪称人工智能领域的"巨人之战"。带有自动驾驶属性的汽车产品已经出现在市场上，如美国特斯拉汽车公司的 Model 系列车型。传统汽车巨头已经感受到明显的压力。福特、奔驰、宝马通过与科技公司合作或者智能车突围：通过为 AI 功能专门打造的高性能处理器，汽车上的人工智能在脱离集群网络计算的情况下依旧可以完成复杂的行人识别、路况观察和交通标志识别等工作，同时为驾驶员提供自动驾驶和语音控制的功能。

（2）人脸识别、语音识别和神经网络机器翻译。人脸识别、语音识别和神经网络机器翻译也是人工智能在"深度学习"层面推出的重要技术。在人脸识别方面，百度、阿里乃至美图秀秀母公司"美图"都在不同产品中尝试人脸识别技术，主要应用于安防、行政等行业。在语音识别方面，目前美国科技公司亚马逊和中国合肥的科大讯飞都有相对成熟的技术，亚马逊、微软、苹果、谷歌和 Facebook 也相继推出过语音助手产品，通过这些语音助手，可以实现家庭物联、搜索、聊天等应用。其中，最为知名的产品包括亚马逊 Echo 智能音箱、苹果的 Siri 智能语音服务、微软的小娜、谷歌的 Google Home 等。在机器翻译领域，谷歌、百度、网易皆有不同的突破和成就。

---- 延伸阅读 ----

马云的无人超市正式开放

2017 年 7 月 1 日，上海第一家无人超市落地，24 小时营业，没有一个员工。

2017 年 7 月 2 日，深圳实现自动收银，全程再无收银员。

2017 年 7 月 7 日，马云的无人超市正式落户杭州。

没错，一场"消灭收银员、消灭导购员、消灭服务员"的革命，浩浩荡荡开始了。2017 年 7 月，将是重要的转折点。更恐怖的是，他们将能对自己的店铺、客人产生前所未有的了解。客人逛超市最喜欢走哪条路线，哪个货架客流最密集，哪个货架客人停留的时间最长，无人超市的到来，将让大数据行业继续爆发！

现场实景曝光。三步骤，快捷高效：

第一道门：感应你即将离店的信息，并自动开启。用户打开手机淘宝，扫码获得电子入场码。

第二道门：这才是最关键的一道门，当你走到第二道门之时，屏幕会显示"商品正在识别中"，马上再显示"商品正在支付中"，自动扣款，大门开启。选购东西，或者在餐饮区点单。

第三道门：完美终结。出来时不用再排队结账，直接出门会自动扣款！对于一线城市的白领来说，尤其赶时间的时候绝对是快捷方便！选购完成，货款就会直接从支付宝中扣除。

有人可能说，这不科学，有人浑水摸鱼怎么办？

工程师们做了一次内测，在店里测试多种"浑水摸鱼"的场景，例如，把商品放进书包里、塞进裤兜里；多人拥挤在一个货柜前抢爆款；戴墨镜；戴墨镜+戴帽子……

测试结果显示：都能识别，并自动扣款。也就是说，那些想戴墨镜或口罩，把商品放进口袋悄悄拿走的人，可以醒醒了。你在科技面前，只是个人类！

（案例来源：http：//news.china.com/news100/11038989/20170710/30947810_all.html。）

8.5.4 人工智能与商业模式设计

人工智能在图像识别、语言识别和自然语言处理，以及人机交互、机器视觉、自动驾驶等方面都已经成功应用。人工智能更易于解决符合以下特点的商业问题：行业存在持续痛点；商业流程本身具有数字化的信息输入，问题可以细分并清晰的界定，商业流程存在重复，且获得结果的沟通以书面沟通或单相沟通为主；商业流程较少受整体商业环境的复杂影响。

1. 人工智能产业链价值分析

人工智能产业链中，基础层是构建生态的基础，价值最高，需要长期投入进行战略布局；通用技术层是构建技术护城河的基础，需要中长期进行布局；解决方案层直戳行业痛点，变现能力最强（见表8-6）。

表8-6　　　　　　　　人工智能产业链价值分析

产业链	核心	进入门槛（前期投入）	演化路径	短期价值（3~5年）	长期价值（>5年）	价值特点
应用层	解决方案	大量行业数据形成模型，竞争相对激烈	垂直行业应用或跨行业应用	非常大	较大	低投入变现快
	应用平台	需要有较高的行业影响力和号召力，需要构建开发者生态和用户群	向App store的方向发展	较小	较大	

续表

产业链	核心	进入门槛（前期投入）	演化路径	短期价值（3~5年）	长期价值（>5年）	价值特点
技术层	通用技术	需要有一定规模的工程团队	与行业结合，形成解决方案，或形成通用技术平台	一般	较小	投入适中 中长期布局
	算法&框架	算法&框架集工具集较多	横向：算法工具平台 纵向：开发者生态	一般	较小	
基础层	数据	入口被拥有流量的公司占据	数据资产化	最大	最大	高投入 高回报 长期布局
	计算能力	选择计算量需求较大的行业切入	横向：通用计算平台 纵向：计算服务生态	较大	一般	

2. 人工智能商业模式设计

（1）生态构建者——全产业链生态+场景应用作为突破口。这种商业模式通过大量计算能力投入，积累海量优质多维数据，建立算法平台、通用技术平台和应用平台，以场景应用为入口，积累用户。

（2）技术算法驱动者——技术层+场景应用作为突破口。这种商业模式通过深耕算法和通用技术，建立技术优势，同时以场景应用为入口，积累用户。

（3）应用聚焦者——场景应用。这种商业模式通过掌握细分市场数据，选择合适的场景构建应用，建立大量多维度的场景应用，抓住用户；同时与互联网公司合作，有效结合传统商业模式和人工智能。

（4）垂直领域先行者——杀手级应用+逐渐构建垂直领域生态。这种商业模式通过在应用较广泛且有海量数据的场景中能率先推出杀手级应用从而积累用户，成为该垂直行业的主导者；通过积累海量数据，逐步向应用平台、通用技术、基础算法拓展。

（5）基础设施提供者——从基础设施切入，并向产业链下游拓展。这种商业模式通过开发具有智能计算能力的新型芯片，如图像、语音识别芯片等，拓展芯片的应用场景；在移动智能设备、大型服务器、无人机（车）、机器人等设备、设施上广泛集成运用，提供更加高效、低成本的运算能力和服务，与相关行业进行深度整合。

本章小结

本章主要介绍了高新技术条件下的企业商业模式设计。第 1 节首先介绍了 3D 打印的内涵、特点及其对企业管理可能带来的影响，讨论了基于 3D 打印技术下的商业模式实践及其设计；第 2 节分析了大数据的产生背景、特点及其发展趋势，并介绍了目前基于大数据的商业模式设计；第 3 节介绍了云计算的特点及其不同的类型，探讨了基于云计算基础的商业模式设计；第 4 节分析了物联网的内涵、特点及其产业结构，介绍了基于物联网的商业模式设计；第 5 节主要介绍了虚拟现实技术、人工智能及其商业模式设计。

本章关键词

3D 打印　　3D 产业链　　大数据　　云计算　　物联网　　虚拟现实技术

人工智能　　闭环式商业模式　　开源式商业模式　　场景应用　　垂直行业应用

人脸识别　　语音识别和神经网络机器翻译　　无人自动驾驶技术

集成式的服务创新　　平台服务商　　安全云服务　　私有云

思考题

1. 什么是高新技术？有何特点？
2. 3D 打印对企业的商业模式设计会带来什么样的影响？
3. 基于大数据基础的商业模式有哪些类型？
4. 基于云计算基础的商业模式有哪些类型？
5. 虚拟现实技术、人工智能背景下的商业模式设计有哪些类型？

参 考 文 献

1. [瑞士] 奥利弗·加斯曼、卡洛琳·弗兰肯伯格、米凯拉·奇克：《商业模式创新设计大全：90%的成功企业都在用的55种商业模式》，中国人民大学出版社2017年版。

2. [美] 彼得·蒂尔、布莱克·马斯特斯：《从0到1——开启商业与未来的秘密》，中信出版社2015年版。

3. 陈威如、余卓轩：《平台战略——正在席卷全球的商业革命》，中信出版社2013年版。

4. 陈志武：《24堂财富课——陈志武与女儿谈商业模式》，当代中国出版社2009年版。

5. [美] 吉姆·米尔豪森：《商业模式设计与完善》，人民邮电出版社2016年版。

6. [美] 加里·哈梅尔：《竞争大未来》，昆仑出版社1998年版。

7. [美] 克里斯·安德森：《长尾理论》，中信出版社2006年版。

8. 黎峰：《全球价值链下的国际分工地位：内涵及影响因素》，载于《国际经贸探索》2015年第9期，第31～42页。

9. 李振勇：《商道逻辑：成功商业模式设计指南》，中国水利水电出版社2009年版。

10. 刘国华、吴博：《共享经济2.0：个人、商业与社会的颠覆性变革（创新商业模式解读）》，企业管理出版社2015年版。

11. 刘海英、张纯洪：《产业技术标准的市场路径与中国企业的战略联盟选择》，载于《内蒙古大学学报》（哲学社会科学版）2009年第3期，第48～51页。

12. 刘瑾、刘辉：《技术标准下的专利联盟：高技术企业战略联盟新范式》，载于《中国标准化》2013年第4期，第48～51页。

13. 刘旗辉：《最佳商业模式》，清华大学出版社2009年版。

14. [美] 默舍·尤德考斯基：《雪崩效应——一种崭新的商业模式》，中国人民大学出版社2008年版。

15. 彭志强、刘捷、胥英杰：《商业模式的力量》，机械工业出版社2009年版。

16. ［日］三谷宏治：《商业模式全史》，江苏凤凰文艺出版社2016年版。

17. ［美］斯莱沃斯基：《发现利润区》，中信出版社2010年版。

18. ［美］斯莱沃斯基：《价值转移——竞争前的战略思考》，中国对外翻译出版社1999年版。

19. 孙为平：《现代企业高端商业模式与经营策略》，载于《管理》2007年第5期，第36~37页。

20. 王岚、李宏艳：《中国制造业融入全球价值链路径研究——嵌入位置和增值能力的视角》，载于《中国工业经济》2015年第2期，第76~87页。

21. 魏炜、张振广：《超越战略：商业模式视角下的竞争优势构建》，机械工业出版社2017年版。

22. 徐洋：《高通公司商业模式研究》，对外经济贸易大学2010年版。

23. 薛学通：《标准、知识产权与商业模式创新》，载于《信息技术与标准化》2006年第7期，第48~51页。

24. 薛学通：《标准带来商业模式创新》，载于《WTO经济导刊》2006年第6期，第69~70页。

25. ［美］亚历山大·奥斯特瓦德、伊夫·皮尼厄：《价值主张设计：如何构建商业模式最重要的环节》，机械工业出版社2015年版。

26. ［美］亚历山大·奥斯特瓦德、伊夫·皮尼厄：《商业模式新生代》，机械工业出版社2012年版。